Über die Autoren:

Steve Caplin ist freier Autor und Künstler.
Seine satirischen Fotomontagen werden regelmäßig in
britischen Zeitungen und Zeitschriften veröffentlicht.
Er ist Autor von mehreren EDV-Büchern, u.a. von dem
Bestseller *How to Cheat in Photoshop*.

Simon Rose ist Autor zahlreicher Sachbücher und
eines Romans. Rose erfand den ersten interaktiven Film
der Welt, *Running Time*, und gewann den Orange Prize
in der Kategorie Drehbuch.

Steve Caplin & Simon Rose

BEST OF PAPA

Geniale Ideen, die Vätern UND Kindern Spaß machen

Aus dem Englischen
von Henrike Heiland

BASTEI LÜBBE

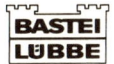

BASTEI LÜBBE TASCHENBUCH
Band 66424

1. Auflage: Juli 2008

Vollständige Taschenbuchausgabe

Bastei Lübbe Taschenbücher in der Verlagsgruppe Lübbe

Deutsche Erstausgabe

Für die Originalausgabe:
Copyright © 2005 by Steve Caplin and Simon Rose
Titel der britischen Originalausgabe: »Dad Stuff«
Originalverlag: Simon & Schuster, London
Für die deutschsprachige Ausgabe:
© 2008 by Verlagsgruppe Lübbe GmbH & Co. KG, Bergisch Gladbach
Umschlaggestaltung: Tanja Østlyngen
Satz: Druck & Grafik Siebel, Lindlar
Druck und Verarbeitung: CPI-Ebner & Spiegel, Ulm
Printed in Germany
ISBN 978-3-404-66424-5

Sie finden uns im Internet unter www.luebbe.de
Bitte beachten Sie auch: www.lesejury.de

Der Preis dieses Bandes versteht sich einschließlich
der gesetzlichen Mehrwertsteuer.

Dieses Buch ist unseren Kindern gewidmet: Joseph, Izzy und Connie Rose, Freddy und Joe Caplin. Und natürlich ihren Müttern, Jane und Carol, ohne die sie wahrscheinlich dreckig, nackt und ausgehungert wären.

Danke an alle, die uns mit ihrer Expertise unterstützt haben, besonders an: Martin Ball, Andy Best, Margaret Lawrence, Steph Lawrence, Shawn Sorrell, Catherine Christof, Robin Welch, Roger Jackson, die Gallimores, Simon Trevor-Roberts, Fiona Tracey, Paul Caplin.

Zu guter Letzt danken wir Larry Page und Sergey Brin, ohne die dieses Buch nie fertig geworden wäre. Das sind die Jungs, die Google erfunden haben.

INHALT

	Einleitung	9
1	Spass mit Alltagskram Aktivitäten mit Krempel, der irgendwo rumliegt	11
2	Keine Batterien nötig Aktivitäten wenn kein Krempel irgendwo rumliegt	29
3	Das Gummiband: Papas bester Freund Das vielseitigste Hilfsmittel in Papas Werkzeugkiste	51
4	Ich hab schon mal was vorbereitet Von einfachen Bastelsachen bis hin zu komplizierten Bauprojekten	59
5	Stadt und Land Herausforderungen der großen bösen Welt meistern	79
6	Sind wir bald da? Wie Sie Reisen mit Ihren Kindern überleben	101
7	Wer wie was wo wann warum? Wissenschaft mundgerecht	119
8	Zahlenkram Ganz klasse Zahlen und Fakten	155

9 RÄTSEL, TRICKS UND WITZE 179
Rätsel zum Hirnverknoten, Tricks zum Bauklötze-
staunen und Witze zum Kaputtlachen

10 SPIEL UND SPASS 211
Aktivitäten für einzelne Kinder und Teams,
drinnen und draußen

11 KINDERGARTENKINDER 229
Für die ganz lieben ganz Kleinen

12 PAPAS WELT 243
Es gibt Dinge, die nur ein Papa tun kann

HILFSMITTEL FÜR DEN PAPIERLOSEN PAPA 267
Wenn Sie nicht einmal mehr ein Blatt Papier
dabei haben

REGISTER 277

EINLEITUNG

Als Steves erstes Kind geboren wurde, schenkte ihm ein Freund eine Tasse, auf der stand: »Vater werden ist nicht schwer, Vater SEIN dagegen sehr.« Soll heißen: Biologischer Erzeuger sein, das kann ja jeder, aber dann zum echten Papa werden ...? Diese süßliche Gefühlsduselei verblüffte ihn damals. Wenn Sie bis zum Hals in einem Sumpf von Wegwerfwindeln, Kinderwagen und Fläschchenvaporisatoren stecken und alles nach Babyöl und Erbrochenem riecht, ist es schwer genug, alles am Laufen zu halten – da bleibt wenig Zeit, über die zukünftigen Freuden der Vaterschaft zu sinnieren.

Aber wenn sich Ihre Kleinen von Babys zu Kindern entwickeln, sehen sie Sie nicht mehr nur als Lieferant von Milchpulver und Durchschlafwindeln, sondern entwickeln ein reges Interesse an Ihrem unerschöpflichen Fundus voller Wissen und Erfahrung. Kaum haben Kinder ein bisschen sprechen gelernt, fangen sie an, Fragen zu stellen. Sie erwarten von Ihnen, der nun nicht mehr nur der biologische Vater, sondern der Papa ist, dass Sie sie sofort, erschöpfend, umfangreich und unterhaltsam beantworten.

Und hier ist das Problem. Wenn unsere Kinder von uns erwarten, dass wir alles wissen, dürfen wir sie nicht enttäuschen. Das hat Zeit, bis sie Teenager sind. Dann werden sie schon von selbst glauben, dass alles, was wir ihnen erzählt haben, entweder haarsträubender Unsinn war oder ein hinterhältig konstruiertes Wirrwarr an Lügen, die einzig zum Ziel hatten, ihre persönlichen Freiheiten einzuschränken.

Bis zu diesem schicksalsträchtigen Tag haben wir ihre volle Aufmerksamkeit. Wir sind es ihnen und dem ganzen Papasein schuldig, den Mythos aufrechtzuerhalten, Papas seien unfehlbar, allwissend und so allmächtig, wie ein Sterblicher nur sein kann.

Was wir können müssen: ihr kaputtes Spielzeug reparieren, sie aufmuntern, wenn sie schlecht drauf sind, sie unterhalten, wenn es ihnen langweilig ist, ihnen Sachen beibringen, wenn sie neugierig sind, ihnen die Welt erklären, wenn sie nicht mehr weiterwissen. Wir müssen jonglieren können, Knoten machen, Bäume auseinander halten und Zaubertricks vorführen. Wir müssen wissen, warum der Himmel blau ist, warum man kein Loch durch die Erdkugel graben kann und was man bei einem Gewitter macht.

Vor allem aber müssen Papas dafür sorgen, dass die Kindheit *Spaß* macht. Ob man die Kinder nun auf Ausflüge mitnimmt oder für sie Spiele im Park organisiert: Ein Papa muss eine nie versiegende Quelle für Ideen und Inspiration sein.

Keiner von uns ist ein perfekter Papa, so gerne wir das auch wären. Und während Mamas eine uralte Tradition haben, ihre Erfahrungen, Krankheitsgeschichten und intimen Details über die Mutter-Kind-Beziehung auszutauschen, haben Papas – von Natur aus eher zurückhaltend und wortkarg – keine solchen Selbsthilfegruppen. Wir brauchen ein Buch, das uns hilft, zu dem Vorbild zu werden, das wir alle sein wollen. Bis wir das Buch finden, muss es dieses tun.

Simon Rose und Steve Caplin

1. SPASS MIT ALLTAGSKRAM

Papiertüten, Strohhalme, gebrauchte Filmdosen, Filzhüte, Tischtennisbälle, leere Klopapierrollen – eine Fundgrube an Hilfsmitteln für den erfinderischen Papa, um selbst die überdrüssigsten Kinder des Internetzeitalters zu amüsieren, zu unterhalten und anzuleiten.

Wenn sie noch jünger sind, nehmen Ihre Kinder wahrscheinlich diesen Schutt, um daraus Fantasieschlösser und Raumfähren zu basteln. Sobald sie aber wissbegieriger werden, ist Papa an der Reihe, ihnen das wahre Potenzial dieser weltlichen Abfallprodukte zu zeigen.

Dazu müssen Sie keine komplizierten Konstruktionen bauen oder ganze Nachmittage knietief in Knetmasse, Styropor und klebrigen Plastikteilen zubringen. (Davon gibt es noch genug in einem späteren Kapitel.) Manche Tricks und Spiele ergeben sich aus dem Moment heraus. Andere brauchen ein klein wenig Vorbereitung – die Wahrscheinlichkeit, beispielsweise gleichzeitig eine leere Filmdose und eine Kopfschmerztablette dabei zu haben, ist bestenfalls gering. Es empfiehlt sich, solche Dinge für regnerische Tage zu sammeln, wann immer Sie Ihnen in die Quere kommen.

Der Ball, den man nicht aufheben kann

Sie gehen auf den Ball zu und bücken sich danach. Aber jedes Mal wenn Ihre Hände gerade den Ball berühren, hüpft dieser wieder ein Stück von Ihnen weg, so als wollte er vor Ihnen fliehen. Es sieht sehr beeindruckend aus, ist aber unglaublich einfach.

Versuchen Sie, während Sie auf den Ball zugehen, ihn genau in dem Moment aufzuheben, wenn Sie ihn mit Ihrem Fuß wegkicken. Und wenn Sie keinen Ball haben, nehmen Sie eine leere Dose.

Kicken Sie den Ball weg, während Sie sich danach bücken.

Nur sieben Mal knicken

Es ist nicht möglich, ein Stück Papier mehr als sieben Mal in der Mitte zu falten, ganz egal, wie groß oder dünn es ist. Natürlich glaubt das kein Kind einfach so. Kinder sind immer davon überzeugt, dass sie dem Rest der Welt das Gegenteil beweisen können, mit Hilfe eines Blatts, das sie aus irgendeinem Heft rausreißen, und ein bisschen Druck mit einem Lineal.

Sie werden bald herausfinden, dass das wiederholte Verdoppeln des Papiers spätestens um den siebten Knick herum dazu führt, dass es zu dick zum Falten geworden ist.

Generationen von Kindern haben das einfach akzeptiert, so wie sie akzeptiert haben, dass sich die Erde um die Sonne dreht. Doch kürzlich haben wissbegierige Köpfe, indem sie unglaubliche Mengen dünnen Papiers verbrauchten, herausgefunden, dass man sieben Knicke toppen kann.

Spaß mit Alltagskram

Tatsächlich hat sich ein frühreifes amerikanisches Schulmädchen mit dem Problem in einem Mathematikprojekt auseinandergesetzt und einen Weg gefunden, wie man Papier zwölf Mal knicken kann. Dies beinhaltet eine wirklich sehr komplizierte mathematische Gleichung, weshalb wir uns einfach auf ihr Wort verlassen müssen.

> **FASZINIERENDE FAKTEN:**
> Wenn man ein Stück Papier, das die Stärke von 0,01 Zentimetern hat, 50 Mal falten könnte, wäre es so dick, dass es von hier bis zu Sonne reichte!

Der Trick mit dem Loch im Kopf

Keine Sorge, Sie müssen sich jetzt nicht selbst ein Loch in den Kopf bohren. Aber Sie können kleine Kinder (und außergewöhnlich leichtgläubige größere) davon überzeugen, dass Sie ein Loch mitten auf Ihrem Kopf haben.

Sie benötigen dazu einen Hut mit einer festen Krempe. Mit einer Melone, einem Zylinder oder einem Feuerwehrhelm geht es sehr gut. Eventuell auch mit einem Fahrradhelm, den müssten Sie aber umdrehen.

Stellen Sie sich gegen eine Wand, sodass die Hutkrempe die Wand berührt. Stecken Sie Ihren Finger in den Mund und blasen Sie Ihre Wangen auf, so als würden Sie ganz fest pusten. Während Sie das machen, drücken Sie den Hut leicht gegen die Wand. Der Hut wird sich vorne heben.

Nach einem Moment nehmen Sie den Finger wieder raus, lassen den Hut zurück auf den Kopf fallen und tun so, als seien Sie wirklich kaputt von der ganzen Anstrengung. Dann machen Sie es noch einmal. Sie können sich von Ihrem Publikum gerne auch den Kopf nach Löchern untersuchen lassen.

Bitte lächeln!

Haben Sie noch irgendwo alte oder ausländische Geldscheine? Von der Sorte, auf der ernst blickende Herrschaften abgebildet sind? Nehmen wir eine britische Pfundnote mit der Queen als Beispiel: Sie nehmen einen Schein und falten ihn in der Mitte des Mundes nach hinten. Dann falten Sie an den jeweiligen Mundwinkeln den Schein wieder nach vorne, sodass Sie ein kleines, umgedrehtes V über die gesamte Breite des Scheins haben.

Wenn Sie die obere Kante des Scheins leicht anheben, sieht es so aus, als würde die Queen lächeln. Wenn Sie von unten schauen, verzieht sie die Mundwinkel nach unten – und ist definitiv nicht gut drauf! Leider funktioniert es nicht mit Euroscheinen oder mit schnauzbärtigen Männern, ansonsten aber mit so ziemlich jedem Bild oder Foto.

So stark wie ein Ei

Ein Ei? Stark? Wundersamerweise ist dem wirklich so. Jeder Architekt kann Ihnen erzählen, wie tragfähig Bögen sind. Und Kuppeln erst! Deshalb werden sie in vielen Vari-

Spaß mit Alltagskram

Bitte lächeln!

anten beim Gebäudebau genutzt, vom Iglu bis hin zur Kathedrale.

Und was ist ein Ei, wenn nicht zwei aneinandergefügte Kuppeln? Skepsis ist verständlich, wenn man bedenkt, wie leicht Eier kaputtgehen.

Also probieren Sie's aus. Stecken Sie ein rohes Ei aufrecht in etwas Weiches und Formbares, zum Beispiel in Knetmasse oder ein zusammengeknülltes Geschirrtuch. Legen Sie zwei Bücherstapel, die dieselbe Höhe wie das Ei haben, dazu. Ordnen Sie sie in einem Dreieck an, und legen Sie etwas Leichtes, aber Festes darauf, beispielsweise ein Ofenblech.

Legen Sie dann ein dickes Buch auf das Blech, dann noch

eins und noch eins. Sie und Ihre Kinder werden staunen, wie viel Gewicht ein Ei aushält, bevor es zerbricht. Dies liegt daran, dass die Kraft, die auf das Ei wirkt, durch die Kuppelstruktur gleichmäßig über die Eierschale verteilt wird.

Ein weiteres überraschendes Beispiel von der Stärke eines Eis erhalten Sie, wenn Sie Ihre Finger der Länge nach um das Ei legen und auf die obere und untere Spitze drücken, so fest Sie können. Wenn Sie eher nervös veranlagt sind, probieren Sie es über dem Spülbecken oder draußen. Gesetzt den Fall, dass Sie Ihre Ringe, die die Schale verletzen können, vorher abnehmen, stehen die Chancen gut, dass Sie das Ei nicht zerbrechen können, egal wie sehr Sie es auch versuchen. Sie können auch eins oder mehrere Kinder bitten, Ihre Hand mit aller Kraft zu drücken.

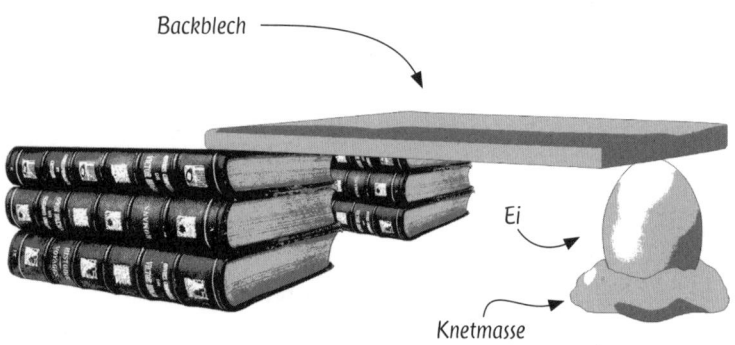

Bei uns hat es funktioniert, aber bedenken Sie, dass wir für unseren Lebensunterhalt schreiben und zeichnen, was nicht gerade Tätigkeiten sind, die Muskelkraft aufbauen. Sie werden uns abends nicht dabei erwischen, wie wir Telefonbücher in der Mitte auseinanderreißen. Wenn Sie gerade von Ihrer Nordpolexpedition zurückgekommen sind, bei der Sie Ihren Schlitten selbst gezogen haben, könnte es also sein, dass Sie erreichen, woran wir gescheitert sind.

Der große Eiertrick

Früher war alles viel einfacher. Kinder sah man, hörte sie aber nicht. Es gab Zeiten, da siezten sie ihre Väter. Bis vor nicht allzu langer Zeit nannten sie andere Erwachsene »Onkel« und »Tante«. Heutzutage ist es so viel komplizierter für Papas geworden, Autorität und Überlegenheit zu wahren. Die Kinder kennen schon alles, haben schon alles gesehen, und auf einen hören tun sie sowieso schon lange nicht mehr.

Wenn es etwas gibt, das den mythischen Status der Papas dieser Welt in den Augen ihrer Kinder wiederherstellt, dann ist es *Der Große Eiertrick*. Er ist nicht leicht. Ehrlich gesagt ist er verdammt schwer. Die Möglichkeit besteht, dass Sie scheitern. Komplett, auf ganzer Linie und äußerst schmutzig.

Das Scheitern wird aber so spektakulär sein, dass Ihre Kinder vermutlich noch Wochen später davon sprechen werden. Probieren Sie den *Großen Eiertrick* beispielsweise bei einer Geburtstagsparty aus. Ihre Kinder und deren Freunde werden Ihnen dabei zusehen, wie Sie sich selbst mit Eiern im Gesicht – und sonst wo – vollkleckern.

Sollte der Trick bei Ihnen allerdings funktionieren, werden Sie der Papa unter den Papas sein, über den man auf Spielplätzen und in Parks hinter vorgehaltener Hand redet. Andere Eltern werden Sie um ein Autogramm bitten und Ihnen sagen, es sei natürlich nicht für sie, sondern für ihre lieben Kleinen. Alles, was Sie brauchen, sind vier Eier, vier Gläser, vier Röhren, die die Eier halten, und ein Tablett.

Üben Sie zuvor unbedingt mit hartgekochten Eiern. Wenn Sie den *Großen Eiertrick* aber ernsthaft aufführen, muss es sich um rohe Eier handeln.

Füllen Sie die vier gleichgroßen Gläser zur Hälfte mit Wasser und stellen Sie sie auf den Tisch, sodass sie ein Rechteck ergeben. Legen Sie ein Tablett, das eine Umkantung hat, auf die Gläser. Wenn Sie Rechtshänder sind, achten Sie darauf, dass das Tablett rechts ein wenig übersteht (und umgekehrt).

Sie brauchen etwas, das die Eier hält. Der äußere Teil einer Streichholzschachtel bietet sich an, wenn Sie ihn in eine rundere Form drücken, oder zusammengerollte Karteikarten, die Sie mit einem Gummiband zusammenhalten. Was auch immer Sie nehmen, es sollte nicht viel kürzer als ein Ei sein. Die Eier müssen gut darauf sitzen können, sodass sie nicht gleich runterfallen, wenn jemand atmet, aber auch nicht so stabil, dass sie nach einem kleinen Erdbeben immer noch da sind.

Untersuchen Sie die Eierhalter genau, um sicherzugehen, dass sie exakt über den Wassergläsern stehen, dann setzen Sie vorsichtig die Eier darauf, so wie in der Illustration gezeigt.

Als Nächstes stoßen Sie das Tablett weg. Dabei müssen Sie sich auf die Trägheit verlassen, die die Eier hoffentlich lange genug an derselben Stelle hält, sodass sie anschlie-

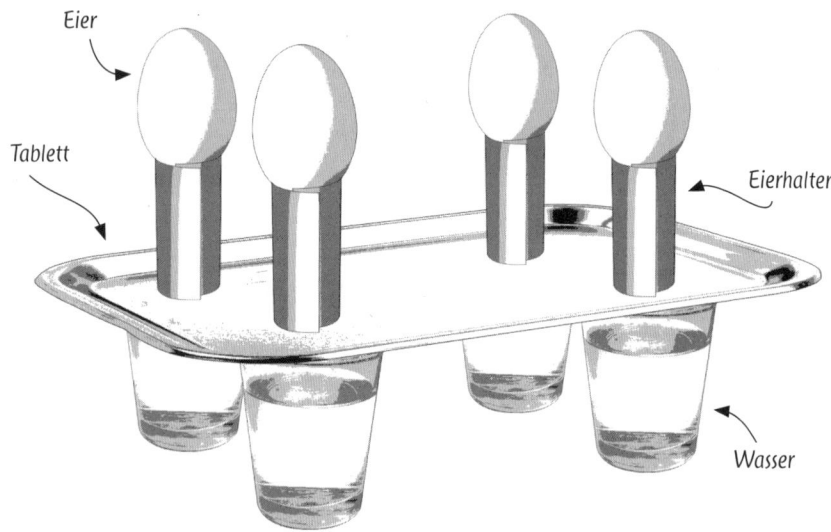

ßend in die Wassergläser plumpsen. Sie können das Tablett mit der flachen Hand oder mit einem dicken Buch wegschlagen. Wofür Sie sich auch entscheiden werden, Sie müssen fest genug damit gegen das Tablett schlagen, damit es ganz wegfliegt. Ein schneller, kurzer Schlag ohne nachschlagen zu müssen ist das, was Sie brauchen. Achten Sie zuvor aber darauf, dass sich niemand in der Flugbahn des Tabletts befindet.

Wenn Sie es richtig machen, müssen Sie hinterher nur vier Wasserpfützen wegwischen. Wenn Sie es nicht hinbekommen ... Nun, der nächste Kindergeburtstag kommt bestimmt.

Das kaputte Ei auf dem Kopf

Uns ist bewusst, dass die meisten Leute diesen Trick schon kennen, aber für jedes Kind gibt es ein erstes Mal. Spreizen Sie Ihre Hand auf dem Kopf Ihres Kindes aus und tippen Sie mit den Fingern Ihrer anderen Hand auf das Handgelenk. Im Kopf Ihres Opfers hört sich das exakt wie ein Ei an, das zerschlagen wird.

Streichen Sie danach mit den Fingern leicht am Kopf des Kindes herunter, sodass Sie kaum die Haare berühren. Der ganze Effekt wird noch verstärkt, wenn Sie vorher mit einem Ei in der Hand gesehen wurden.

Andere Verwendungsmöglichkeiten für Eier

Andere durchaus zuverlässige Autoren ließen uns wissen, dass man Eier auch kochen und essen kann. Wir finden, dass man sich damit einen guten Trick verschenkt.

Ballonkraft

Wenn man einen aufgeblasenen Ballon kräftig an den Haaren oder einem Wollpulli reibt, lädt er sich elektrostatisch auf, und er bleibt an der Wand, am Fernseher, an der Decke oder sogar im Gesicht hängen. Das wissen bereits viele. Durch die Reibung bekommt der Ballon zusätzliche negativ geladene Elektronen. Andere elektrisch neutrale Objekte, wie beispielsweise eine Blechdose, sind positiver geladen als der Ballon, und weil sich Gegensätze anziehen, ziehen sich auch der Ballon und die Blechdose an.

Man kann noch viel lustigere Dinge mit einem statisch geladenen Ballon machen, als ihn einfach nur an etwas dranzuhängen. Halten Sie ihn zum Beispiel über Ihren Kopf, dann werden sich Ihre Haare aufstellen. Jedes einzelne, positiv geladene, aufrechtstehende Haar wird sein Bestes geben, um weit genug von seinem Nachbarhaar wegzukommen. Halten Sie den Ballon über einen Teller mit Salz, Zucker oder Cornflakes, und sehen Sie dabei zu, wie alles versucht, auf den Ballon zu hüpfen.

Noch besser: Der aufgeladene Ballon zieht Wasser an.

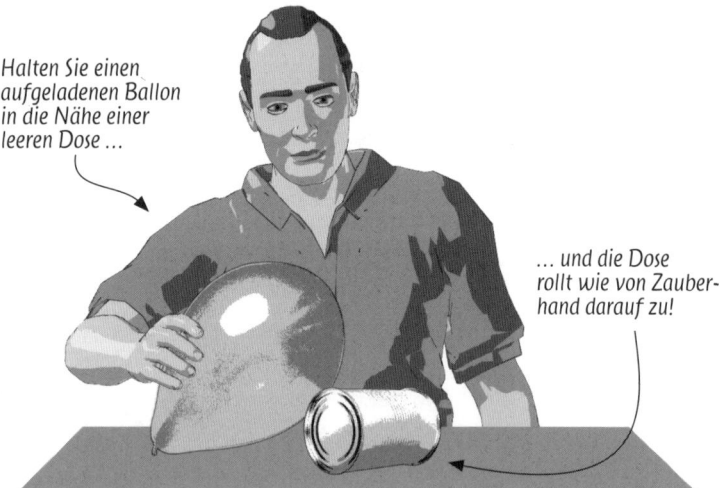

Halten Sie einen aufgeladenen Ballon in die Nähe einer leeren Dose ...

... und die Dose rollt wie von Zauberhand darauf zu!

Spaß mit Alltagskram

Drehen Sie den Wasserhahn langsam auf, bis ein dünner Wasserstrahl herauskommt. Halten Sie den Ballon daneben, und der Wasserstrahl wird sich zu dem Ballon biegen. Ein netter Zeitvertreib, wenn Baden angesagt ist.

Sogar noch cooler: Ein aufgeladener Ballon ist stark genug, um leere Getränkedosen über einen ebenen, harten Boden rollen zu lassen. Holen Sie sich zwei Dosen und machen Sie ein Dosenrennen.

> **Faszinierende Fakten:**
> Elektrostatik ist die Erklärung für Blitzschläge und hat sogar schon eine spezielle Weltraumrakete angetrieben. Drucker und Fotokopierer brauchen sie, um Bilder und Zeichen zu fixieren. Es besteht kein Zweifel, dass deren Erfinder in ihrer Kindheit zu viel Zeit damit verbracht haben, Ballons an Wände zu hängen.

Einen Ballon durchstechen

Wenn man etwas Spitzes in einen aufgeblasenen Luftballon steckt, würde man erwarten, dass er zerplatzt. Aber wenn Sie vorher einen Klebestreifen draufgeklebt haben, können Sie einen hölzernen Grillspieß oder eine spitze Stricknadel durchstecken, ohne dass etwas passiert. Sie können sogar mehrere durchstecken, obwohl die Luft dann irgendwann anfangen wird zu entweichen.

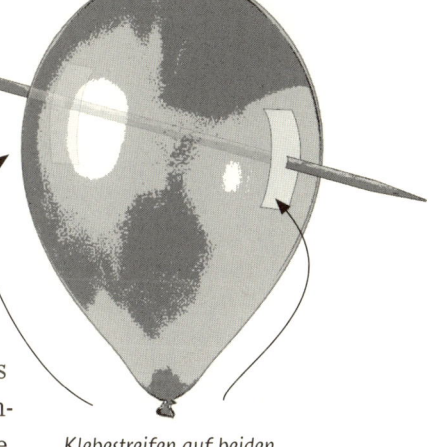

Klebestreifen auf beiden Seiten verhindern, dass der Spieß den Ballon zerplatzen lässt

Wenn Sie einen Klebestreifen auf die andere Seite des Ballons kleben, können Sie mit etwas Geschick den Spieß oder die Nadel auch ganz durchstechen.

Auf Ballons stellen, ohne dass sie platzen

Fordern Sie Ihre Kinder heraus: Sie sollen herausfinden, ob es möglich ist, auf ganz normalen, aufgeblasenen Ballons zu stehen, ohne dass diese platzen. Selbstverständlich werden sie Ihnen nach einigen sehr lautstarken Experimenten mitteilen, dies sei unmöglich.

Ist es aber nicht, zumindest nicht, wenn Sie mehr als einen Ballon benutzen und Ihr Gewicht verteilen. Legen Sie ein umgedrehtes Tablett auf vier Ballons, sodass diese durch die Umkantung nicht wegrollen können. Stellen Sie sich neben etwas, an dem Sie sich festhalten können, zum Beispiel einen Tisch oder Stuhl. Während sich Ihre Kinder schon in

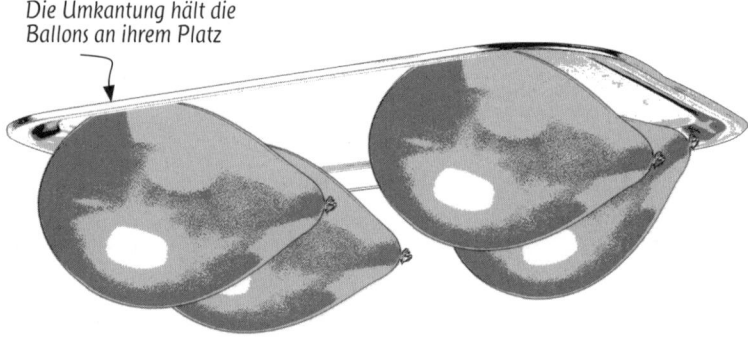

Die Umkantung hält die Ballons an ihrem Platz

Erwartung vier lauter Knalls die Ohren zuhalten, stellen Sie vorsichtig den ersten Fuß auf das Tablett. Verlagern Sie dann etwas mehr Gewicht auf den Fuß, und ziehen Sie schließlich den zweiten Fuß nach. Dann lassen Sie los, woran Sie sich festgehalten haben, und stehen ohne weitere Hilfe auf dem Tablett.

Quak!

Drücken Sie ein Ende eines Strohhalms zusammen. Schneiden Sie an beiden Seiten des zusammengedrückten Endes ein wenig ab, sodass der Strohhalm ein V-förmiges Ende bekommt. Nehmen Sie den Strohhalm ein kleines Stück in den Mund und pusten Sie leicht hinein. Nach etwas Übung werden Sie damit belohnt, wie eine Ente quaken zu können.

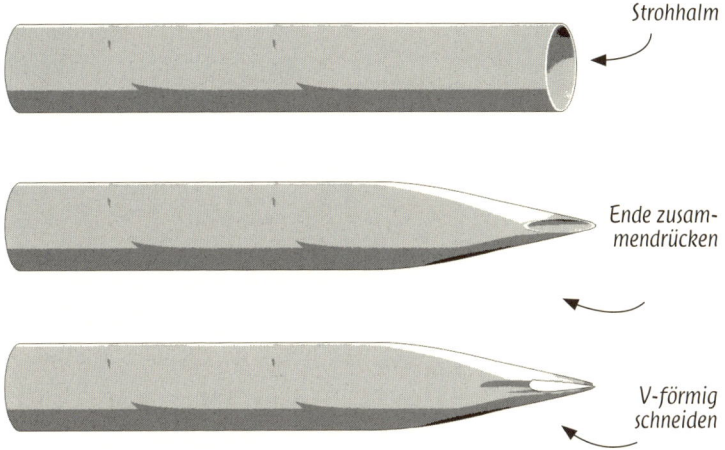

Stecken Sie einen weiteren Strohhalm auf das andere Ende. Obwohl es sich nun schwerer pusten lässt, sollten Sie nun einen tieferen Ton machen können, mehr Elch als Ente.

Sollte es im Fast Food Restaurant mal wieder länger dauern, beschleunigt es Ihre Bestellung auf wunderbare Weise, wenn Sie mit der ganzen Gesellschaft anfangen zu quaken (die liebevoll vorbereiteten Strohhalme haben Sie natürlich zu diesem Zweck mitgebracht).

Die springenden Büroklammern

Falten Sie einen Geldschein zweimal, sodass er, auf der Kante stehend, wie ein Z aussieht. Klemmen Sie mit einer Büroklammer das linke vordere Ende des Scheins mit dem Mittelteil zusammen, ungefähr einen Zentimeter vom Rand entfernt. Klemmen Sie mit der zweiten Klammer ca. einen Zentimeter vom rechten Rand entfernt den hinteren Teil des Scheins und den Mittelteil zusammen. (Wenn Sie die Büroklammern in die falschen Abschnitte klemmen, funktioniert es nicht mehr.) Sie müssen beide Klammern ganz herunterschieben. Wir haben sie in der Illustration nur deshalb noch oben gelassen, damit Sie sie besser sehen können.

Wenn Sie nun an beiden Enden des Scheins ziehen, fallen die Büroklammern ab. Das ist erst mal keine große Überraschung. Aber wenn Sie die Klammern wiedergefunden haben, werden Sie feststellen, dass sie wie durch Zauberei ineinanderhaken.

In der Tüte

Papiertüten eignen sich hervorragend dafür, alle möglichen unsichtbaren Dinge zu fangen. Heben Sie alle Papiertüten, die Ihnen in die Quere kommen, auf. Es gibt sie nicht mehr so häufig wie noch vor ein paar Jahren, aber es gibt sie noch.

Halten Sie die Tüte so, dass der Mittelfinger innen ist und

Spaß mit Alltagskram

der Zeigefinger außen vom Daumen zurückgehalten wird. Werfen Sie Wasauchimmer in die Luft, folgen Sie der Flugbahn mit den Augen. Wenn es wieder zurück in die Tüte fällt, lassen Sie Ihren Zeigefinger dagegen schnippen. Sowohl das Geräusch als auch die plötzliche Bewegung vermitteln den Eindruck, als sei wirklich etwas in die Papiertüte gefallen.

Zeigefinger bereit zum Schnippen

Die Tüte wird vom Mittelfinger gehalten

Papiertüten lassen sich auch ganz toll aufblasen und kaputtschlagen. Kindisch? Nicht im Geringsten. So können Sie wunderbar zeigen, wie Donner entsteht.

Das Loch in der Hand

Halten Sie eine leere Klopapierrolle vor ein Auge und schauen Sie damit auf etwas in der Ferne. Führen Sie Ihre freie Hand zu Ihrem anderen Auge. Wenn sie auf Höhe der Rolle ist, sieht es so aus, als hätte die Hand ein rundes Loch, durch das Sie alles sehen können, was Sie sich gerade ansehen.

Ich sehe keine Schiffe

Wenn Sie keine leeren Klopapierrollen haben, leeren Sie einfach eine (Sie finden tolle Gründe dafür auf Seite 149), oder nehmen Sie ein Stück Papier, das Sie zusammenrollen und mit der Hand festhalten.

Seifenblasen für immer

Kinder müssen nicht traurig sein, wenn sie das Stäbchen verlieren, mit dem sie immer Seifenblasen gemacht haben, oder wenn die Flüssigkeit alle ist. Beides kann man einfach ersetzen. Sie können Ihre eigene Flüssigkeit mit einem Anteil Spülmittel auf zwölf Anteile Wasser machen. Sie bekommen sogar noch bessere Blasen, wenn Sie etwas Zucker hinzugeben. Damit dieser sich auflöst, muss das Wasser allerdings warm sein.

Wenn Sie diese Mischung nun noch in eine saubere Wanne geben (Dreck ist gar nicht gut für Blasen), wird alles noch einfacher. Sie können unzählige handliche Objekte dazu bestimmen, zu hilfreichen Blasenmachern zu werden: zurechtgebogene Drähte (probieren Sie verschiedene Formen aus), Strohhalme (nehmen Sie Büroklammern, um sie in die entsprechenden Formen zu bringen und zu halten), eine Fliegenklatsche, ein Erdbeerkörbchen aus Plastik, das Plastikteil, das Ihren Sechserpack Bier zusammenhält.

Sie können sogar Ihre Hände benutzen. Legen Sie Ihre Daumen übereinander, legen Sie die Spitzen Ihrer Zeigefinger aneinander und bilden Sie damit ein Dreieck. Blasen zerplatzen in erster Linie durch Trockenheit, nicht wegen etwas Scharfem. Weichen Sie deshalb Ihre Hände richtig in der Flüssigkeit ein. So können Sie auch Blasen *auf* Ihren Händen halten, ohne dass sie zerplatzen.

Wenn Sie eine Riesenblase machen wollen, brauchen Sie dazu einen Blasenreif. Stecken Sie mehrere Strohhalme auf eine lange Kordel und knoten Sie sie zu einem Ring zusammen. Den Knoten verbergen Sie mit einem der Strohhalme. Machen Sie eine rechteckige Form, die Sie ins Wasser tauchen. Danach schwenken Sie sie leicht durch die Luft. Ein langes Mullband oder anderes Verbandszeug von ca. zwei Metern Länge eignet sich auch gut zum Blasenmachen. Beschweren Sie es in der Mitte durch eine Schraubenmutter

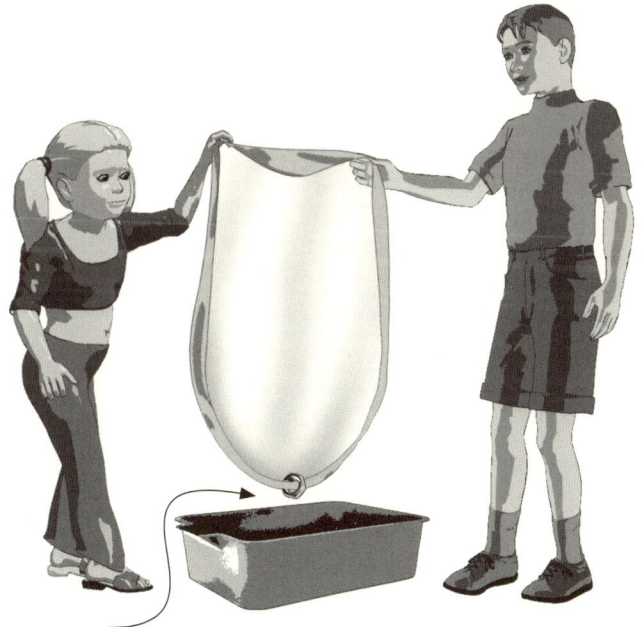

Schraubenmutter, um das Band unten zu halten

oder einen Dichtungsring. Sie müssen aber zu zweit sein, wenn Sie es aus der Flüssigkeit herausnehmen.

Wenn Sie ein Planschbecken und einen Hula-Hoop-Reifen haben, legen Sie den Reifen über etwas in der Mitte des Beckens, auf dem ein Kind stehen kann. Wenn alles in Position ist, nehmen Sie den Reifen langsam aus der Flüssigkeit, und das Kind wird in einer riesigen Blase stehen!

2. KEINE BATTERIEN NÖTIG

»Papa, mir ist langweilig.« Es gab Zeiten, da hätten diese Worte Sie noch zutiefst mit Panik erfüllt. Das war einmal. Schließlich haben Sie jetzt Schubladen voll mit Tischtennisbällen, Luftballons, Büroklammern, Strohhalmen, Klebeband, alten Zeitungen, leeren Klopapierrollen und vielem mehr. Sie sind so gut vorbereitet, wie man es als vorausschauender Papa nur sein kann.

Aber was, wenn Sie nicht zu Hause sind, wenn die Kinder unruhig werden? Keine Panik. Erfinderisch wie Sie sind, können Sie Ihre Kinder immer noch mit nichts weiter als dem Körper, den Ihnen die Natur gegeben hat, ablenken, unterhalten und amüsieren. Vielleicht ist Ihr Körper nicht mehr so schlank, trainiert und perfekt wie einst, aber als Entertainer Ihrer Kinder ist er unschlagbar.

Hier finden Sie viele Spiele und Tipps zum Zeitvertreib, für die nichts weiter an Vorbereitung oder Hilfsmitteln erforderlich ist und die trotzdem selbst die übersättigsten Kinderhirne erstaunen und erfreuen werden. Einige sind lehrreich, andere amüsant, viele einfach nur albern. Einige waren die Lieblinge unserer Spielplatztage. Wir haben sie wieder entstaubt, um sie einer ganz neuen Generation zugänglich zu machen. Alle sollten sie Teil Ihres sich stets erweiternden Arsenals an Aktivitäten sein, die der Langeweile entgegenwirken.

Hoch hinaus

Drücken Sie Ihrem Kind ungefähr zehn Sekunden lang fest (aber nicht zu fest!) auf den Kopf. Sagen Sie ihm dann, es soll die Augen schließen, während Sie Ihre Hände unter seine Achseln legen, so als wollten Sie es hochheben. Nun, da es nicht mehr das Gewicht auf seinem Kopf spürt, wird es das Gefühl haben, vom Boden abzuheben.

Ein ähnlicher Trick: Halten Sie die Arme Ihres Kindes fest, während es mit aller Kraft versucht, diese nach außen zu drücken. Sagen Sie ihm nach zehn Sekunden, es soll aufhören. Wenn Sie dann die Arme wieder loslassen, werden diese unwillkürlich nach oben schnellen.

Der geschrumpfte Arm (1)

Wer kann schon der vermeintlich unmöglichen Herausforderung, seine eigenen Glieder zu verlängern, widerstehen? Anders als die Schönheitschirurgie ist diese Methode (h)armlos, und der Effekt ist, zum Glück, nur vorübergehend.

Der Arm, an dem Sie gerieben haben, ist nun gut zwei Zentimeter länger!

Halten Sie beide Arme horizontal vor sich. Die Handinnenflächen berühren sich. Da unsere Arme normalerweise ungefähr dieselbe Länge haben, sollten Ihre beiden Mittelfinger gleich weit von Ihnen weg sein. Reiben Sie nun mit einer Hand kräftig den Oberarm des noch immer ausgestreckten anderen Arms für vier oder fünf Sekunden. Strecken Sie nun wieder beide Arme aus und halten Sie sie aneinander.

Plötzlich ist der Arm, den Sie gerieben haben, länger als der andere. Oder ist der andere jetzt kürzer?

Der geschrumpfte Arm (2)

Dies ist eine interessante Variante desselben Tricks. Stellen Sie sich vor eine Wand, beide Arme ausgestreckt, die Handinnenflächen flach gegen die Wand.

Machen Sie nun mit einem Arm eine kreisende Bewegung, drehen Sie ihn über Ihren Kopf und wieder zurück in die Ausgangsposition. Die Hand reicht nicht mehr bis zur Wand!

Achten Sie auf die Lücke!

Blinzelspiele

Wer kann am längsten nicht blinzeln? Dieser geheiligte Zeitvertreib ist nun zu einer Sportart geworden. Es gibt Anstarrwettbewerbe mit echten Regeln und riesigen Videowänden, auf denen die Zuschauer die Gesichter der Teilnehmer sehen können.

Veranstalten Sie Ihre eigene Meisterschaft zu Hause. Ertönt die Glocke (oder Triangel oder Tamburin oder Mausequietschen oder was auch immer Sie gerade zur Hand haben), darf sich keiner mehr bewegen, reden, lachen, gähnen oder auch nur lächeln. Wer zuerst blinzelt, hat verloren.

Erstaunlicherweise liegt der Rekord fürs Nichtblinzeln derzeit bei über zweiundzwanzig Minuten. Fangen Sie also schon mal an, mit Ihren Kindern zu üben. Es dauert sicher nicht mehr lang und es wird zu einer olympischen Disziplin erhoben, zusammen mit *Schere, Stein, Papier* und *Daumendrücken*.

Das unsichtbare Band

Sagen Sie Ihrem Kind, es soll die Hände zusammenhalten. Dann sagen Sie, Sie würden nun seine Hände zusammenbinden. Jetzt tun Sie so, als würden Sie ein Band immer und immer wieder um die beiden Handgelenke wickeln. Während Sie das tun, sagen Sie, Sie würden die Hände immer fester zusammenbinden.

Wickeln Sie immer weiter und weiter herum, bis Sie die imaginäre Kordel zusammenbinden. Sagen Sie dann Ihrem Kind, Sie würden seine Hände nun wieder losbinden. Tun Sie so, als würden Sie mit einer Schere die Kordel durchschneiden. Wenn alles geklappt hat, sollte Ihr Kind seltsamerweise Schwierigkeiten haben, die Hände wieder auseinanderzunehmen.

Ähnlich Seltsames passiert, wenn Sie Ihr Kind bitten,

die Arme vor sich auszustrecken und fünfzehn Zentimeter auseinanderzuhalten. Dann kreisen Sie mit einem Arm und ausgestrecktem Zeigefinger um die vorgestreckten Arme Ihres Kindes und werden dabei immer schneller und schneller. Ihr Kind wird es kaum schaffen, die Hände nicht näher zusammenzubringen.

Der komische Fall

»Vorsicht vor dem unsichtbaren Seil!« Davor können Sie drinnen wie draußen warnen. Die Kinder werden danach suchen, aber natürlich werden Sie es nicht finden. Und doch – wann immer Sie an einem bestimmten Punkt vorbeikommen, stolpern Sie über das Seil.

Das ist ziemlich leicht. Gehen Sie ganz normal. Wenn Sie zu dem Punkt kommen, den Sie sich ausgesucht haben, stoßen Sie mit dem Fuß, den Sie gerade nach vorne nehmen wollen, gegen die Ferse des anderen Fußes. So stolpern Sie überzeugend, ohne Gefahr zu laufen, dabei auf die Nase zu fallen. Es ist ziemlich schwer herauszufinden, wie es gemacht wird, deshalb können Sie es ewig wiederholen, bevor Sie jemanden – wenn Sie dies überhaupt wollen – in Ihr Geheimnis einweihen.

Schere, Stein, Papier ... Pistole

Peng! ist eine Variante von *Schere, Stein, Papier* mit einer gewissen Subtilität und Spannung, die das ursprüngliche Spiel nicht hat: Man kann es auch mit mehr als zwei Personen spielen.

Zwei bis fünf Spieler sitzen in einem Kreis. Alle zählen bis drei und schlagen dabei die Hände auf die Knie. Dann heben sie die Hände in einer von drei Positionen: mit beiden Händen auf jemanden zeigen bedeutet Schießen; die

Arme vor der Brust verkreuzt bedeutet Schützen; die Hände zu den Schultern gehoben bedeutet Laden.

Wenn Sie auf jemanden schießen, der lädt, bekommen Sie einen Punkt. Wenn Sie auf jemanden schießen, der sich schützt, bekommen Sie keinen Punkt. Schießen Sie auf jemanden, der auf Sie schießt, werden die Punktzahlen beider Spieler auf Null heruntergesetzt.

Sie müssen jedes Mal, bevor Sie schießen, laden. Wenn Sie aber zweimal hintereinander laden, bekommen Sie auch zwei aufeinanderfolgende Schüsse. Das Spiel läuft schneller, wenn alle mit den Regeln vertraut sind. Wer zuerst fünf Punkte hat, hat gewonnen.

Schlagen Sie drei Mal auf Ihre Knie

Schützen

Schießen

Laden

Wenn Sie an einem Tisch sitzen, kann *Peng!* gespielt werden, indem Sie beim Zählen mit den Knöcheln der geschlossenen Finger auf den Tisch schlagen.

Pantomime ist also langweilig? Das Sofa.

Verbieten Sie Ihren Kindern, in den geheimen Keller zu gehen, der hinter dem Sofa (oder auf welchem langen Möbelstück Sie auch immer in Ihrem Wohnzimmer nach dem Essen einnicken) den Eingang hat. Wenn Sie hinter Ihrem Sofa also in den geheimen Keller gehen, laufen Sie einfach dahinter entlang und machen sich mit jedem Schritt kleiner und kleiner, so als würden Sie Stufen hinuntergehen. Dann verschwinden Sie ganz, drehen sich wieder um und tauchen genauso wieder auf.

Warum sich junge Geister darüber so sehr wundern, bleibt auf ewig ein Geheimnis, aber Papas sollten dies unbedingt ausnutzen. Sie können sogar hinter dem Sofa eine Rolltreppe installieren, die Ihre Reise angenehmer macht.

Versuchen Sie auch, einen versteckten Fluss entlangzupaddeln, und werfen Sie sich jedes Mal nach vorne, wenn Sie das Paddel eintauchen.

Pantomime ist also langweilig? Der Lift.
Wenn Sie an einer Tür vorbeikommen, die zur Hälfte oben eine Milchglasscheibe hat und unten undurchsichtig ist, gehen Sie auf die andere Seite und drücken Sie den imaginären Knopf. Indem Sie Ihre Knie beugen, sieht es so aus, als würden Sie langsam abwärtsfahren in ein anderes Stockwerk.

Sie können so tun, als bliebe der Lift zwischen zwei Stockwerken stecken und würde mit Ihnen ein bisschen hoch- und runterruckeln, während er versucht, sich freizukämpfen. Sie könnten dann Widerstand leisten, indem Sie den Knopf wieder drücken, um dann, was Sie natürlich völlig irritiert, merkwürdigerweise zur Seite transportiert zu werden und aus dem Blickfeld zu verschwinden.

Pantomime ist also langweilig? Der Kuss.
Rodins *Kuss* mag ein Meisterwerk französischer Bildhauerei sein, nur lacht kaum jemand darüber. Drehen Sie Ihrem Publikum den Rücken zu, und lassen Sie es durchaus überzeugend so wirken, als würde jemand Sie küssen.

Schlingen Sie Ihre Arme um Ihren Körper, die Fingerspitzen berühren den Rücken. Machen Sie die entsprechenden Geräusche und, wenn Sie mögen, bewegen Sie die Hände auf und ab. Sie sollten diesen Trick am besten nur dann aufführen, wenn Ihre bessere Hälfte in der Nähe ist, sonst haben Sie Schwierigkeiten, zu Hause zu erklären, warum Ihre Kinder Sie gesehen haben, wie Sie im Park jemand anderen geküsst haben.

Pantomime ist also langweilig? Der Würger.

Wir haben nicht alle unsere Tricks von alten TV-Comedians abgekupfert (siehe S. 97), aber es war nun einmal der bekannte britische Comedian Eric Morecambe, der uns zum ersten Mal das Potenzial des Phantomwürgers zeigte.

Machen Sie Ihren Arm bis zum Ellbogen frei, fassen Sie sich an den Hals und achten Sie darauf, dass Ihr Ellbogen hinter einer Wand oder einem Vorhang vor den Zuschauern verborgen ist. Tun Sie so, als würden Sie dagegen ankämpfen, dass die Hand versucht, Sie wegzuziehen. Benutzen Sie die andere Hand, um den Eindruck zu vermitteln, Sie versuchten, sich zu befreien. Einfach, aber sehr effektiv.

Nicht übel, was?

Das gespenstische Würstchen

Halten Sie Ihre Hände ein Stück auseinander, etwa zwanzig Zentimeter von Ihrem Gesicht entfernt. Lassen Sie Ihre Zeigefinger aufeinander zeigen. Sehen Sie auf einen Punkt

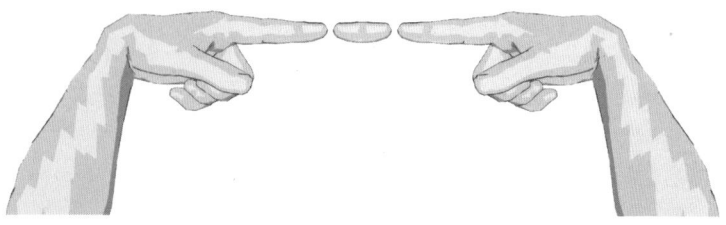

in der Ferne und bewegen Sie langsam die beiden Zeigefinger aufeinander zu. Wenn sie nur noch wenige Zentimeter voneinander entfernt sind, erscheint ein gespenstisches »Würstchen« mitten zwischen Ihren Fingerspitzen.

Den Kopf gegen die Wand schlagen

Es gibt sicherlich immer wieder Zeiten, in denen Sie vor lauter Verzweiflung über Ihren Nachwuchs am liebsten eine entspannte Runde Headbanging machen würden, nicht zu beruhigender Heavy-Metal-Musik, sondern gegen die nächste Wand.

Sie können alle Vorteile dieser altehrwürdigen Methode, Dampf abzulassen, auch ohne die üblichen Gefahren von blauen Flecken, Beulen und Platzwunden genießen.

Wenn sich Ihr Kopf der Wand nähert – nur nähert! –, treten Sie mit Ihrem Fuß unten dagegen, um das entsprechende Geräusch zu erzeugen. Es funktioniert besonders gut mit den resonierenden Böden der Kücheneinrichtung. Wenn Sie beim Einzug an der Einbauküche gespart haben, ist es ratsam, es bei einem leichten Tritt zu belassen, statt einen vollen Elfmeter zu schießen.

Witziges Händeschütteln

Schütteln Sie Ihrem Kind die Hand. Beugen Sie im letzten Moment Ihren Mittelfinger, sodass er gegen Ihre Handinnenfläche liegt. »Ich hoffe, die Warze stört dich nicht«, sagen Sie dann, während sich Ihr Kind vor Ekel schüttelt.

Andere Arten des Händeschüttelns beinhalten, dass man sich auf die Art und Weise einer bestimmten Berufsgruppe begrüßt. Sagen Sie: »Ich bin ein Milchbauer«, während Sie wiederholt die Finger Ihres Kindes zusammendrücken. »Ich bin ein Zugführer«, während Sie den Arm auf und abschwenken wie einen Kolben. »Ich bin der Elektriker«, während Sie den Mittelfinger zittern lassen. »Ich bin von der Gesellschaft der Linkshänder«, während Sie die linke Hand der rechten Ihres Kindes entgegenstrecken. »Ich bin ein U-Boot-Kapitän«, während Sie so tun, als wollten Sie Ihrem Kind die Hand schütteln, aber im letzten Moment einfach abtauchen.

Das Alphabet rülpsen

Statt Ihren Kindern zum hundertsten Mal vorzubeten: »Mach das nicht!«, schockieren Sie sie doch nächstens einfach. Zugegeben, es ist schwer, aber Sie sollten sich wenigstens halbwegs auf deren Niveau begeben und den »Wir-rülpsen-das-Alphabet-Wettbewerb« ausrufen.

Wenn Sie noch nicht wissen, wie man auf Kommando rülpst: Es ist ein bisschen schwierig zu lernen, obwohl wir sicher sind, dass es Kinder gibt, die es Ihnen gerne zeigen. Es funktioniert mit so einem winzigen Schlucken in Ihrem Hals. Connie, unsere junge Hausprofessorin für Rülpsen, rät: Man müsse erst »reinrülpsen, dann wieder rausrülpsen«.

Wenn Sie es endlich können, müssen Sie einen Buchstaben erklingen lassen, während Sie rülpsen. Wie beim Bauchreden sind manche Buchstaben leichter, andere schwerer.

Die weichen Konsonanten wie C und S sind kompliziert, die Vokale hingegen ein Witz.

Möglicherweise finden einige weniger erleuchtete Seelen die Vorstellung, dass eine Gruppe von Kindern unter Aufsicht eines Erwachsenen das Alphabet rülpst, irgendwie anstößig. Daher sollten Sie auf keinen Fall Ihre Manieren vergessen und sich nach jedem Rülpser entschuldigen.

Daumendrücken

Diese abgespeckte Version des Armdrückens ist ein toller Zeitvertreib, wenn es keine anderen Ablenkungen gibt.

Daumen drücken!

Beugen Sie Ihre Finger nach innen und verhaken Sie sie mit denen Ihres Gegners. Nach einer kurzen Aufwärmphase, in der Sie die Daumen vier Mal in die jeweils entgegengesetzte Richtung drücken und dabei ausrufen »Eins, zwei, drei, vier – Daumendrücken« , versuchen Sie nun, den Daumen Ihres Gegners runterzupressen und unten zu halten.

Schweben für Anfänger

Wenn Sie alles richtig machen, werden vier Kinder in einer großartigen Leistung einen Erwachsenen in die Luft heben und dazu nur Ihre Zeigefinger benutzen. Sie sitzen aufrecht auf einem harten Stuhl, die Arme angewinkelt, während vier Kinder (ab acht Jahren aufwärts scheint es wunderbar zu funktionieren) danebenstehen. Zwei von ihnen sollen sich bereitmachen, Sie unter den Armen hochzuheben, die anderen zwei unter den Knien.

Die vier Kinder müssen zuerst versuchen, Sie hochzuheben, indem sie ihre Hände ergreifen und ihre Zeigefinger zusammentun. Es ist nicht verwunderlich, dass sie Sie kein bisschen bewegen können.

Sagen Sie den Kindern nun, sie sollen einer nach dem anderen ihre rechte Hand über Ihren Kopf heben, dann die linke und währenddessen bis 10 zählen oder irgendeinen Unsinn rufen wie »Erhebe dich, Meister Soundso« oder was Ihnen auch immer an Humbug einfallen mag.

Dann lassen die Kinder ihre Hände sinken und heben Sie sogleich mit ihren miteinander verbundenen Zeigefingern an. Wundersamerweise klappt es diesmal, Sie einige Zentimeter hochzunehmen. (Genau das, was wir brauchen. Noch eine Möglichkeit für Kinder, uns Erwachsene hochzunehmen.)

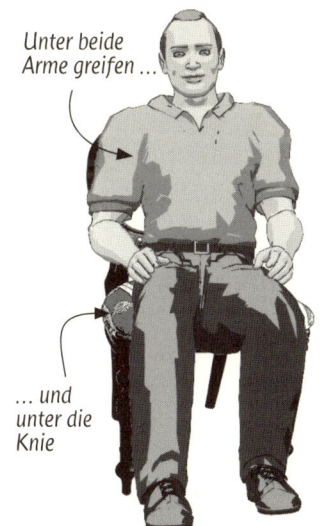

Unter beide Arme greifen ...

... und unter die Knie

Es hat nicht *jedes* Mal geklappt, als wir es ausprobiert haben. Einige Fachleute sagen, es funktioniere besser, wenn die Kinder die Hände auf den Kopf des Erwachsenen legen und leicht draufdrücken. Andere sagen, dass ein bestimmter Zauberspruch gesprochen werden muss. Wir finden die ganze Sache schon sehr verblüffend. Es lohnt sich aber, eine Weile herumzuprobieren, denn wenn es dann mal klappt, ist es ausgesprochen außergewöhnlich.

Wetten, das kannst du nicht

Jeder weiß, dass es schwierig ist, sich gleichzeitig den Bauch zu reiben und auf den Kopf zu tippen. Aber es ist nicht *so* schwierig. Jedenfalls nicht so schwierig wie das hier:

Strecken Sie Ihre Arme aus und lassen Sie Ihre Zeigefinger aufeinanderzeigen. Zeichnen Sie mit einem Arm Kreise in die Luft, und kommen Sie immer wieder zum Ausgangspunkt zurück. Machen Sie das nun mit beiden Armen, aber in entgegengesetzte Richtungen. Ihre Finger sollten sich am oberen und unteren Rand des Kreises treffen.

Wenn Sie das geschafft haben, versuchen Sie, Ihre Arme mit unterschiedlichen Geschwindigkeiten kreisen zu lassen, in entgegengesetzte Richtungen, dann in dieselbe Richtung. Zu guter Letzt – und das haben wir immer noch nicht richtig geschafft – versuchen Sie, eine Hand in die Umlaufbahn der anderen zu bewegen, wieder, indem Sie sie in entgegengesetzter Richtung bewegen.

Wenn Sie das kindisch finden, lassen Sie sich von uns sagen, dass es sich offenbar der theoretische Physiker, Nobelpreisgewinner und Schabernackerfinder Richard Feynman ausgedacht hat. Also! Als Feynmans Mutter einst hörte, dass man ihren Sohn als »klügsten Mann der Welt« bezeichnete, soll sie gesagt haben: »Wenn das der klügste Mann der Welt ist – dann steh Gott uns bei!«

Wenn Ihre Kinder all das schaffen, können Sie immer noch mit ihnen wetten, dass sie nicht an ihren Ellbogen lecken können. Das ist den meisten Menschen unmöglich, wobei es natürlich niemand als gegeben hinnehmen und erst einmal ausprobieren wird, bis er oder sie sich bei dem Versuch ziemlich lächerlich gemacht hat. Und doch ist es offenbar ein moderner Mythos, dass es niemand kann. Das *Guinness-Buch der Rekorde* erhält täglich mehrere Zuschriften von Leuten, die durchaus an ihrem Ellbogen lecken können.

Der Quofit

Wir haben es einfach mal den *Quofit* genannt, weil wir keine Ahnung haben, wie diese Methode, seitwärts zu gehen, wirklich heißt. Der Quofit macht richtig Spaß und ist ein guter Koordinationstest.

Fangen Sie an, indem Sie Ihre Fersen zusammennehmen und die Zehen nach außen zeigen. Um sich nach rechts zu bewegen, drehen Sie Ihren rechten Fuß auf Ihren Zehen und den linken Fuß auf der Ferse bis die Zehen zusammenstoßen. Setzen Sie Ihre Füße nun wieder ab und drehen Sie sich in der folgenden Bewegung auf Ihrer rechte Ferse und den linken Zehen, bis Ihre Fersen aneinanderstoßen. Jetzt machen Sie weiter – wenn Sie können. Dann versuchen Sie es wieder zurück.

Sobald Sie das alles können, machen Sie Musik an und tanzen Sie den Quofit.

Und jetzt die Nachrichten

Das ist einer unserer Dauerbrenner. Es ist extrem albern, wir bekommen aber jedes Mal wieder Seitenstechen vor Lachen. Am besten macht man es vor Publikum. Einer ist der Nachrichtensprecher, ein anderer steht dahinter und streckt die Arme nach vorne, um damit zu gestikulieren. Es ist nicht wichtig, ob man den Puppenspieler sehen kann oder nicht.

Der Nachrichtensprecher (Papa sollte den Ball ins Rollen bringen) spricht über Dinge, die leicht mit den Händen zu illustrieren sind. Während wir von einem Mordopfer hören, dass erstochen oder erwürgt wurde, zeigen uns die Hände genau das. Wenn die Polizei nicht weiterweiß, kratzen die Hände den Kopf oder reiben das Kinn des Nachrichtensprechers. Ganz ehrlich, wenn alle sowieso schon am Kichern sind, haut es sie sogar schon vor Lachen vom Stuhl, wenn ein juckendes Bein gekratzt wird.

Wenn mehrere Kinder mitmachen wollen, kann man ein Fernsehinterview nachstellen. Sie können auch tauschen und selbst die Gesten machen. Sie können dieses Spiel auch abends zum Vorlesen hernehmen, wenn Ihnen ein älteres Kind dabei hilft.

Die entmaterialisierten Knie

Für den Zuschauer sieht es so aus, als würden die Knie jeweils durcheinander durchgehen und auf der falschen Seite wieder herauskommen. Es ist aber keine *Star-Trek*-Zauberei, sondern ein ganz einfacher Trick für den Hausgebrauch.

Keine Batterien nötig

Sie brauchen ein bisschen Zeitlupenübung, bevor Sie ihn groß aufführen. Setzen Sie sich hin, die Füße fest auf dem Boden und nah zusammen. Legen Sie Ihre Hände auf die Knie und nehmen Sie die Knie zusammen. Strecken Sie Ihren Daumen und Zeigefinger aus und legen Sie sie auf das andere Knie, eine Hand vor die andere, und heben Sie die anderen Finger. Wenn Sie Ihre Knie auseinanderziehen, sollten Ihre Hände nun ihre Reise auf dem neuen Knie fortsetzen.

Bringen Sie die Knie dann wieder zusammen. Diesmal legen Sie die äußeren Finger auf das andere Knie und machen weiter, bis die Hände wieder in ihrer ursprünglichen Position liegen.

Wenn Sie darin immer schneller werden und es irgendwann können, ohne darüber nachzudenken, wird die fortlaufende Bewegung der Hände, wenn sie sich verschränken und wieder zurückgehen, so aussehen, als hätten sich Ihre Beine überkreuzt. Früher oder später können Sie das auch im Stehen machen.

Der Trick mit der gebrochenen Nase

Das ist eine weitere tolle Möglichkeit, die Kinder zu schockieren. Behaupten Sie, Sie könnten Ihre Nase brechen, wann immer Sie wollen. Legen Sie Ihre Hände an die Seiten Ihrer Nase, die Daumen stecken Sie in Ihren Mund. Drehen Sie Ihre Hände (und Ihre Nase) schnell zu einer Seite. Zur selben Zeit schnippen Sie mit den Daumennägeln gegen Ihre Vorderzähne. Dann gehen Sie wieder in die Ausgangsposition zurück, wobei Sie wieder gegen Ihre Zähne schnippen.

Ausgiebige Forschungen mit einem Aufnahmegerät und Kopfhörer (vielleicht sind wir albern, aber wenigstens sind wir gründlich) ergaben, dass die Öffnung des Mundes wichtig ist. Die Mundhöhle dient als Verstärker. Lassen Sie Ihren Mund nicht zu weit offen. Halten Sie ihn stattdessen in einer entspannten Position mit nur einer leichten Öffnung zwischen der Unterlippe und den Daumen.

Wangenmusik

Wenn Sie Ihre Wangen mit gewölbten Handflächen (vorzugsweise mit Ihren eigenen) schlagen, ergibt dies eine simple Form von Musik. Nach einer ausgiebigen Sitzung und einigen Prellungen fanden wir heraus, dass Simons Mund eine Spannbreite von einer Oktave hat. Daher eignet er sich perfekt für, sagen wir, das Untermalen von Schlafliedern. *Schlaf, Kindlein, schlaf* hat besonders gut funktioniert.

Wenn Ihre Kinder einen ausgesuchteren Musikgeschmack haben (wenn sie zum Beispiel so altmodische Musik mögen wie Sie), können Sie Ihnen immer noch *Yellow Submarine* von den Beatles vorspielen und ihnen von den Urlauben Ihrer Kindertage erzählen, wie Sie mit anderen Kindern fröhlich am Nordseestrand saßen und sich die Wangen klopften, während das Lied aus den Transistorradios Ihrer Eltern plärrte. Vielleicht auch nicht. Es liegt ganz bei Ihnen.

Einen Taubenruf nachahmen

In der Liste der Tiere, die nachzuahmen cool ist, käme die Taube wohl ziemlich am Schluss. Leider haben wir aber keine Ahnung, wie man überzeugend brüllt wie ein Löwe, wiehert wie ein Pferd oder trällert wie eine Nachtigall. Es mag langweilig und gewöhnlich erscheinen, doch müssen

Keine Batterien nötig

Sie sich wohl damit zufrieden geben, das sanfte, liebliche Gurren der Taube nachzuahmen.

Legen Sie die Handinnenflächen Ihrer Hände im 90-Grad-Winkel aufeinander, die rechte über die linke. Legen Sie nun Ihre Finger um die jeweils andere Hand. Öffnen Sie einen Spalt zwischen Ihren Händen, aber vermeiden Sie es gleichzeitig, Öffnungen in dem Bereich zu haben, der den Klangkörper bildet.

Lassen Sie Ihre Daumen parallel und legen Sie sie auf Ihren rechten Zeigefinger. Beugen Sie die Knöchel Ihrer Daumen ein wenig und nehmen Sie sie an den Mund, sodass die Knöchel zwischen den Lippen liegen. Blasen Sie jetzt leicht: uh-uuuh-uh, uh-uh ist die richtige Klangfolge.

Wie eine Taube zu gurren ist nicht wie Fahrradfahren, mussten wir feststellen. Selbst wenn Sie der Supertaubengurrer in Ihrer Jugend waren, kann es Ihnen im Erwachsenenalter passieren, dass Sie eine Weile brauchen, bis Sie überhaupt einen Laut herausbekommen, und selbst dann kann es sein, dass es sich anhört, als hätte der Vogel Asthma, weil er zu nah bei einer Chemiefabrik genistet hat. Bleiben Sie aber dran, und mit etwas Glück werden sich Ihre Fähigkeiten verbessern. Am wichtigsten ist, dass Sie versuchen, nicht zu fest zu pusten.

Wenn es Ihnen wirklich schwerfällt, trösten Sie sich mit dem Wissen, dass Simon zwar perfekt eine Taube bis zur letzten Federspitze herbeizaubern kann, Steve jedoch trotz exzellenter Anleitung bis zum heutigen Tag unfähig ist, auch nur einen einzigen Ton zu produzieren.

Der ungestützte Kreis

Wenn Sie acht oder mehr Kinder um sich herumwuseln haben, bringen Sie sie dazu, sich in einen engen Kreis zu stellen, sodass jeder mit nur wenigen Zentimetern Abstand mit dem Gesicht zum Rücken des nächsten steht.

Dann sollen alle langsam in die Knie gehen, bis sie auf den Knien des Hintermanns sitzen. Oft braucht man ein oder zwei Anläufe, bis es klappt, aber es sollte möglich sein, einen festen, nicht zu erschütternden Kreis zu haben, in dem jeder auf den Knien eines anderen sitzt, obwohl nichts diesen Kreis stützt.

Die Geisterhand

Halten Sie Ihre Hand gegen die Ihres Kindes, die Innenflächen sind flach aufeinander, Daumen zusammen. Lassen Sie Ihr Kind mit Mittelfinger und Daumen der anderen Hand über ein Fingerpaar streichen – zum Beispiel über Ihren Zeigefinger und seinen eigenen Zeigefinger. Der Effekt ist ziemlich unheimlich: Ihr Kind kann einen der Finger fühlen, aber nicht den anderen. Es weiß, dass er da ist, aber es kann ihn nicht ganz spüren. Dieser Trick funktioniert besonders gut mit geschlossenen Augen.

Keine Batterien nötig 49

Die tanzenden Hände

Unsere Eltern lebten in einer verrückten Zeit. Da war es nicht möglich, Musik mit sich herumzutragen und sie sich direkt in die Ohren blasen zu lassen. Nicht nur das. Wenn sie Musik hören wollten, konnte es sogar sein, dass der Ort dafür nicht einmal eine Lizenz hatte, die das Tanzen erlaubte. Da sie gesetzestreue Bürger waren, tanzten sie stattdessen mit ihren Händen.

Es gibt noch immer Orte, an denen ein Handtanz angemessener ist, als vor allen Leuten die Glieder zu schütteln. Wenn es nach Ihren Kindern ginge, wäre das zweifellos *überall* (»Nein, Papa, nicht vor allen *Leuten!*«). Besonders eignet sich der Handtanz für Rock'n'Roll und Swing. Wählen Sie von den möglichen Bewegungen vier aus. Die meisten werden zunächst mit der rechten Hand gemacht, dann mit der linken, dann noch einmal von beiden wiederholt, bevor Sie zum nächsten »Tanzschritt« übergehen. Die vier Bewegungen werden immer in derselben Reihenfolge wiederholt. Der Handtanz macht mit mehreren Kindern riesigen Spaß, und das altersbedingte Tanzverletzungsrisiko ist für Papas äußerst gering.

Einige Tanzbewegungen, aus denen Sie wählen können:

- Halten Sie einen Ellbogen mit der anderen Hand, während Sie mit Ihrem Zeigefinger Kreise in die Luft zeichnen.

- Führen Sie Ihre rechte Hand über die linke, zweimal in einer scherengleichen Bewegung.
- Halten Sie Ihre Unterarme parallel vor sich und drehen Sie sie umeinander, erst in die eine, dann in die andere Richtung.
- Schlagen Sie Ihre Fäuste zweimal zusammen, fangen Sie mit der rechten, die auf die linke schlägt, an.
- Schlagen Sie mit Ihren Händen zweimal auf Ihre Beine, dann klatschen Sie zweimal in die Hände.
- Machen Sie eine Tramper-Bewegung, beginnen Sie damit, dass die Daumen nach außen zeigen.

Bringen Sie Ihre Kinder dazu, sich mehr auszudenken. Geben Sie den Bewegungen Namen, dann können sie einen Tanz aufrufen.

3. DAS GUMMIBAND: PAPAS BESTER FREUND

Einige Leute werden Ihnen erzählen, dass der Hund der beste Freund eines Mannes sei. Aber Hunde muss man füttern, Gassi führen und manchmal auch kastrieren. Ein Gummiband braucht lange nicht so viel zeitraubende Aufmerksamkeit, wird Ihnen aber stets beiseite stehen. Sie mit einem Fässchen Brandy um den Hals aus einer Lawine zu retten ist so ziemlich das Einzige, was es nicht kann.

Erfunden wurde es 1845 von dem Londoner Kutschenbauer Stephen Perry. Seither eignet sich das Gummiband zu allen erdenklichen Hilfsreparaturen, hält Sachen zusammen, während der Kleber noch trocknet, ist ein wichtiger Bestandteil von Katapulten, eine Antriebsquelle für kleine Modellflugzeuge und Boote, ein einfaches Musikinstrument, hilft Stress abzubauen und kann sogar, wie es aussieht, für die Behandlung von Hämorrhoiden hergenommen werden (obwohl das nicht als »Do-It-Yourself«-Methode empfohlen wird).

Falls es Zeiten gab, in denen Sie immer dann gerade kein Gummiband zur Hand hatten, wenn Sie es am nötigsten brauchten, sorgen Sie dafür, dass diese von nun an vorbei sind. Als Papa werden Sie immer eins brauchen.

Stäbchen für Anfänger

Nur wenige Dinge sind für hungrige Kinder frustrierender, als mit Stäbchen, die sie nicht benutzen können, vor einem Teller mit dampfendem Essen zu sitzen. Und schon kommt Ihr treues Gummiband zum Vorschein, das Sie dazu nehmen, die Stäbchen am oberen Ende zusammenzubinden.

Rollen Sie das Papier zusammen, mit dem die Stäbchen verpackt waren, und stecken Sie es zwischen die Stäbchen, gleich unter das Gummiband. Jetzt lassen sich die Stäbchen

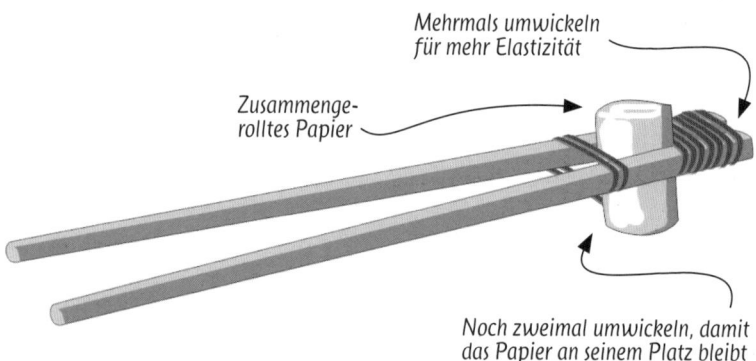

viel leichter benutzen und gehen zwischen den einzelnen Bissen wie eine Pinzette auseinander. Wenn Sie selbst nicht allzu elegant im Umgang mit Stäbchen sind, versuchen Sie es selbst. Sie können immer noch behaupten, Sie machten es, um Ihre Kinder nicht bloßzustellen.

Wie man am besten mit Gummibändern schießt

Hängen Sie das Gummiband an die Spitze Ihres kleinen Fingers. Halten Sie Ihre Hand so, als würden Sie eine Pistole imitieren, Zeigefinger und Daumen ausgestreckt, die anderen Finger gebeugt. Legen Sie mit Hilfe der anderen Hand das Gummiband nun über den Daumen und ziehen Sie es bis zur Spitze des Zeigefingers vor. Um das Band abzufeuern, bewegen Sie einfach Ihren kleinen Finger.

Während das Band von Ihrem kleinen Finger gleitet, schwingt es über Ihren Daumen und schießt von Ihrem Zeigefinger. Gummibänder, die auf diese Weise abgefeuert wurden, erreichten fast 18 km/h, und Entfernungen von über sechs Metern sollten kein Problem sein.

Die Anti-Schwerkraft-Rolltreppe

Schneiden Sie ein Gummiband auseinander, sodass Sie ein langes Stück haben. Sie brauchen etwas, das Sie darüber gleiten lassen können. Ein Ehering eignet sich sehr gut, eine Büroklammer tut es aber auch.

Fädeln Sie diesen »Fahrgast« auf das Band und halten Sie ihn nahe der rechten Hand. Halten Sie die Handrücken zu Ihren Zuschauern und verstecken Sie den längeren Teil des Bandes in Ihrer linken Hand. Strecken Sie den Rest des Bandes zwischen Daumen und Zeigefinger beider Hände.

Heben Sie Ihre rechte Hand, bis der Fahrgast zu Ihrer linken Hand hinuntergleitet und so den Einfluss der Schwerkraft zeigt. Halten Sie die rechte Hand weiter erhöht. Während Sie nun Ihre mächtigen telekinetischen Augen benutzen, um die Schwerkraft zu überwinden – oder welchen Voodoozauber Sie auch hernehmen wollen –, lassen Sie das Gummiband sanft durch Ihren linken Daumen und Zeigefinger gleiten. Und siehe da! Der Fahrgast scheint auf dem Gummiband aufwärts zu steigen.

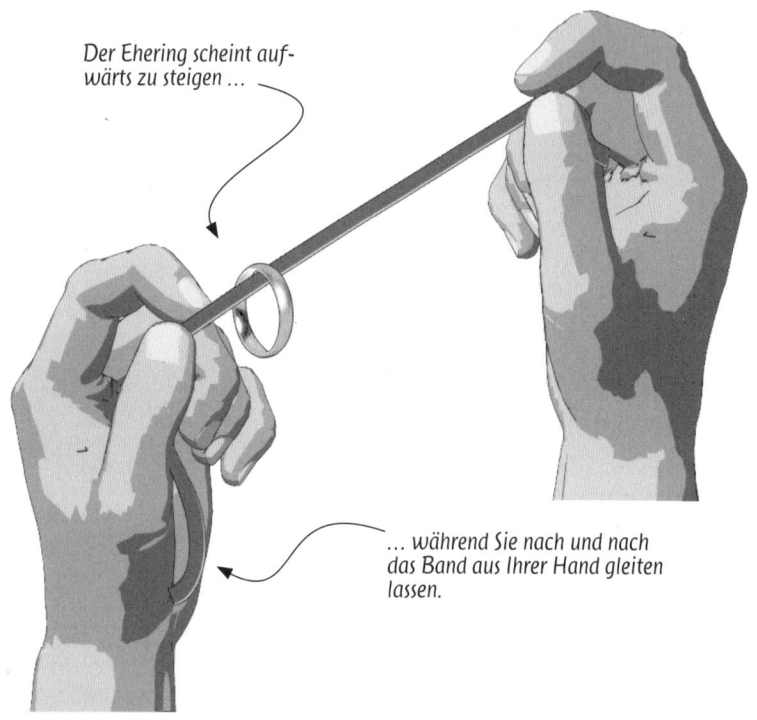

Der Ehering scheint aufwärts zu steigen ...

... während Sie nach und nach das Band aus Ihrer Hand gleiten lassen.

Das unglaubliche springende Gummiband

Mit ein klein wenig Übung können Sie in Sekundenschnelle ein Gummiband »magisch« von Zeige- und Mittelfinger auf die beiden äußeren Finger springen lassen.

Legen Sie ein Gummiband ganz unten um Zeige- und Mittelfinger. Ziehen Sie, mit dem Handrücken zum Publikum, das Band zur Außenseite Ihrer Hand unter dem Vorwand, dass Sie nur beweisen wollen, dass es sich um ein stinknormales Gummiband handelt. Während Sie das tun, krümmen Sie die vier Finger und stecken Sie die Fingerspitzen durch das Band.

Strecken Sie nun die Finger schnell wieder aus und krümmen Sie sie sofort wieder. Es sieht so aus, als würde das Gummiband nun zu Ring- und kleinem Finger sprin-

Das Gummiband: Papas bester Freund

gen. Ziehen Sie das Band nun wieder in die andere Richtung, krümmen Sie Ihre Finger ein weiteres Mal, strecken Sie sie wieder, und das Band ist wieder zurückgesprungen.

Diesen Trick kann man noch eindrucksvoller gestalten. Nachdem Sie das Gummiband über zwei Finger gestreift haben, wickeln Sie ein zweites um alle vier Finger. Indem es die vier Finger zusammenbindet, sieht es so aus, als wäre das erste Gummiband »gefangen«, wodurch der Sprung noch wundersamer wird.

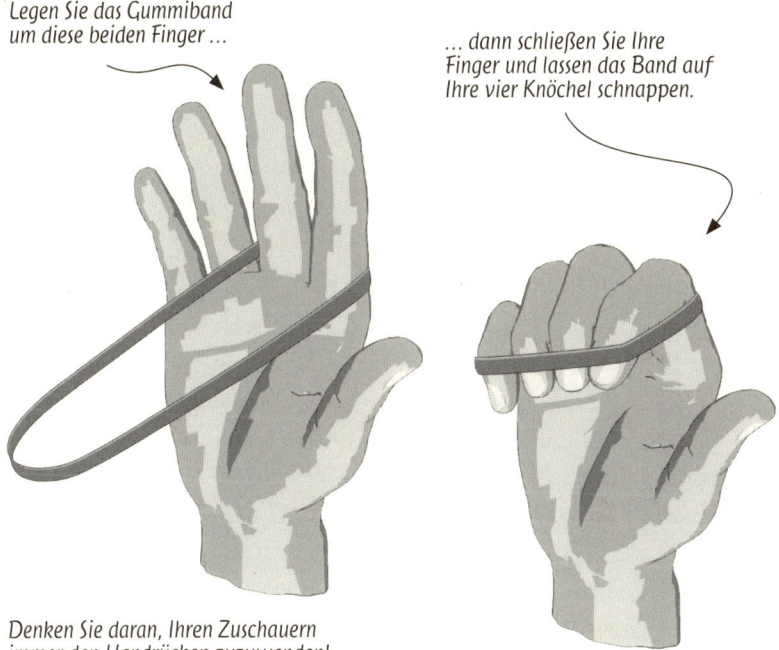

Legen Sie das Gummiband um diese beiden Finger ...

... dann schließen Sie Ihre Finger und lassen das Band auf Ihre vier Knöchel schnappen.

Denken Sie daran, Ihren Zuschauern immer den Handrücken zuzuwenden!

Die Gummibandfalle

Das ist eine tolle Möglichkeit, nichts ahnende Passanten zu überraschen. Rollen Sie zwei Stückchen Papier zylindrisch zusammen (mit zwei kurzen Bleistiften funktioniert es auch), und umschlingen Sie sie in der Mitte mit einem dicken Gummiband. Wickeln Sie das Band mindestens zwanzig Mal propellermäßig herum, bis es ganz fest sitzt.

Platzieren Sie das Ganze unter etwas Großem oder Schwerem – zum Beispiel einem Buch, Pulli, einer Tafel Schokolade –, sodass es ganz verdeckt ist. Wenn jemand den darüberliegenden Gegenstand aufhebt, wird die Gummibandkonstruktion zum Leben erweckt, begleitet von einem klappernden Geräusch, als ob ein kleines, aber lärmendes Tier freigelassen worden wäre.

Einen Gummibandball machen

Eine praktische Methode, um immer zu wissen, wo sich alle Ihre Gummibänder gerade aufhalten, ist, sie in einem Gummibandball zusammenzufassen. Knoten Sie ein Gummiband so oft und fest wie möglich zusammen. Wickeln Sie ein anderes Gummiband herum, drehen Sie es, wie Sie es brauchen, damit es an seinem Platz bleibt. Machen Sie das mit weiteren Bändern, bis Sie die Gummibänder nicht mehr verdrehen müssen.

Fütter mich, fütter mich!

Sie können gleich zu Beginn auch schummeln, indem sie ein verknülltes Papier oder Alufolie als Kern nehmen. Wenn Sie gerne einen besonders großen Gummibandball hätten, nehmen Sie einen Flummi als Kern. Vorausgesetzt natürlich, Sie erinnern sich noch, was ein Flummi ist.

Obwohl die Anwesenheit eines Gummibandballs im Haus bedeutet, dass Sie immer ein Gummiband zur Hand haben, sollten Kinder (oder Papas) mit obsessiver oder zwanghafter Veranlagung davon abgehalten werden, mit einem anzufan-

Das Gummiband: Papas bester Freund

gen. Es gibt eine harte Konkurrenz um den Titel des weltgrößten Gummibandballs. Der aktuelle Rekordhalter hat über eine halbe Million Bänder verwendet und über vier Jahre gebraucht. Der Ball ist 1,50 Meter hoch und wiegt über eine Tonne!

> **Faszinierende Fakten:**
>
> Nachdem er gute fünf Jahre mit dem Herstellen seines Gummibandballs zubrachte, wollte der Waliser Tony Evans herausfinden, wie hoch dieser wohl springen würde. Der Riesenball wurde von einem Frachtflugzeug eineinhalb Kilometer über der Mojave-Wüste abgeworfen. Leider sprang der Ball überhaupt nicht. Stattdessen hinterließ er, nachdem die gut sechs Meter hohe Staubwolke verschwunden war, einen ein Meter tiefen, gummiartigen Krater, der bis zum heutigen Tag überlebt hat.

Einen Gummibandpanzer bauen

Bevor die militärisch interessierten Kinder bei dem Gedanken, einen Panzer zu bauen, aufgeregt losjubeln, sollten Sie betonen, dass dieser Panzer mehr mit dem biederen Prototyp eines Panzers aus dem Ersten Weltkrieg gemein hat als mit einem modernen M1A2 Abrams mit Turbinenantrieb und Chobham-Panzerung.

Sie brauchen eine Garnrolle, zwei gebrauchte Streichhöl-

Gummiband

Kerzenstummel

halbes Streichholz hält das andere Ende des Bandes auf dieser Seite

zer, einen Kerzenstummel, der ungefähr einen Zentimeter lang ist, und natürlich das allgegenwärtige Gummiband.

Nehmen Sie einen Spieß oder eine Ahle und machen Sie vorsichtig ein Loch in den Kerzenstummel. Dann fädeln Sie ein Ende des Gummibands durch das Loch, gerade so weit, um ein Streichholz durchstecken zu können. Stecken Sie das andere Ende des Gummibands durch die Garnrolle. Machen Sie dieses Ende des Gummibands mit einem Streichholz fest, das Sie in der Mitte durchgebrochen haben.

Das lange Streichholz »fährt« den Panzer. Positionieren Sie es so, dass nur ein winziger Teil des Streichholzes auf einer Seite des Gummibands ist. Danach wickeln Sie mithilfe des langen Teils des Streichholzes das Gummiband auf. Wenn es so fest ist, wie es nur geht, ohne zu zerreißen, legen Sie den Panzer auf eine glatte Oberfläche. Das Streichholz berührt dabei den Boden. Der Panzer wird nun lostrudeln, während sich das Gummiband wieder abwickelt.

> **FASZINIERENDE FAKTEN:**
> Eines der gummibandangetriebenen Flugmodelle, die der Franzose Alphonse Penaud in den 1870ern entworfen hatte, schenkte der Bischof Milton Wright seinen beiden jüngsten Söhnen Orville und Wilbur. Später sagten sie, dass dieser fliegende Spielzeughelikopter ihr Interesse am Motorflug geweckt hätte.

4. ICH HAB SCHON MAL WAS VORBEREITET

KINDER LIEBEN ES ZU BASTELN. Von Modellflugzeugen bis zu Legohäusern, von Kartoffelköpfen bis zu Streichholzmodellen. Wenige Dinge können so sehr befriedigen, wie den Eltern etwas Selbstgebasteltes zu präsentieren.

Manchmal brauchen sie Papa, der ihnen auf die Sprünge hilft. Es ist unwahrscheinlich, dass Kinder von selbst darauf kommen, wie man beispielsweise einen animierten Film macht. Aber wenn man es ihnen einmal gezeigt hat, können sie selbst weitermachen und ihre eigenen Meisterwerke ohne weitere Hilfe kreieren.

Am besten aber ist das, was sie aus den unwahrscheinlichsten Materialien basteln. Wer hätte gedacht, dass man einen Drachen aus einem Müllbeutel bauen kann? Oder ein Schlachtfeld für Spielzeugsoldaten aus einer Lage Styropor? Oder eine Rakete aus einer leeren Filmdose und einer Kopfschmerztablette?

Dieses Kapitel behandelt auch ein paar Sachen, bei denen Papas die harte Arbeit machen müssen – wie zum Beispiel die selbstgebaute Gartenschaukel –, obwohl die Kinder den ganzen Spaß damit haben werden.

Dioramen für Spielzeugsoldaten

Die meisten Jungs haben mindestens hundert Spielzeugsoldaten. (Mädchen spielen normalerweise nicht mit Soldaten, bis sie alt genug sind, um mit ihnen in die Clubs zu gehen.) Die Spielzeugsoldaten reichen von billigen, schlecht gemachten Modellen für einen Euro pro 20 Stück vom Zeitungskiosk bis hin zu den liebevoll handbemalten (und wahnsinnig teuren) Warhammer-Ausgaben.

Aber welchen Sinn haben alle diese Soldaten, wenn man sie nirgendwo aufstellen und mit ihnen spielen kann? Ein großes Diorama zu bauen macht sowohl dem Papa als auch den Kindern Spaß und ist eine Freizeitbeschäftigung, die man über mehrere Abende und Wochenenden ausdehnen kann. Und das Beste: Die ganze Sache ist weit billiger als ein einziges typisches Warhammer-Set.

Fangen Sie mit der Styroporplatte für den Untergrund an. Kaufen Sie eine etwa einen Quadratmeter große Platte im Baumarkt und lassen Sie sie sich in der Mitte durchschneiden, sodass Sie zwei Platten von 1 x 0,5 Meter haben. Eine nehmen Sie für den Boden, die andere ist für die Gelän-

Bröseln Sie mit den Fingern ein paar Schlaglöcher weg

Schneiden Sie einen Fluss aus der oberen Lage aus

Ich hab schon mal was vorbereitet

deoberfläche, die auf den Boden gelegt wird. Dort schneiden Sie Flüsse, Schlaglöcher, Gräben und Bombenkrater hinein.

Styropor eignet sich hervorragend zum Modellieren. Man kann ganz leicht mit dem Messer Gräben hineinschneiden, und wenn Sie mit den Fingern ein wenig die Oberfläche wegkratzen, passiert etwas Erstaunliches: Die glatte, gerade Oberfläche verwandelt sich in steiniges, unwegsames Brachland. Schneiden Sie ein Stück Fluss aus, zerbröckeln Sie dann die Enden und machen Sie daraus das Flussufer. Stellen Sie Teile der weggebröselten Oberfläche auf den Kopf, um steinige Ausläufer von rauen Felsbrocken zu haben, die mit ihrer glatten Unterseite perfekt auf den Boden geklebt werden können. Modellieren Sie Stücke, um Brücken, Häuser und Teile von eingefallenen Mauern zu machen. Sie können die Teile mit Leim oder Tapetenkleister festkleben oder einfach mit kleinen Nägeln anheften. Wenn Sie ganz tüchtig

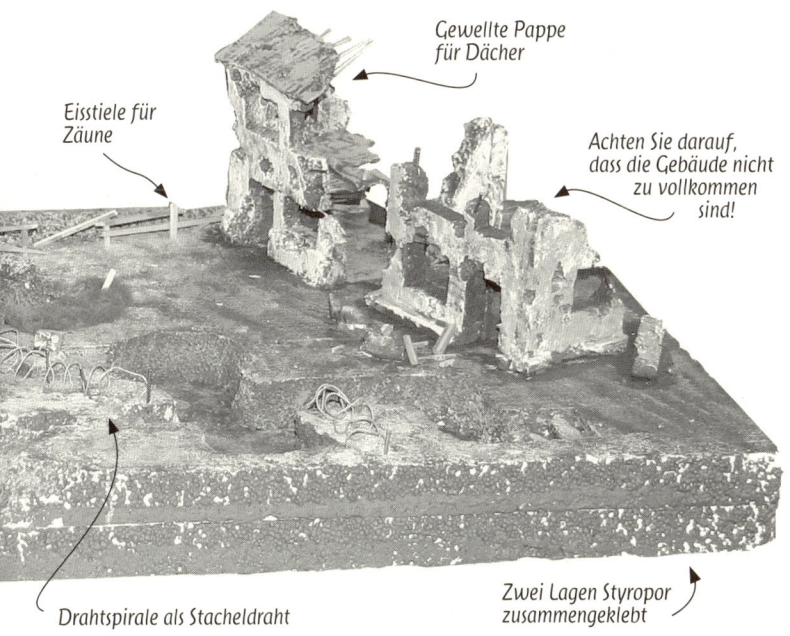

Gewellte Pappe für Dächer

Eisstiele für Zäune

Achten Sie darauf, dass die Gebäude nicht zu vollkommen sind!

Drahtspirale als Stacheldraht

Zwei Lagen Styropor zusammengeklebt

sind, tröpfeln Sie Styroporkleber auf das Modell, um Schlaglöcher auszubessern.

Um das Flussbett zu machen, legen Sie ein Stück Alufolie zwischen die beiden großen Styroporstücke, bevor Sie sie festkleben. Alufolie reflektiert gut. Dann malen Sie sie mit Filzmaler, Tinte oder durchsichtiger Farbe blau oder grau. Ein paar Schichten Leim obendrauf gibt dem Ganzen einen schönen Schimmer. Tröpfeln Sie Leim in die Bombenkrater, um sie zu fluten. Gewellte Pappe, von der Sie die oberste Schicht abgepult haben, eignet sich hervorragend als Dachmaterial. Aus Eisstielen kann man Zäune machen. Eine Drahtspirale gibt einen überzeugenden Stacheldraht.

Das Modell sollte zunächst mit matten Haushaltsfarben auf Wasserbasis ganz in dunkelgrau oder schwarz bemalt werden. Das ergibt eine gute Basisfarbe und schützt das Styropor vor weiteren Beschädigungen. Nehmen Sie dann einen von diesen kleinen Testtöpfen für Farbe (die mit dem eingebauten Pinsel sind am besten), um Farbe auf die Wände, das Mauerwerk und Gras zu tupfen. Kurze, stechende Bewegungen mit zwei unterschiedlichen Grüntönen ergeben das beste Gras, und die Technik eignet sich auch für Hauswände.

Der beste Moment von allen ist der, wenn die Freunde Ihres Sohnes zu Besuch kommen. »*Ich hab das gemacht*«, wird Ihr Sohn stolz sagen, »*mit meinem Papa!*«

Wie man mit jeder Kamera 3D-Bilder machen kann

Kinder wachsen mit Hollywood-Blockbustern voller Spezialeffekte auf. So wird es immer schwieriger, sie mit einfachen Fotos zu beeindrucken.

3D-Fotografie könnte aber wirken. Ob Sie nun Fotos mit echtem Film* oder mit der Digitalkamera machen, die Technik ist dieselbe. Finden Sie eine Szenerie mit einigen

Elementen im Vordergrund und auffälligen Merkmalen im Hintergrund. Machen Sie mit der Kamera ein Foto, vorzugsweise in der Porträteinstellung – lieber vertikal als horizontal.

Gehen Sie einen Schritt zur Seite und machen Sie noch ein Foto von demselben Motiv. Achten Sie darauf, dass die Merkmale im Hintergrund ungefähr an derselben Stelle im Sucher sind.

Um die Bilder in 3D zu sehen, legen Sie die Fotos nebeneinander mit einem Stück Pappe dazwischen (DIN A4 reicht). Der Schauende geht mit seinem Gesicht ganz nah an die Fotos, sodass die Nase auf einer Linie mit der Pappe ist und diese fast berührt.

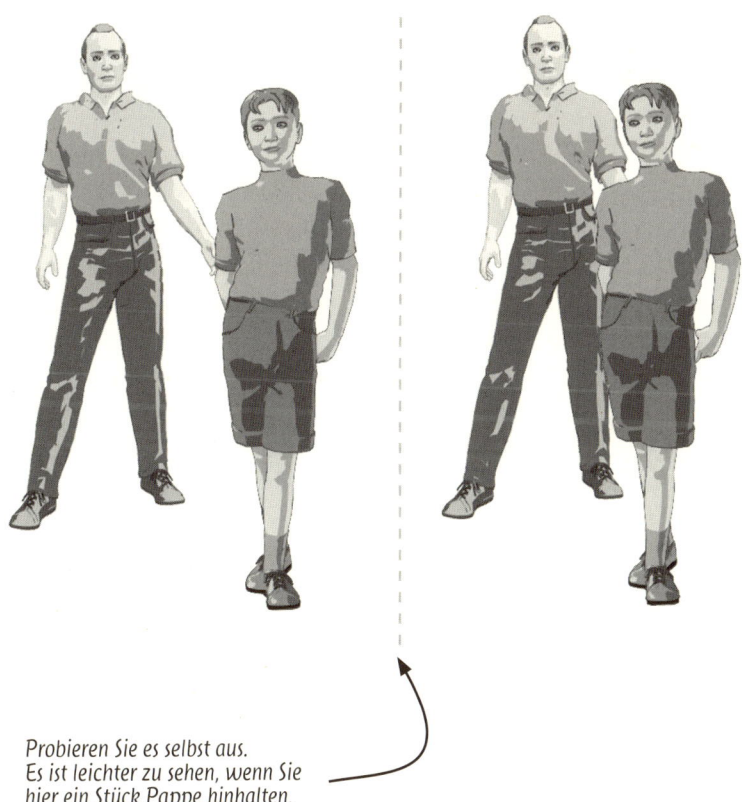

Probieren Sie es selbst aus.
Es ist leichter zu sehen, wenn Sie hier ein Stück Pappe hinhalten.

Diese Technik funktioniert auch, wenn man die Fotos am Computer zeigt und dabei die Pappe zwischen die Augen hält. Man sollte allerdings für den Bildschirm eine höhere Auflösung wählen und die Bilder kleiner darstellen, sodass sie leichter miteinander verschmelzen. Wenn Sie kein Stück Pappe oder Papier zur Hand haben, können Sie auch auf die Bilder sehen, indem Sie absichtlich nach außen schielen, aber dazu braucht man etwas Übung.

Kinder, die davon beeindruckt sind, sollten wissen, dass das absolut nichts Neues ist. Es ist nur eine Variation des Viktorianischen Stereoskops, das vor 150 Jahren in Mode war.

Heben Sie die Filmdosen auf – siehe S. 68

Das Möbiusband

Schneiden Sie einen Streifen Papier an der langen Seite ab – ungefähr zwei Zentimeter breit –, und verdrehen Sie ihn einmal, bevor Sie ihn zu einem Kreis zusammenkleben. Je länger der Streifen ist, desto leichter wird es, mit dem Kreis zu spielen.

Bitten Sie Ihre Kinder, eine rote Linie auf die eine Seite zu malen und eine blaue auf die andere. Sie werden schnell feststellen, dass das nicht geht. Da ist nämlich nur eine Seite. Markieren Sie einen Punkt an einer Kante mit einem Bleistift oder einer Büroklammer, und sie werden feststellen, dass der Ring auch nur eine Kante hat.

Schneiden Sie den Streifen in der Mitte rundherum durch, und fragen Sie die Kinder, was sie denken, was wohl passieren wird. Sie werden davon ausgehen, dass Sie am Ende zwei Papierringe haben. In Wirklichkeit jedoch haben Sie nur einen Ring, halb so breit, dafür aber doppelt so lang (und mit vier Drehern drin).

Machen Sie noch einen Papierring, diesmal ein bisschen breiter als vorher. Zerschneiden Sie ihn so, dass Sie ein Drittel der Breite wegnehmen. Wenn Sie immer weiterschneiden, werden Sie irgendwann merken, dass Sie nicht mehr ein Drittel, sondern zwei Drittel wegschneiden. Am Ende haben Sie einen breiten Streifen und einen schmaleren.

Verdrehen Sie es hinten

Kleben Sie es vorne zusammen

Diese Verrücktheit wurde 1858 von zwei deutschen Mathematikern, August Ferdinand Möbius und Johann Benedict Listing, unabhängig voneinander entdeckt. Listing hat es im Grunde zuerst herausgefunden, aber die Unsterblichkeit ging an Möbius, wahrscheinlich weil alle seinen Namen irgendwie cooler fanden.

Wie man animierte Filme macht

Filme sind schnelle Abfolgen von einzelnen feststehenden Bildern (24 pro Sekunde im Kino, 25 im Fernsehen und bei Videos). Wir verdanken es der sogenannten Nachbildwirkung auf der Netzhaut des menschlichen Auges, dass unser Gehirn denkt, es wäre ein echter beweglicher Ablauf.

Es ist nicht schwer, einfache animierte Filme mit den Kindern zu machen, auch wenn Sie nur eine stinknormale Videokamera haben. Sie muss nicht einmal digital sein, obwohl es beim Schneiden von Vorteil ist. Es ist einfacher, wenn Sie nur kurz den Knopf drücken müssen, damit die Kamera aufnimmt – Sie brauchen immer nur ein paar Bilder pro Aufnahme. Das Prinzip hinter jeder Stop-Motion-Animation ist immer dasselbe. Lassen Sie die Kamera nur sehr kurz laufen, bewegen Sie, was immer Sie gerade filmen, ein kleines Stück, lassen Sie die Kamera wieder kurz laufen, bewegen Sie das Objekt wieder ein wenig und so weiter und so weiter.

Ein guter Anfang ist es, den Modellhausbau mit Lego zu filmen. Filmen Sie als Erstes nichts, dann legen Sie den ersten Legostein ins Bild, filmen ihn kurz ab, legen einen weiteren ins Bild, filmen ihn kurz ab, legen noch einen dazu, filmen ihn kurz ab und machen immer so weiter, bis Sie eine ganze Wand, einen Turm oder ein lebensgroßes Modell des Taj Mahal gebaut haben. Achten Sie darauf, dass das Fundament absolut still steht!

Wenn Sie das, was Sie abgefilmt haben, zeigen, hat es einen außerordentlichen Effekt, besonders auf junge Kinder. Sie sind ein Zauberer! Sie haben etwas genommen, das Ihren Kindern sehr vertraut ist, etwas, womit sie jeden Tag spielen, und haben ihm Magie eingehaucht. Gebäude entstehen aus dem Nichts, ein Stein nach dem anderen fügt sich zusammen, eine Pyramide oder Wasauchimmer wird ohne sichtbaren menschlichen Einfluss gebaut.

Wie es weitergeht, liegt ganz bei Ihnen. Lassen Sie etwas, das schon gebaut ist, Stein für Stein verschwinden. Machen Sie etwas aus Bausteinen und verändern Sie es nach und nach. Malen Sie ein Diorama für den Hintergrund und bewegen Sie davor kleine Modelle auf Rädern. Filmen Sie

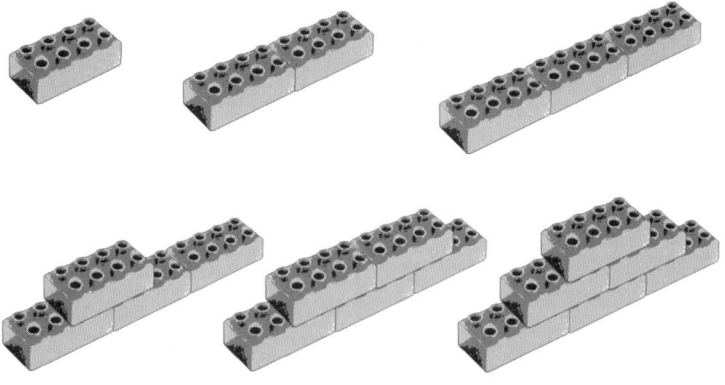

Wenn man dabei zusieht, wie es sich selbst baut, dann wird aus dem einfachsten Modell Magie!

bewegliche Figuren aus Knetmasse, die Sie taktweise bewegen. Drehbücher können geschrieben, Storyboards geplant und gezeichnet, Kostüme und Sets gemacht, Musik hinzugefügt werden. Es mag alles sehr banal erscheinen, gemessen an den Standards von Pixar-Filmen, aber so wurden Wallace und Gromit geboren.

Die Filme, die Sie zusammen machen, werden mit der Zeit anspruchsvoller, aber es ist unwahrscheinlich, dass Sie je wieder die Faszination bei Ihren Kindern erzeugen, die sie spürten, als sie zum ersten Mal ihre Legosteine zum Leben erweckt auf einem Fernsehgerät sahen.

Pfeil und Bogen machen

Einen Bogen zu bauen ist doch leicht: Man nimmt sich einfach einen Stock und biegt ihn, richtig? Falsch. Wenn Sie nicht gerade in der Nähe eines Waldes wohnen, in dem abgezogenes, gelagertes Eibenholz wächst, werden Ihnen gebogene Stöcke nichts von der Kraft und Elastizität geben, die Sie brauchen.

Eine viel bessere Technik ist, mehrere flache Holzstäbe übereinanderzulegen. (Sie finden Sie in jedem Baumarkt oder können sich eigene machen, wenn Sie eine Tischsäge haben.) Schneiden Sie drei oder vier dieser Stäbe so, dass die Größe eines einzelnen in Relation zum vorherigen abnimmt, und stapeln Sie sie übereinander. Binden Sie sie in der Mitte mit Klebeband zusammen, wie auf der Abbildung gezeigt. Wenn Sie jetzt eine Schnur an jedes Ende binden, biegt sich der Bogen so, dass die kürzeren Hölzer innen sind. Sie haben nun einen starken Bogen, der wirklich funktioniert.

Pfeile können Sie aus jedem geraden Rundholzstab oder Bambus machen – Zweige aus Ihrem Garten reichen nicht aus. Schneiden Sie eine Kerbe ins Ende, damit sich der Pfeil in die Bogensaite einspannen lässt, und kleben Sie eine Fe-

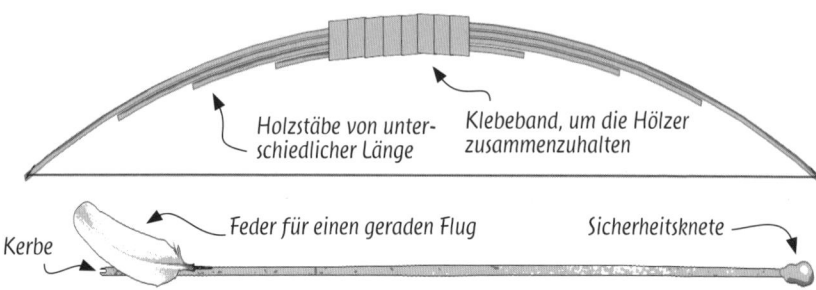

der oder ein Stück Papier ein wenig weiter darunter an, das stabilisiert den Flug. Befestigen Sie an der Pfeilspitze etwas Knetmasse. Dadurch bekommt der Pfeil mehr Gewicht und fliegt besser, gleichzeitig wird das Risiko, Fenster und Augen zu verletzen, minimiert.

Die Kopfweh-Rakete

Hätte sich die digitale Fotografie so schnell durchgesetzt, wenn jeder Papa die Freuden gekannt hätte, die uns diese 35-Millimeter-Filmdosen aus Plastik spenden können? Mit nur einem Tropfen Wasser und einer sprudelnden Schmerztablette wie beispielsweise Alka-Seltzer kann man eine Filmdose in eine Rakete verwandeln. Warum haben uns das unsere Papas nicht gesagt?

Ein Abschussplatz im Freien ist sehr vernünftig. Werfen Sie eine Tablette in die Dose. Dann träufeln Sie einen Teelöffel voll Wasser hinein, den Deckel haben Sie schon bereit in der Hand. Drücken Sie blitzschnell den Deckel auf den Behälter – achten Sie darauf, dass er gut verschlossen ist – und stellen Sie ihn verkehrt herum auf den Boden oder einen Tisch.

Treten Sie ein paar Meter zurück und warten Sie. Zehn bis zwanzig Sekunden später sollte der größere Teil der Filmdose mit einem lauten Plop gute drei Meter hoch in die Luft

Ich hab schon mal was vorbereitet

schießen. Zurück bleiben eine teilweise aufgelöste Tablette und der Deckel.

Dies ist möglich, weil die Tablette Kohlendioxid freisetzt, wenn sie sich in Wasser auflöst. Der Druck des Gases baut sich in der Filmdose auf, bis der Deckel abspringt. Dieser Vorgang ist ähnlich dem bei echten Raketen, wobei deren Treibgas und die Aerodynamik doch etwas effizienter sind. Anders als bei der NASA-Flotte kann die Aerodynamik der Filmdose mit Flügeln und Nutzlastverkleidung aus Pappe verbessert werden.

Alka Seltzer und Wasser vermischen...

... und die Filmdose fliegt in die Luft

Wenn Sie keine Alka-Seltzer-Tabletten zu Hause haben, können Sie auch anderen Treibstoff nehmen. Backpulver eignet sich sehr gut, wenn man es mit Wasser oder Zitronensaft mischt.

Bestimmte Filmdosen eignen sich besser als andere. Wenn Sie die durchsichtigen nehmen, können Sie der chemischen Reaktion besser zusehen. Sollten Sie keine Filmdosen haben, fragen Sie in Ihrer Drogerie, ob man dort welche für Sie sammeln kann. Sie werden sonst sowieso nur weggeworfen.

Wenn das nächste Mal wieder jemand sagt, wie toll digitale Fotografie ist, fragen Sie ihn, ob er eine Speicherkarte mit nichts als einer Tablette und etwas Wasser drei Meter hoch in die Luft schießen kann. Dann wird der andere aber ganz schnell ganz still sein.

Der Helikopter

Wir erinnern uns alle daran, als wir die Samenhülsen der Ahornbäume gesammelt haben, um sie in die Luft zu werfen und zuzusehen, wie sie spiralförmig auf den Boden trudelten. Es gibt eine weit eindrucksvollere Version, die leicht zu basteln ist, keine Vorkenntnisse bezüglich der Identifikation von Bäumen erfordert (siehe S. 83) und zu jeder Jahreszeit durchgeführt werden kann.

Fangen Sie mit einem beliebigen Blatt Papier an. Schneiden Sie es in ein Rechteck mit den Proportionen 2:1 – jede Größe ist möglich –, und schneiden Sie dann zwei kleinere Rechtecke weg, um eine Art Y-Form zu bekommen (siehe Abbildung). Schneiden Sie die Mitte des breiten Teils ein und falten Sie die beiden Rotoren im 90-Grad-Winkel in entgegengesetzte Richtungen.

Befestigen Sie unten ein kleines Gewicht – am besten eine Büroklammer – und lassen Sie es aus der Höhe fallen, zum Beispiel vom Küchenstuhl oder von der Treppe. Das Papier wird sich anmutig drehen, während es zu Boden flattert.

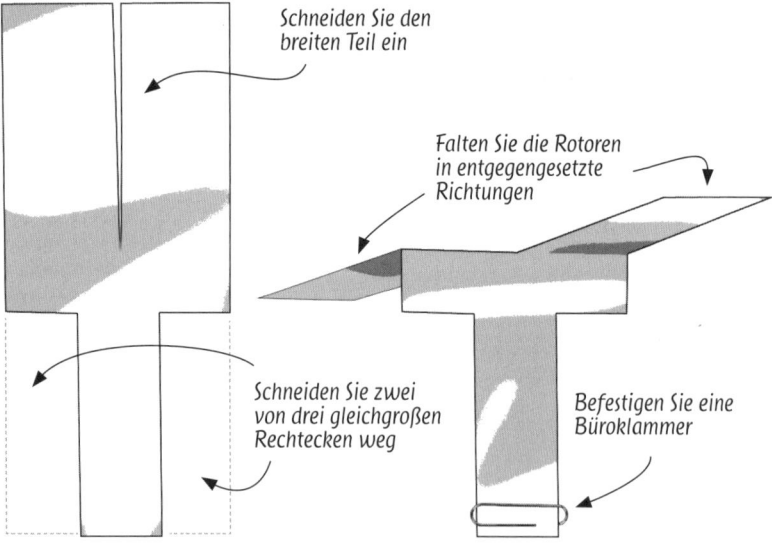

Es ist eine tolle Beschäftigung für eine Gruppe gelangweilter Kinder an einem regnerischen Tag. Fordern Sie sie auf, die Größe des Papiers, die Länge der Rotoren und die Anzahl der Heftklammern zu variieren, um das »beste« Design zu finden – das, womit der Helikopter am längsten in der Luft bleibt.

Achten Sie darauf, dass es sich wirklich um Schmierpapier handelt und nicht um Ihre Steuererklärung, die Geburtsurkunde Ihres Kindes oder den Tantiemenscheck Ihres Verlegers.

Wie Sie Ihren eigenen Drachen basteln

Gekaufte Drachen aus dem Laden machen sicherlich auch Spaß. Aber sie können es niemals mit dem Gefühl der Befriedigung aufnehmen, das Sie haben, wenn Sie Ihren ei-

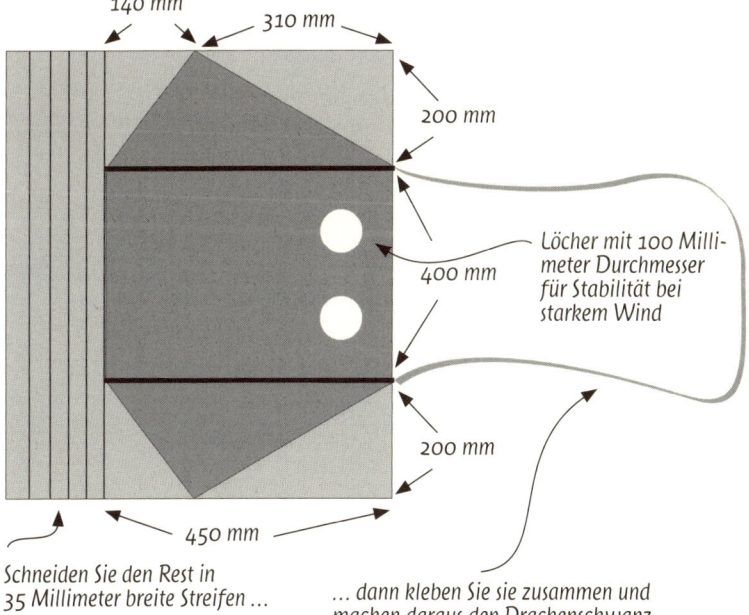

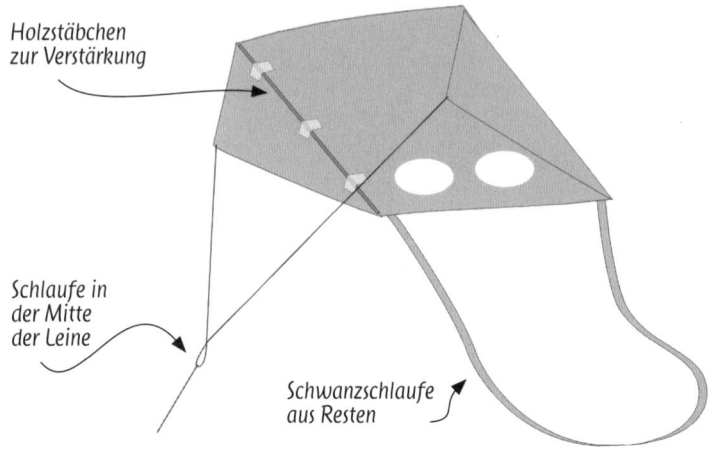

Holzstäbchen zur Verstärkung

Schlaufe in der Mitte der Leine

Schwanzschlaufe aus Resten

genen Drachen basteln, und zwar aus Abfall. Diese Version wird aus einem einfachen Plastikmüllsack gemacht. Es ist die Idee des Webdesigners und Drachenenthusiasten Roy Reed. Sie können mehr darüber und über Drachensteigenlassen auf seiner Webseite www.reeddesign.co.uk erfahren.

Als Erstes breiten Sie den Müllsack aus und schneiden ihn entsprechend der Anleitung in der Abbildung zurecht. (Die dunkleren Teile zeigen den Bereich, der später für den Drachen genommen wird.) Der abgeschnittene Teil links wird in 35 Millimeter breite Streifen geschnitten und für den Schwanz benutzt.

Die zwei Löcher im Segel (der rechteckige mittlere Teil) müssen nicht sein, helfen aber, den Drachen bei starkem Wind zu stabilisieren. Wenn Sie den Drachen ausgeschnitten haben, legen Sie Holzstäbchen auf jede Seite der rechteckigen mittleren Fläche und befestigen sie mit Klebestreifen. Dann falten Sie die Ecken im 90-Grad-Winkel zum mittleren Teil.

Sie brauchen Verstärkung an den Ecken der Flügel, an denen die Leine befestigt wird, sonst reißt sie einfach aus. Kleben Sie dazu ein Stückchen von den Müllsackresten über die Ecken und verstärken Sie sie damit. Nehmen Sie einen Nylonfaden als Leine und befestigen Sie ihn an beiden Ecken, dann machen Sie eine Schlaufe exakt in der Mitte. Danach kleben Sie die abgeschnittenen Streifen zusammen, um den Schwanz zu machen (ungefähr 900 Millimeter lang). Befestigen Sie ihn hinten am Hauptsegel. Wie die Löcher im Segel ist auch die Schwanzschlaufe nicht unbedingt nötig, hilft aber dem Drachen, besser zu fliegen.

Das war's schon – der Drachen ist fertig. Eine Menge mehr über Drachen und Flugtechniken gibt es auf S. 88–92.

Bohnendosentelefon

Natürlich müssen es keine zwei Bohnendosen sein. Es geht mit allen anderen Dosen (obwohl – wenn es sich um alte Katzenfutterdosen handelt, waschen Sie sie vorher gut aus, sonst werden Ihre Kinder Sie beim Gutenachtkuss wegschubsen).

Es ist so ein alter Hut, dass es sich kaum zu lohnen scheint, darüber zu reden – bis Sie feststellen, dass man Kindern in der Schule heute nicht mehr zeigt, wie man es macht, und dass für jedes Kind, das mit Satellitenfernsehen, Internet und Computern aufwächst, der Gedanke völlig überraschend ist, irgendein Apparat könnte die Stimme ohne Elektrizität übermitteln.

Machen Sie ein Loch in den Boden beider Dosen und spannen Sie eine lange Schnur dazwischen (sie kann bis zu dreißig Meter lang sein). Sie können auch ein Stück von der Leine nehmen, die Sie abgeschnitten haben, als sich Ihr Drachen in einem Baum verheddert hat. Machen Sie einen Knoten an jedes Ende, sodass die Kordel nicht durch das Loch rutscht, wenn man sie spannt. Sprechen Sie in die eine Dose, während Ihr Kind am anderen Ende zuhört: Echo Uniform Romeo Echo Kilo Alpha!

Wie man eine Gartenschaukel aufhängt

Alle Kinder finden Schaukeln toll, von Kleinkindern, die gerne sanft vor sich hinschaukeln, bis hin zu Teenagern, die eine Schaukel als eine Mischung aus Armeetrainingscamp und Dschungelpflanzen betrachten.

Was die meisten Papas davon abhält, eine Schaukel aufzuhängen, ist die damit verbundene Anstrengung: Leben, Gesundheit und Stolz beim Klettern auf einen Baum riskieren, Schrauben in die Äste drehen oder versuchen, sich an Knoten aus Pfadfinderzeiten zu erinnern. Wir haben eine viel bessere Methode, für die Sie weder eine Leiter brauchen, noch etwas installieren müssen. Sie können damit Schaukeln an den höchsten Ästen aufhängen, und das Ganze in gut zehn Minuten (hängt davon ab, wie gut Sie zielen können).

Suchen Sie sich einen starken, großen Ast an einem stabilen Baum. Der Ast sollte so horizontal wie möglich sein,

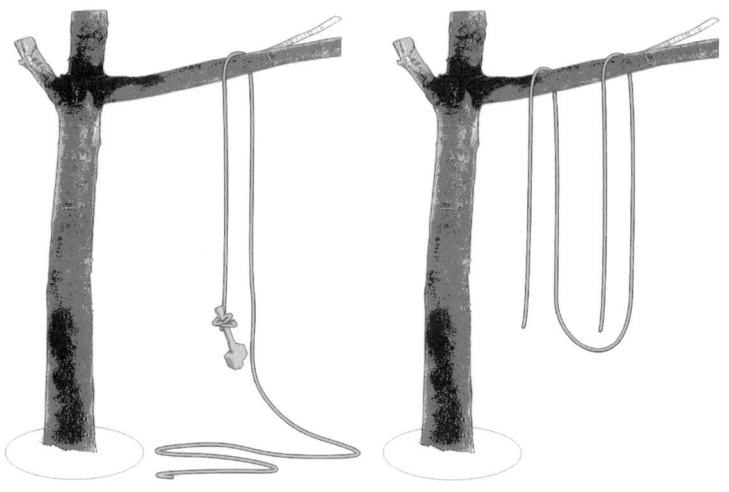

1. Binden Sie ein Gewicht an ein Ende des Seils und werfen Sie es über den Ast

2. Werfen Sie das andere Ende über den Ast in einem Abstand von ca. 60 Zentimetern

sonst hängt die Schaukel später schief. Der Ast muss in gutem Zustand sein: Wenn er viele grüne Blätter am Ende hat, super. Wenn er ganz vertrocknet aussieht und an ihm nichts anderes wächst als tote Zweige, sollten Sie noch einmal darüber nachdenken.

Sie brauchen ein Seil von ungefähr dreifacher Länge der Höhe des Astes. Ein Drittel davon wird später abgeschnitten, aber es gibt immer irgendeine Verwendung für ein Stück Seil. Ein Nylonseil ist stark, praktisch, günstig und hässlich. Das gute alte Hanfseil sieht schöner aus, reagiert aber auf Wettereinflüsse. Es liegt an Ihnen, ob Sie es lieber ästhetisch oder praktisch wollen. Wenn Sie sich für das Nylonseil entscheiden, achten Sie darauf, dass es dick genug ist, damit sich Ihre Kinder gut daran festhalten können, ohne sich die Finger aufzuschneiden.

Wickeln Sie ein Gewicht an ein Ende des Seils – ein Holzhammer lässt sich leicht werfen. Werfen Sie das Seil über

3. Stecken Sie beide Enden des Seils durch die Schlaufe auf der anderen Seite

4. Ziehen Sie an den Seilenden, um die Schlaufe festzumachen

den Ast (1). Möglich, dass Sie ein paar Versuche brauchen, um das Seil an den richtigen Platz zu bekommen, aber es ist den Aufwand wert. Binden Sie nun das Gewicht an das andere Ende des Seils und werfen Sie es so über den Ast, dass gut sechzig Zentimeter Abstand zwischen den beiden überhängenden Seilenden sind (2). Dieser Abstand, der mindestens die Breite der Schaukel haben sollte, ist wichtig. Nehmen Sie sich also die Zeit, um es richtig hinzubekommen.

Nehmen Sie nun die beiden Enden und stecken Sie sie durch die Schlaufe, die über die andere Seite des Astes hängt (3). Ziehen Sie an beiden Enden, dann hebt sich die Schlaufe. Wenn Sie fest genug ziehen, legt sich die Schlaufe um die beiden anderen Seilenden und hält sie an der Position am Ast, an der sie bleiben sollen (4). Ganz ohne Schrauben und Nägel haben Sie nun für die nächsten Jahre eine stabile Aufhängung.

Hängen Sie sich an jedes der beiden Seile, um dessen Stärke zu testen. Wenn jedes einzelne stark genug ist, ihr Gewicht zu halten, dann werden beide zusammen stabil genug sein, um alles auszuhalten, was Ihr Kind damit machen wird. Fädeln Sie die Enden durch einen hölzernen Sitz, knoten Sie sie fest und schneiden Sie den Überstand ab.

Der Donnerschlag

Wenn Sie alt genug sind, sich an die damals noch wirklich tollen kostenlosen Gimmicks in den Comic-Heften zu erinnern (so lang ist es ja nun auch wieder nicht her), dann werden Sie beim Basteln eines Donnerschlags einen nostalgischen Schauer verspüren. Wir haben dieses dreieckige Spielzeug, das einen sehr zufriedenstellenden Knall macht, wenn man es durch die Luft schlägt, einfach mal *Donnerschlag* genannt.

Am einfachsten macht man es mit einem dieser DIN A4

großen »Bitte-nicht-knicken«-Umschläge, die einen Papprücken und eine Papiervorderseite haben. Sie haben sicherlich ein paar gebrauchte zur Seite gelegt, um sie wiederzuverwenden. Wenn Sie so wie wir sind, dann liegen sie schon seit Jahren bei Ihnen nutzlos herum, also können Sie sie auch jetzt dafür verwenden.

Malen Sie ein Dreieck von der Breite des Umschlags auf die Pappseite. Die Höhe des Dreiecks sollte ebenfalls der Breite des Umschlags entsprechen (ungefähr 23 Zentimeter

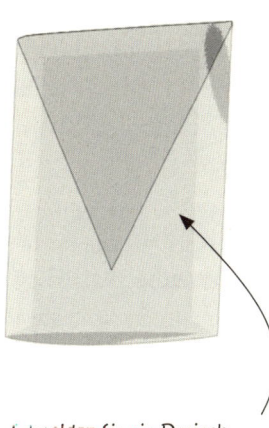

Schnelden Sie ein Dreieck aus einem harten Umschlag

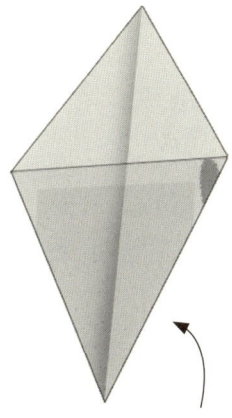

Breiten Sie es aus und falten Sie es in der Mitte

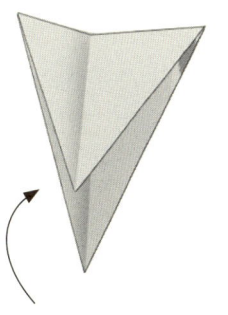

Falten Sie das Papier nach innen

Knallen Sie's nach vorne!

bei DIN A4). Schneiden Sie das Dreieck aus. Schneiden Sie dabei durch den ganzen Umschlag. Die Abmessungen sind nicht ganz so wichtig, also quälen Sie sich nicht, wenn Sie am Ende kein perfektes gleichschenkliges Dreieck haben.

Falten Sie das Papierdreieck auf. Falten Sie dann das doppelte Dreieck aus Papier und Pappe in der Mitte, nehmen Sie dazu ein Lineal oder ein Buch, um die Pappe besser falten zu können. Es sollte so gefaltet werden, dass die Klebestelle zwischen Pappe und Papier, *innen* ist. Das Papierdreieck wird dann in ein kleineres Dreieck geschnitten. Bei unseren Experimenten betrug die optimale Länge ungefähr zwei Drittel der Länge des Pappdreiecks.

Falten Sie das Papierdreieck nach innen. Halten Sie das spitze, leicht geöffnete Ende des Pappdreiecks mit dem Papierdreieck zum Boden. Lassen Sie Ihren Arm nach unten sausen, und Sie hören einen sehr schönen Knall.

Sie können solche Knaller auch aus Zeitungspapier oder kartoniertem Papier machen. Auch wenn der Lärm vergleichbar ist, der nostalgische Schauer ist nicht derselbe. Natürlich können wir Ihnen garantieren, dass Sie, sobald Sie alle ihre Pappumschläge zerschnitten haben, unbedingt etwas verschicken müssen, das nicht geknickt werden darf.

5. STADT UND LAND

Es ist ganz schön gefährlich auf dem Land. Kühe werfen bedrohliche Blicke über Hecken und hinterlassen Tretminen auf dem Fußweg. Vermeintlich flache Pfützen entpuppen sich als knietiefe Schlaglöcher. Und Geier sitzen auf Telefonleitungen und warten nur darauf, dass der unglückselige Wanderer vor Erschöpfung zusammenbricht.

Am schlimmsten aber: Der urbane Großstadtpapa soll nun Jahrzehnte großstädtischer Gewandtheit über Bord werfen und sich in einen erfahrenen ländlichen Fremdenführer verwandeln, der Bäume identifizieren, mit bloßen Händen Feuer entfachen und vorhersagen kann, wie das Wetter am Donnerstag nächster Woche wird.

Stadtausflüge können ähnlich anstrengend sein. Wie hält man Kinder bei einem ausgiebigen Einkaufsbummel bei Laune? Wie bringt man sie dazu, dass sie im Restaurant geduldig auf ihr Essen warten oder auf Sie, bis Sie Ihr wohlverdientes Bier ausgetrunken haben?

Dieses Kapitel ist für Papas weitab vom häuslichen Komfort, Fernseher und von der Sicherheit ihrer Autos bestimmt. Wir können »Das Große Draußen« nicht zu einem sicheren Ort machen, aber wir können es erträglicher machen.

Steineflitschen

Steine flitschen lassen ist eine uralte Beschäftigung. Früher versuchten Menschen, Austernschalen über das Wasser hüpfen zu lassen. Heute benutzen sie Steine, so sind sie nicht mehr auf die Monate mit einem »r« festgelegt. Gut zu wissen für die, die nicht von Natur aus begabte Steineflitscher sind: Ein Team französischer Forscher, bewaffnet mit mechanischen Katapulten und mehr Euros als Verstand, untersuchte die optimalen Bedingungen, um Steine über Wasser flitschen zu lassen.

Wie Sie sich sicher schon gedacht haben, flitscht ein Stein eher, wenn er sich dreht, als einer, der sich nicht dreht. Schnalzen Sie mit Ihrem Zeigefinger gegen den Stein, während Sie ihn loslassen, um seine Drehgeschwindigkeit zu erhöhen. Je schneller der Stein, desto wahrscheinlicher, dass er hüpft.

Wenn Sie nach Steinen suchen: Je flacher und runder sie sind, desto besser werden sie flitschen. Wenn sich der Stein dann immer noch nicht dreht, denken Sie daran: Die niederschmetternde Entdeckung des französischen Teams ergab, dass der perfekte Winkel für einen sich drehenden Stein, um das Wasser zu berühren, bei 20 Grad liegt. (Stellen Sie sich einen rechten Winkel vor, halbieren Sie ihn, halbieren Sie ihn noch mal und nehmen Sie ein kleines Stück weg, dann sind Sie bei 20 Grad).

Falls Sie sich bereit fühlen, es im Steineflitschen mit jedem aufzunehmen: Die Welt-Steineflitschmeisterschaft wird jedes Jahr an einer stillgelegten Schiefersteingrube auf Easdale Island, der kleinsten unbewohnten Insel der Inneren Hebriden, abgehalten. Wenngleich Amateursteineflitscher im Regelfall ihren Stolz aus der Anzahl der Sprünge ziehen, geht es bei der Meisterschaft um die Distanz. Wenn Sie ei-

Stadt und Land

nen Stein nicht für mindestens 30 Meter auf dem Wasser halten können, haben Sie nicht den Hauch einer Chance.

Die französischen Forscher beschäftigen sich im Moment mit der effizientesten Methode für Großmütter, Eier zu trinken.

Pulli, das Schaf

Ich wär lieber nicht der Pulli, wenn's geht

Nicht viele Leute wissen, dass es in jeder Schafherde ein Schaf gibt, das »Pulli« heißt. Ihre Kinder werden skeptisch sein, aber wenn Sie laut »Pulli« rufen, während Sie an einer Schafherde vorbeikommen, werden Sie ganz sicher dadurch belohnt, dass wenigstens eins stehen bleibt und sich nach Ihnen umdreht. Das, ganz klar, ist »Pulli«.

Wettervorhersage für Amateure

Es heißt, Stadtmenschen seien so weit von der Natur entfernt, dass viele Kinder nicht einmal wüssten, dass Milch von Kühen kommt. Über die Landbevölkerung sagt man andererseits, sie seien so im Einklang mit der Natur, dass sie sie für ihre eigene Wettervorhersage nehmen könnten.

Kiefernzapfen beispielsweise sollen unfehlbare Wetterindikatoren sein. Sie öffnen sich bei trockenem Wetter und schließen sich wieder bei feuchtem. Erstaunlich. Man sollte meinen, während man über ein paar aufgeweichte Felder stapft, um einen Kiefernzapfen zu finden, hat man bereits eine recht klare Vorstellung davon, wie feucht das Wetter ist.

Wenn es nicht gerade Kiefernzapfen sind, die die fröhlichen Bauern studieren, dann sind es Kühe. Sobald Kühe

Regen wittern, sammeln sie sich offenbar auf einer Seite des Feldes und legen sich zusammen hin. Funktioniert das? Oh bitte. Wir kommen aus England. Es regnet hier immer. Sie werden also meistens recht haben. Aber wenn Kühe so zuverlässige Wettervorhersager sind, wie kommt es dann, dass ein geschäftstüchtiger Fernsehsender noch keine unter Vertrag genommen hat? Schließlich wären sie deutlich billiger als ein menschlicher Meteorologe und hätten außerdem einen besseren Kleidungsstil.

Ob nun Stadtmensch oder Landei, sollten Sie jemanden kennen, der behauptet, bevorstehenden Regen anhand seiner schmerzenden Knochen voraussagen zu können, spricht er keinen kompletten Unsinn. Das Gewicht der Erdatmosphäre ist so groß, dass wir auf der Höhe des Meeresspiegels, also Normalnull, abhängig von unserer Größe zehn bis zwanzig Tonnen Druck von allen Seiten bekommen.

Schlechtem Wetter geht ein Druckabfall in der Atmosphäre voraus – es ist die einzige Zeit, zu der man Frösche quaken hört –, also beeinflusst es zwangsläufig auch unseren Körper. Das beinhaltet auch Omas Knie, das eine genauso zuverlässige Wettervorhersage zu sein scheint wie Kiefernzapfen und die Profis im Fernsehen.

Unsere Väter hatten noch diese auf Hochglanz polierten Mahagonibarometer, gegen die sie regelmäßig mit ihren Fingerknöcheln klopften. Sie starrten lange auf diese geheimnisvollen Dinger auf der Emailleskala, um dann mit absoluter Sicherheit zu verkünden: »Wechselhaft.«

Barometer sind heute zwar in Plastikkästen und elektronisch, aber falls Sie gebeten werden, eine Vorhersage zu machen, sind Sie mit »wechselhaft« immer noch auf der sicheren Seite.

Stadt und Land 83

Bäume an ihren Blättern erkennen

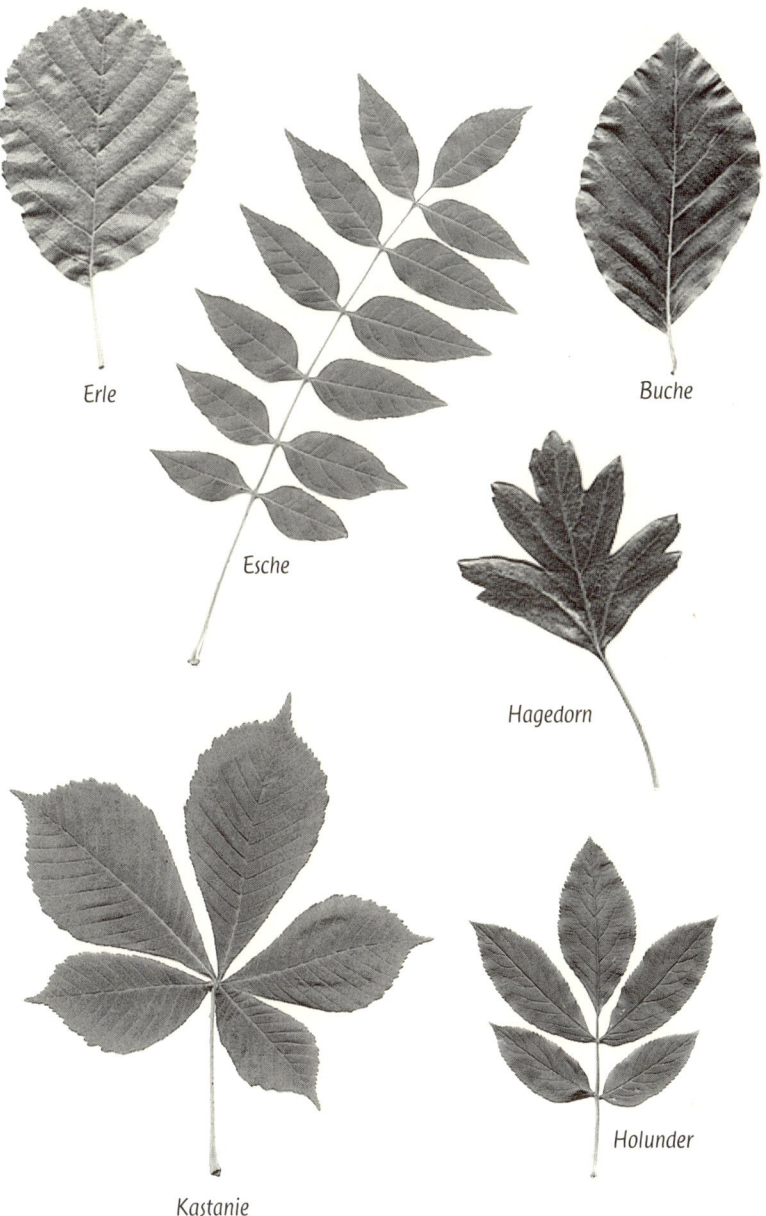

Erle

Buche

Esche

Hagedorn

Holunder

Kastanie

Haselnuss

Stechpalme

Eiche

Birke

Bergahorn

Feldahorn

Abbildungen mit freundlicher Genehmigung der Woodland Trust.

Gänseblümchenkette

Fordern Sie Ihre Kinder auf, Ketten aus Gänseblümchen zu machen – wieder eine althergebrachte Freizeitbeschäftigung, von der man kaum noch etwas sieht. Das ist eine hervorragende Möglichkeit, sich selbst etwas Ruhe und Erholung zu verschaffen. Wenn die Kinder die Gänseblümchen pflücken, sollen sie darauf achten, möglichst lange Stiele zu bekommen. Je länger sie sind, desto weniger Gänseblümchen brauchen sie, um eine Kette zu machen.

Spalten Sie den Stiel mit dem Fingernagel

Ob Sie nun die Kette schon beim Sammeln machen oder erst später, wenn Sie einige Blümchen zusammengesucht haben, die Methode ist dieselbe. Machen Sie mit Ihrem Fingernagel auf der Hälfte des Stiels ein Loch, das lang genug ist, um einen anderen Stiel durchzulassen, aber nicht so lang, dass der Stiel ganz aufreißt. Stecken Sie den Stiel eines anderen Gänseblümchens bis zur Blüte durch. Machen Sie in diesen Stiel wieder ein Loch, fädeln Sie ein weiteres Gänseblümchen durch und so weiter und so weiter.

Sie können Halsketten, Armbänder, Kronen oder sogar Garten- und Tischdekorationen machen. Und wenn Sie keine Gänseblümchen finden, sagen Sie den Kindern, sie sollen Ketten aus Löwenzahn machen.

Die magische Hand

Wenn Sie wandern gehen, brauchen müde Kinder (oder Erwachsene) manchmal Hilfe, besonders, wenn es bergauf geht. Statt sich selbst kaputtzumachen, indem Sie sie schieben oder gar tragen, legen Sie Ihre Hand auf die Stelle über dem Kreuzbein. Für diejenigen, deren anatomische Kenntnisse nicht ganz so perfekt sind: Es ist am Ende der Wirbelsäule. Unten.

Sie müssen nicht schieben, legen Sie nur Ihre Hand dorthin. Obwohl kein Druck ausgeübt wird, ist es, als würde eine mysteriöse Kraft helfen, vorwärtszugehen.

Wir wissen, es hört sich verrückt und irgendwie esoterisch an, so als würden wir die Kraft der Pyramiden oder irgendwelcher Kristalle anrufen. Aber es funktioniert, obwohl keine Energie aufgebracht wird. Wenn Sie es uns nicht glauben, probieren Sie's aus. Wir wenden uns derweil wieder unseren Kaltfusionsexperimenten zu.

Wie man aus einem Labyrinth herausfindet

Es gibt verschiedene Arten von Labyrinthen und Irrgärten. Einige haben undurchdringliche Mauern aus Hecken, Ziegelsteinen oder Spiegeln, andere haben ein Bodenmuster aus Rasen, Steinen oder sogar Wasser. Kinder lieben Labyrinthe und rennen normalerweise mit vollem Karacho darin herum.

Papas ziehen es vor, ihre Ruhe und intellektuelle Überle-

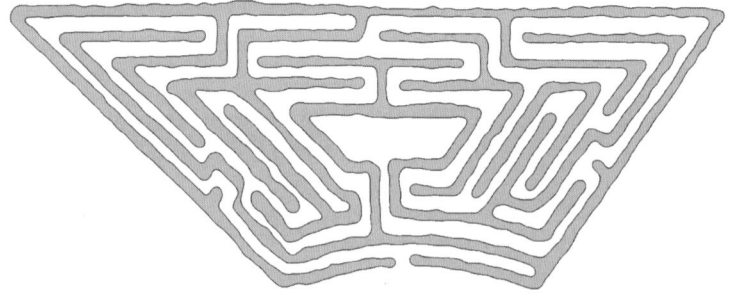

Falls Sie vorhaben, ein Labyrinth zu besuchen, organisieren Sie sich vorher eine Karte und prägen Sie sich diese gut ein!

genheit zu demonstrieren. Wenn Sie in einem einfachen Irrgarten sind, lassen Sie einfach eine Hand nahe an der Wand, und biegen Sie bei jeder Gelegenheit in diese Richtung ab. Sie werden in einigen Sackgassen landen, aber schließlich werden Sie zum Ausgang finden.

Wenn Sie nicht ganz sicher in einem Irrgarten sind, sollten Sie mit Ihren Kindern nicht wetten, dass Sie schneller herausfinden. Dummerweise haben viele moderne Labyrinthbauer verzwickte Insel-Labyrinthe mit Sektionen entworfen, die keine Verbindung haben, sodass Sie die Hand-an-der-Wand-Methode immer nur im Kreis laufen lässt. Sie können sich auf Logik und gesunden Menschenverstand verlassen, um durchzukommen, oder versuchen, jede falsche Route zu markieren. Sind Sie eher der klassische Typ, spulen Sie einfach einen Faden ab. Sollten Sie dann aber einem wildgewordenen Kerl mit Stierkopf über den Weg laufen, ziehen Sie sich würdevoll in die nächste Kneipe zurück und lassen Sie sich eine echt gute Ausrede einfallen, was mit den Kindern passiert ist.

Entenfüttern

Entenfüttern ist eine tolle Beschäftigung für kleinere Kinder, langweilt den Durchschnittspapa aber zu Tode. Man kann dem Ganzen doch sicher einen Dreh geben?

Die Lösung: Suchen Sie sich eine bestimmte Ente aus und werfen Sie das Brot so, dass nur *diese* Ente es bekommen kann. Man muss dazu sein Ziel genau anvisieren und sich Ablenkungsstrategien für die anderen Enten überlegen, um es hinzubekommen. Und es bedeutet, dass Sie so lange spielen werden, wie Ihr Kind es will.

*Ich hab's geschafft! ...
Wo seid Ihr denn jetzt alle hin?*

Wie man einen Drachen steigen lässt

Nummer Zwei in den Charts der Vorstellungen, die man von Papas hat, also gleich nach hinter einem Rad herrennen und schreien »Ich lass nicht los«, ist Papa, wie er versucht, einen Drachen in die Luft zu bringen, indem er rückwärts läuft und irgendwann dabei auf den Hintern fällt.

Beim Drachensteigen geht es aber eigentlich darum, dass der Wind die Arbeit macht, nicht Sie. Werfen Sie etwas Gras oder Sand hoch, um zu sehen, von wo der Wind weht. Wenn Sie auf einem Hügel sind, ist der beste Platz ein klein wenig unter der Spitze. Lassen Sie jemanden mit dem Rücken zum Wind hinter dem Drachen stehen und ihn ganz hochhalten, während Sie die Leine ein gutes Stück abrollen. Erhalten Sie die Spannung der Leine, aber ziehen Sie noch nicht daran.

Wenn der Wind stärker wird, rufen Sie Ihrem Assistenten zu, den Drachen loszulassen. Zerren Sie an der Leine, und der Drachen sollte in die Luft steigen. Wenn Sie ihn nur in der Luft halten können, indem Sie rückwärts rennen, haben Sie nicht genug Wind. Wenn er sofort auf die Erde kracht, haben Sie zu viel Wind. Schauen Sie auf die Baumwipfel, achten Sie darauf, dass diese nicht zu nah sind, sonst können Sie darauf wetten, dass Ihr Drachen dort enden wird.

Die Äste sollten sich ein wenig bewegen. Ein Wind von 10 bis 25 km/h ist für die meisten Drachen genau richtig. Wenn Sie den Wind unangenehm finden, wird es der Drachen auch tun.

Wenn der Drachen in die Luft steigt, ziehen Sie an der Leine, bis er ganz oben ist, bevor Sie mehr Leine geben. Wiederholen Sie das, bis Sie fast am Ende der Leine sind.

Wenn ein Drachen erst einmal sicher in der Luft ist, können Sie ihn hin- und herbewegen, indem Sie an der Leine ziehen und sie wieder locker lassen. Sie müssen immer bereit sein, die Leine wieder einzuholen, wenn der Wind schwächer wird, damit der Drachen oben bleibt. Halten Sie noch etwas Leine in Reserve. Wenn der Drachen abtaucht, geben Sie Leine, damit er sich wieder aufrichtet. Wenn Sie nämlich an der Leine ziehen, verschlimmern Sie nur den Absturz.

Wenn der Drachen nicht richtig funktioniert, versuchen Sie, den Winkel der Waage (das ist das Ding, an dem Sie die Leine festmachen) zu regulieren. Markieren Sie aber die Ausgangsposition, um sie wieder zurückstellen zu können, falls Sie alles durcheinanderbringen. Drehen Sie sie bei stärkeren Winden in Richtung der Nase des Drachens, bei leichteren

Winden drehen Sie sie etwas runter, sodass der Drachen in einem aufrechteren Winkel zum Wind steht.

Und wenn Ihr Drachen in einem Baum hängen bleibt, lassen Sie ihn da. Statt sich die Knochen zu brechen, ist es einfacher, einen neuen zu kaufen. Wenn die Kinder ihn wirklich gerne mochten, holen Sie einen, der so ähnlich aussieht. Das ist wie mit den Meerschweinchen, wirklich.

Der richtige Drachen

Heutzutage ist die Auswahl an Drachen größer als an Automodellen, und die Farbpalette bei Drachen ist viel aufregender als bei den Autos. Damit Sie auf jede Situation vorbereitet sind, ist es sinnvoll, zwei oder drei zu kaufen. Also Drachen, nicht Autos.

Bei leichtem Wind brauchen Sie einen leichten Drachen oder einen Drachen mit einer großen Oberfläche. Bei kräftigem Wind muss der Drachen entweder kleiner sein, oder er sollte Löcher haben. Drachen mit nur einer Leine sind bei starkem Wind schwer zu steuern, und man muss Handschuhe tragen, um sich die Hände nicht an der Leine aufzureißen. Am besten lassen Sie sie in gemäßigten Windverhältnissen fliegen.

Das beliebteste Drachen-Design bei Familien ist der Rhombus (die mit einem gebogenen horizontalen Holm fliegen meist am besten). Ebenso beliebt sind die Dreieckigen. Drachen mit Schwänzen sehen nicht nur hübscher aus, sie sind oft auch besser in der Luft. Gleitsegel – wie ausgeklügelte Windsäcke – sind teurer, fliegen aber bei fast allen Windverhältnissen.

Unterschiedliche Drachen brauchen unterschiedlich starke Leinen. Die falsche Stärke beeinträchtigt den Drachen oder lässt ihn gar nicht erst fliegen. Fragen Sie einen Fachmann. Wenn Sie in einem Drachen- (oder Angel-)Laden sind,

Stadt und Land

kaufen Sie Klammern und Dollen. Die Klammern kommen an das Ende der Leine und die Dollen an die Waage. Sie hindern die Leine daran, sich zu verheddern, und sparen eine Menge Zeit, den Drachen fertig zu machen ... und wieder wegzuräumen, wenn den Kindern langweilig wird.

Wie man einen Lenkdrachen fliegt

Wenn Ihre Kinder gerne Drachen steigen lassen, denken Sie darüber nach, einen Lenkdrachen in Ihre Sammlung aufzunehmen. Sie werden von zwei Leinen statt nur einer gesteuert und sind großartige Spielzeuge für Papas. Zieht man an der rechten Leine, geht der Drachen nach rechts. Zieht man weiter, fliegt er einen rechten Looping. Und umgekehrt.

Wenn Sie zuverlässigen Wind haben, um ihn fliegen zu lassen, haben Sie mit einem Lenkdrachen sehr viel Spaß, wenn er Ihrem Willen folgend durch die Lüfte schwebt. Holen Sie sich einen, dessen Schwanz sich mit der Luft aufbläst, dann können Sie Umrisse und Buchstaben in die Luft malen. Fangen Sie mit einem stabilen und preiswerten Drachen an, wenn Sie noch in der Lernphase sind.

Lenkdrachen bekommt man nur sehr schwer ohne Hilfe in die Luft. Wenn Sie einen zusammengebaut haben, überprüfen Sie noch einmal, ob alles am richtigen Platz ist, rollen Sie beide Leinen auf, während der Drachen auf dem Boden liegt. Wenn Sie ihn mit beiden Leinen voll ausgerollt fliegen lassen, ist die Wahrscheinlichkeit, dass sie nicht gleichlang sind und Sie den Drachen in die Todesspirale schicken, deutlich geringer. Das könnte den Drachen nämlich kaputtmachen, und man braucht eine Ewigkeit, um die Leinen wieder zu entwirren.

Wie bei den Drachen mit nur einer Leine sollte der Helfer mit dem Rücken zum Wind stehen und die Nase des

Drachens hochhalten. Achten Sie darauf, dass Sie mit der rechten Hand die rechte Leine halten und mit der linken die linke. Wenn es losgehen kann, ziehen Sie gleichzeitig an beiden Leinen, und der Drachen sollte steigen.

Erst, wenn der Drachen ganz oben ist, versuchen Sie ganz leicht, ihn zunächst in die eine, dann in die andere Richtung zu lenken. Wenn Sie sich sicherer fühlen, können Sie Loopings probieren. Denken Sie daran, Ihre Hände wieder auf die gleiche Höhe zu bringen, wenn der Drachen nach der beabsichtigten Menge Loopings vertikal fliegt. Es ist sinnvoll, den Drachen dieselbe Anzahl Loopings in die andere Richtung machen zu lassen, um die Leinen wieder zu entwirren.

> **FASZINIERENDE FAKTEN:**
>
> **DER DRACHEN, DER EINE BRÜCKE GEBAUT HAT**
>
> Als in den 1840ern eine Brücke über den Niagara River in der Nähe der berühmten Wasserfälle gebaut werden sollte, stand man vor einem ernsthaften Problem. Das Wasser war zu gefährlich, um darin zu arbeiten. Wie also konnte man die 250 Meter breite Schlucht überspannen?
>
> Jemand schlug einen Drachen vor, und man rief einen Wettbewerb aus. Ein amerikanischer Junge, Homan Walsh, gewann den 10-Dollar-Preis, als sein Drachen in einem Baum auf der kanadischen Seite landete. Eine dünne Schnur wurde an seiner Drachenleine befestigt und nun herübergezogen. Daran wurde eine etwas dickere Schnur angebracht und so weiter, bis man schließlich ein strapazierfähiges Drahtseil drüberspannen konnte.
>
> Diese Drachenleine war der Beginn von dem, was 1854 die erste Eisenbahn-Hängebrücke der Welt wurde.

Sobald Sie ein erfahrener Lenkdrachenflieger sind, können Sie den Drachen ganz cool landen, indem Sie ihn zur Seite fliegen lassen und ganz sanft auf den Boden bringen. Die richtige Angebernummer ist, mehrere Lenkdrachen gleichzeitig fliegen zu lassen. Das sieht fantastisch aus, aber Sie wollen nicht wirklich mit einem halben Dutzend Drachen dastehen, nur um irgendwann festzustellen, dass Ihre Assistentenriege aus Langeweile weggegangen ist.

Stadt und Land

Feuer machen

Jeder Papa sollte wissen, wie man ein Lagerfeuer macht. Oder wenigstens sollte er zeigen können, wie man es machen würde, hätte man zufällig die richtige Kombination aus Blättern, Stöcken, Steinen und Wetter versammelt.

Sie brauchen etwas getrocknetes Gras und Blätter, die Sie um ein kleines flaches Holzscheit oder auf den Boden legen. Wenn es geregnet hat, vergessen Sie's. Dann haben Sie keine Chance. Sie brauchen außerdem einen Feuerstab – jedes gerade Hölzchen von gut fünfzig Zentimeter Länge eignet sich dafür. Man stellt es auf ein anderes Stück Holz zwischen den Blättern und Zweigen. Das andere Ende hält man mit einem Stein fest, der eine Aushöhlung hat, die tief genug ist, um das Stöckchen rotieren zu lassen. Sie müssen auch einen provisorischen Bogen basteln, indem Sie eine Schnur an die beiden Enden eines gebogenen Astes binden.

Halten Sie mit einer Hand das Holzstöckchen fest, indem Sie leicht den Stein auf das obere Ende drücken. Wickeln Sie mit der anderen Hand die Bogensaite einmal um

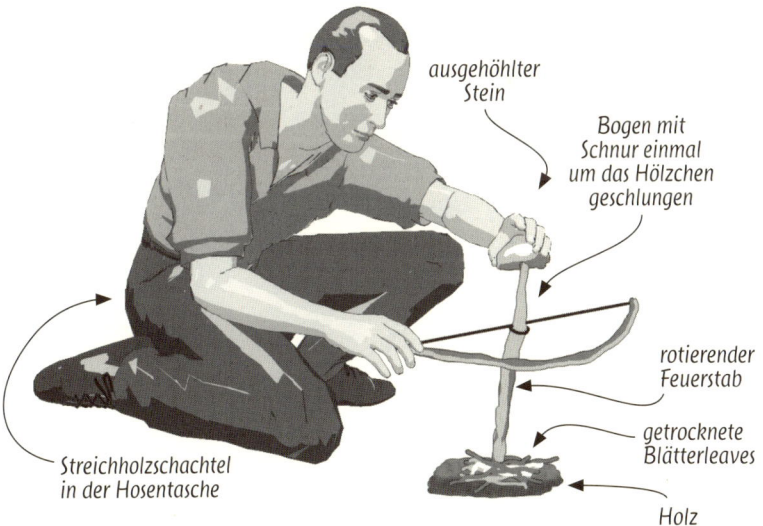

ausgehöhlter Stein

Bogen mit Schnur einmal um das Hölzchen geschlungen

rotierender Feuerstab

getrocknete Blätterleaves

Streichholzschachtel in der Hosentasche

Holz

das Stöckchen und sägen Sie dann vor und zurück, während das Stöckchen sich in den Blättern dreht. Diese Methode ist viel effektiver – und viel einfacher –, als zu versuchen, das Stöckchen zwischen Ihren Händen zu reiben. Mit ein bisschen Glück (und das werden Sie brauchen) entfacht die Reibung nach ein paar Minuten ein kleines Feuer in dem getrockneten Gras.

Vergessen Sie nicht, eine Schachtel mit Streichhölzern mitzunehmen. Die können Sie schnell rausziehen und ein *echtes* Feuer entzünden, wenn keiner hinschaut.

Gasthausspiele

Obwohl die meisten Gaststätten, besonders die auf dem Land, familienfreundlicher geworden sind, kann es immer noch sein, dass Ihren Kindern langweilig wird, bevor ihre Cola schal wird. Dann muss Ihnen etwas einfallen, um sie bei Laune zu halten.

Wenn Sie nichts vorbereitet haben, fragen Sie beim Personal nach. Auch wenn es nicht danach aussieht, haben Gaststätten oft ein Sammelsurium an Spielen hinter der Theke. Sogar ein Kartenspiel reicht schon.

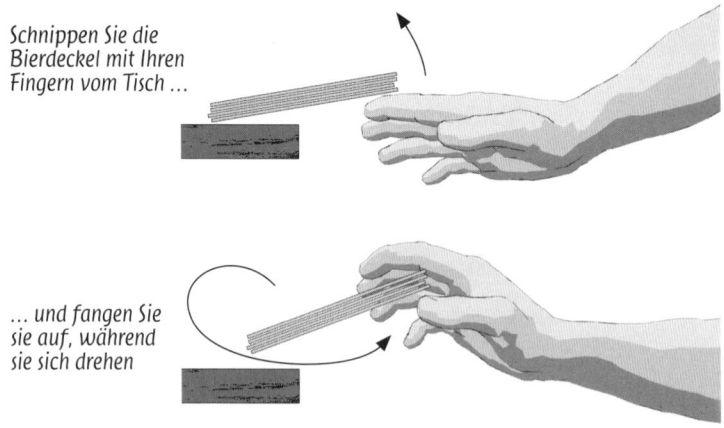

Schnippen Sie die Bierdeckel mit Ihren Fingern vom Tisch ...

... und fangen Sie sie auf, während sie sich drehen

Wenn nicht, müssen Sie auf das gute alte Bierdeckelschnippen zurückgreifen. Dies ist eine wichtige Fertigkeit für das spätere Leben, die Ihre Kinder unbedingt erlernen sollten, besonders wenn sie einmal vorhaben zu studieren.

Ein kleiner Stapel Bierdeckel wird auf den Tisch gelegt, sodass er etwas über der Kante steht. Ohne den Tisch zu berühren, schnippen Sie mit den Fingern – Handrücken nach oben – gegen die Bierdeckel, sodass diese hochfliegen. Dann fangen Sie sie nach einer 180-Grad-Drehung wieder auf.

Mit wie vielen können Sie es? Sechs? Acht? Vielleicht zehn? Übertreiben Sie nicht. Wir Briten geben uns vielleicht bei den Olympischen Spielen keine besondere Mühe, aber wenn es um so was geht, sind wir unschlagbar. Dean Gould aus Felixstowe hält derzeit den Rekord – 208. Er kann auch Geschwindigkeitsschnippen: 24 Stapel mit 40 Bierdeckeln in 45 Sekunden.

Mister Gould ist ein ungeheuerlicher Kerl. Er hält den Rekord im Pfannkuchenwerfen, Eierhalten, Ziegelsteinschnippen, CDs schnippen, Briefmarkenlecken, Johannisbeeren essen, Trauben essen (mit Plastiklöffel), Reis essen (mit Stäbchen), Mais essen (mit Cocktailspießen), trockene Kekse essen, Spaghetti essen, Fleischbällchen essen (sowohl mit als auch ohne vorher jonglieren) und sogar Schnecken essen (50 aus dem Gehäuse in einer Minute 22 Sekunden, wenn Sie schon fragen). Er weiß auch die ersten 1000 Nachkommastellen von Pi auswendig und kann sie in knapp über acht Minuten aufsagen.

Wenn Sie ihm mal in einer Kneipe begegnen sollten, geben Sie ihm auf jeden Fall einen aus, aber wetten Sie nicht mit ihm.

Ganz schön schnippisch

Beugen Sie Ihren Arm zurück und legen Sie ein 10-Cent-Stück auf Ihren Ellbogen. Nehmen Sie Ihre Hand nach vorne und, Innenfläche nach unten, fangen Sie es. Haben Sie's?

Rekordbrecher Dean Gould zeigt seine Technik im Bierdeckelfangen, während seine Tochter ein Stück Papier in 1171 Teile schneidet

Dann probieren Sie, ob Sie zwei oder mehr schaffen. Wenn Ihnen welche runterfallen, zählen Sie nur die, die Sie erfolgreich gefangen haben.

Falls Sie oder Ihre Nachfahren sich berufen fühlen, am Münzenschnappenweltrekord zu arbeiten: Dean Gould (ja, er schon wieder) hält den Titel mit – und das ist kein Druckfehler – 328 Zehn-Pence-Münzen. Es lohnt sich auch nicht, es mit Dominosteinen zu versuchen. Dean hat das schon hinter sich.

Deans Kinder, vermutlich so angenervt davon, dass Papa dauernd Rekorde bricht, haben beschlossen, auch mal was zu versuchen. Amy, 8, und Adam, 11, halten derzeit den Rekord darin, mit beiden Händen an einer Stange zu hängen. Adam ist außerdem der Meister im Kopfbälle-zurück-zum-Werfer-schießen, und Amy schneidet wie kein anderer Papier. In zehn Minuten schnippelte sie ein DIN-A4-Blatt in 1171 Stücke.

Der »Harry Worth«

In den Sechzigern gab es in Großbritannien einen sehr populären Komiker namens Harry Worth. Am bekanntesten war die Anfangssequenz seiner Show, die jedes Kind im Land nachmachte.

Vor einem Laden mit einer Glasfront blieb Harry seitlich in der Eingangstür stehen und drückte seine Nase gegen das Glas, sein Körper nur zur Hälfte sichtbar. Dann hob er einen Arm und ein Bein. Durch die Reflektion sah es so aus, als würde er beide Arme und Beine gleichzeitig heben.

Dieser Gag verdient es, wieder aufgenommen zu werden. Es ist eine super Sache, um die Laune zu heben, wenn Sie durch die Stadt trotten oder in Schuh- und Klamottenläden lange warten müssen. Sie werden staunen, wie schnell Sie plötzlich einen Verkäufer ganz für sich haben werden, wenn

In den 1960ern war das der letzte Schrei in Sachen Comedy

Sie und Ihre Kinder den Ganzkörperspiegel für solche Spielereien hernehmen.

Widerstehen Sie der Versuchung, den »ganzen Harry« zu geben, indem Sie einen langweiligen grauen Anzug, eine dicke Brille und einen Filzhut tragen. Ihre Kinder werden sich ansonsten weigern, je wieder mit Ihnen in die Öffentlichkeit zu gehen.

Knoten machen

Sie sitzen im Restaurant und warten darauf, dass das Essen kommt. Die Kinder werden aufmüpfig. Wenn der Laden vornehm genug ist, um echte Stoffservietten zu haben, fordern Sie Ihre Kinder auf, einen Knoten hineinzumachen.

Die Schwierigkeit besteht darin, die gegenüberliegenden Ecken zu nehmen und diese nicht loszulassen, bis sie den Knoten gemacht haben. Während Ihre Kinder sich biegen und verdrehen, um das Unmögliche möglich zu machen, wird Ihr Tisch sicher bald die Aufmerksamkeit der anderen Gäste bekommen. Super. Es klappt sogar noch besser mit Zuschauern.

Wenn die anderen langsam aufgeben und Ihnen sagen, dass es nicht geht, verschränken Sie die Arme mit einer Hand vor einem Arm und der anderen dahinter. Heben Sie die Serviette an zwei gegenüberliegenden Ecken mit beiden Händen in dieser Position auf und ziehen Sie Ihre Arme auseinander. Die Serviette hat nun einen Knoten.

6. SIND WIR BALD DA?

FLUGZEUGE, ZÜGE UND AUTOS SIND für den Erfindungsreichtum und das Unterhaltungstalent eines jeden Papas eine Zerreißprobe. Sie können der beste Jongleur in Ihrer Nachbarschaft sein. Sie können der beste Huckepackträger westlich des Urals sein. Nichts davon ist auch nur einen Pfifferling wert, wenn Sie unterwegs sind. Dann sind Sie auf sich gestellt und haben nur noch Ihr Köpfchen zur Hilfe.

Um Kinder auf Reisen zu beschäftigen, braucht man mehr als einen MP3-Player, Comic-Hefte und ein paar Tüten Chips. Sogar der erfahrenste erwachsene Reisende murmelt früher oder später die vier Worte, die jeden Papa dazu bringen, verzweifelt die Augen zu verdrehen: »Sind wir bald da?« Es sind nicht die Worte, die einen erschauern lassen, sondern was sie aussagen: Ihrem Kind ist mittlerweile so langweilig, dass es sich an Sie wendet, um unterhalten zu werden. Und wehe Ihnen (und Ihren Mitreisenden), wenn Sie dem nicht gerecht werden.

In diesem Kapitel finden Sie Autospiele, Zugspiele und sogar Flugzeugspiele, um junge Geister bei Laune und geschäftig zu halten, während die Kilometer vorbeirauschen. Aus der Menge unzähliger möglicher Ablenkungen haben wir die ausgesucht, von denen wir aus Erfahrung wissen, dass sie die größte Unterhaltung für den erbrachten Aufwand bieten.

Kennzeichenspiele

Es gibt viele Spiele, die man mit Begriffen und Sätzen spielen kann, die aus den Buchstaben der Kennzeichen vorbeifahrender Autos (von Papa ausgesucht, versteht sich) gebildet werden. Das können witzige, absurde Ortsbezeichnungen sein wie LDK – Land Der Kanufahrer, WW – Wilder Westen, Beschreibungen wie TÖL – Total Öde Leute, oder was einem so einfällt: KA – Keine Ahnung! Alles ist möglich, solange es Sinn macht. Kleine Wörtchen wie der/die/das, von, auf ... dürfen zur Hilfe hinzugenommen werden.

Papas können natürlich helfen, indem sie die Vorauswahl erleichtern. Es gibt bei diesem Spiel keine Gewinner, oder besser ausgedrückt: keine Verlierer.

Alphabetsuche

Das ist ein gutes Spiel für Städte und Landstraßen, weniger für Autobahnen. Lassen Sie Ihre Kinder nach etwas suchen, das mit einem A beginnt (wie Audi, Apotheke oder Ampel). Wenn sie es gefunden haben, kommt etwas mit B und so weiter.

Es muss etwas sein, an dem Sie vorbeifahren. Wenn sie bei E den Elefanten aufrufen und bei T den Tiger, haben die Kinder die Regeln noch nicht so ganz verstanden – es sei denn, Sie fahren gerade durch den Zoo.

Noch ein paar Hinweise: Bei Q darf es durchaus auch mal die Querstraße sein. Wenn Sie über das X stolpern, las-

Sind wir bald da?

sen Sie einfach das Andreaskreuz gelten, es sei denn, Sie fahren gerade durch die Chung-Cheng-Straße in Hsin-Tien City, Taiwan, und kommen an der Xylofonfabrik vorbei (danke, Google!). Das Y überspringen Sie einfach, es sei denn, irgendwo ist ein Yachthafen in der Nähe.

Man kann das Spiel mit zwei Teams spielen, wenn Sie in Wettbewerbslaune sind, aber es geht auch als Gemeinschaftsarbeit. Denken Sie daran, Wörter, die Sie bereits hatten, zu verbieten, sonst wiederholt sich immer wieder »Auto« bei A und »Straße« bei S.

Auto-Baseball

Jeder Spieler ist der Reihe nach mit »schlagen« dran. Es gibt Punkte für jedes Auto, das an Ihnen vorbeifährt oder an dem Sie vorbeifahren. Motorräder zählen zwei, Transporter vier, alles was größer ist, also Busse und LKW, zählen sechs.

Wenn ein rotes Auto kommt, ist der Spieler, der gerade dran ist, ausgeschieden, und der nächste kommt dran. Das Spiel geht so lange, bis jemand eine frei wählbare Punktzahl erreicht hat, auf die Sie sich vorher einigen, bis sich jeder langweilt oder bis Sie endlich angekommen sind.

Sie können die Punktevergabe variieren, je nachdem, ob Sie auf einer viel befahrenen Autobahn oder einer ruhigen Landstraße sind. Um späteren Diskussionen vorzubeugen, sollten Sie vorher ein paar Grundregeln festlegen, die zu gegebenem Zeitpunkt verschärft werden (und glauben Sie

uns, der Zeitpunkt wird kommen). Nein, du bekommst keine hundert Punkte, wenn wir an einem Parkplatz mit lauter LKW vorbeifahren. Ja, wenn uns ein Auto überholt, wird es auch gezählt. Ja, wenn es ein rotes Auto ist, bist du immer noch draußen. Nein, wenn wir an der Ampel stehen, zählen nicht alle Autos, die über die Kreuzung fahren. Und nein, ich werde nicht die Geschwindigkeitsgrenze überschreiten, nur um den Laster mit den vielen neuen Autos zu überholen.

Das Ja-Nein-Spiel

Wie schwer ist es, nicht »Ja« oder »Nein« zu sagen? Schwerer als Sie denken. Dieses tolle Spiel ist perfekt bei Autofahrten und eignet sich für jedes Alter. Der große Bonus ist, dass Erwachsene Kindern gegenüber keinen Vorteil haben.

Die Regeln sind ganz einfach. Wer gerade dran ist, muss alle Fragen beantworten – entweder zufällige Fragen oder zu einem bestimmten Thema –, ohne »Ja« oder »Nein« zu sagen. Falls doch eines dieser beiden Wörter herausrutscht, verliert derjenige. Das ist gar nicht so einfach, weil es viele Möglichkeiten gibt, Leute reinzulegen, wie zum Beispiel: »Du hast gerade ›Ja‹ gesagt«, woraufhin die unausweichliche Antwort lautet: »Nein, hab ich nicht!« Wenn Ihre Kinder richtig gut darin sind, können Sie die Regeln verschärfen, indem sie keine unwahrscheinlichen, sperrigen Konstruktionen verwenden dürfen wie »Ich beantworte die Frage mit einem Negativ«.

»Denk mal an ...«

Wenn Sie ein Mehrzweckauto fahren oder einen großen Kombi, werden Sie häufig Kinder unterschiedlichen Alters herumfahren, deren einziger gemeinsamer Nenner ist, dass sie hinter Ihnen festgegurtet sind. »Denk mal an ...« ist ein Spiel, das uns sehr geholfen hat, und es ist für vierjährige Kinder genauso ein Spaß wie für vierzehnjährige.

Jedes Kind soll der Reihe nach an etwas denken, das bestimmte Eigenschaften hat. Der Erfolg des Spiels hängt davon ab, dass sich Papa mit seinen Fragen auf das Alter der Kinder einstellt. Kleine Kinder sollten gebeten werden, an etwas Haariges oder Grünes oder Hölzernes zu denken. Die älteren können sich etwas Magnetisches, Japanisches, Wasserlösliches ausdenken. Teenager fragt man nach etwas Mittelalterlichem oder Widersprüchlichem oder etwas aus Aluminium.

Die älteren Kinder können natürlich alle Fragen im Kopf beantworten, und die jüngeren lernen bei den schwierigeren Fragen etwas von den Älteren.

Autofarben-Bingo

Ein kurzes, leichtes Spiel für kleinere Kinder. Jeder sucht sich eine Farbe heraus und bekommt einen Punkt, wenn Sie an einem Auto dieser Farbe vorbeikommen. Gewonnen hat der, der zuerst, sagen wir, 20 Punkte hat.

Wenn Sie die Sorte Papa sind, die nicht verlieren kann, nehmen Sie silbern. Die wenigsten Kinder nehmen es, und Sie gewinnen im Eiltempo in diesen langweiligen, drögen Tagen voll von automobiler Anonymität.

Tierisch, pflanzlich, anorganisch

Der Autoklassiker. Normalerweise spielt man es mit 20 Fragen, doch sehen wir keinen Grund, warum nach 20 Schluss sein soll. Machen Sie einfach weiter.

Ein Spieler denkt an etwas aus der Kategorie Tierisch (Leder, Knochen, Wolle und so weiter, aber auch richtige Tiere), Pflanzlich (alles was wächst, auch Holz und Baumwolle) oder Anorganisch (so ziemlich alles andere). Es kann auch eine Kombination sein: Eine Flasche Milch wäre zum Beispiel »Anorganisch und pflanzlich, mit tierischen Einflüssen«, weil die Flasche aus Glas ist, der Inhalt aber ursprünglich aus Gras, aber mit deutlichem Zutun von Tieren.

Plastik ist schwierig, weil es auf Petroleum basiert, und viele Wissenschaftler argumentieren, dass es kein fossiler Brennstoff ist, sondern sich aus den Überresten von Pflanzen und Tieren zusammensetzt. Solange Ihre Kinder nicht heimlich ein Wissenschaftsmagazin abonniert haben, belassen Sie es einfach bei anorganisch.

Die anderen Spieler stellen der Reihe nach brauchbare Fragen, um herauszufinden, worum es geht. Hier ein paar mögliche Fragen:

Ist es künstlich hergestellt?
Ist es etwas Nützliches?
Haben wir es auch?
Benutzt man es drinnen oder draußen?
Ist es größer als mein Kopf? (Eine viel bessere Frage als »*Ist es groß?*«)

Sind wir bald da?

Sind wir bald da?

Hab ich so was schon mal gesehen?
Kann man es essen?
Ist es fest?
Gibt es davon nur eins oder viele?
Ist es schwerer als ein Auto?

Lehnen Sie Fragen wie »Fängt es mit T an« besser gleich ab.

Die Antwort lautet dann nur »Ja« oder »Nein« oder in manchen Fällen »Ich weiß es nicht«. Wenn Sie nett sind, fügen Sie Ihrer Antwort ein »normalerweise« oder »manchmal« hinzu, wenn man Sie fragt, ob Schlamm auch im Haus zu finden sei. Auch ist es entgegenkommend, zu antworten »Ja, aber nicht nur Kinder«, wenn Sie gefragt werden, ob Kinder CDs benutzen. Erwachsenen, die unpräzise Fragen stellen, brauchen Sie nicht so viel Gnade zu erweisen.

Wer die richtige Antwort hat, sucht sich als Nächstes etwas aus. Mit etwas Übung denken sich Ihre Kinder wirklich verzwickte Dinge aus. Wir haben Ewigkeiten mit Joes anorganisch, größer als unser Haus, kein Gebäude oder Berg gebraucht, bevor wir herausfanden, dass er eine Wolke meinte.

5-4-3-2-1

Die Spieler suchen sich der Reihe nach etwas Interessantes, an dem Sie vorbeifahren, wie eine Kuh, eine Scheune oder einen Kirchturm. Dann sagt einer »Kuh!* 5-4-3-2-1«, und die anderen Spieler müssen das Objekt finden, drauf-

zeigen und den Namen sagen, bevor der Countdown bei 1 ist. Wer es zuerst gefunden hat, ist als Nächster dran.

Sie können einen Wettbewerb daraus machen, indem jeder Spieler nicht nur das zählt, auf das er richtig gezeigt hat, sondern auch die Stelle des Countdowns, an der er unterbrochen wurde. Es ist ein tolles Spiel für die ganze Familie und hat den großen Vorteil, dass Sie Ihre Kinder dazu bringen, Ihre blöden Comic-Hefte wegzulegen und zur Abwechslung mal aus dem Fenster zu sehen.

Natürlich nur, wenn es sich auch um eine Kuh handelt. Ist ja klar.

Gaststätten-Baseball

Dieses Spiel eignet sich für Nebenstrecken und Landstraßen oder wenn Sie sich durch Großstädte quälen. Es ist weniger für die Autobahn geeignet.

Gaststätten-Baseball ist so ähnlich wie Auto-Baseball, das wir vorher schon beschrieben haben, nur dass eine andere Punktevergabe gefunden werden muss, abhängig von der Gegend, in der Sie sind. In einer größeren Stadt kommen beispielsweise viele internationale Gaststätten vor, aber auch Dönerläden, Hähnchenstände oder Pommesbuden. Sie können festlegen, dass diese nicht zählen, sondern nur »richtige« Restaurants.

Legen Sie Punktzahlen für verschiedene Nationalitäten fest, orientieren Sie sich zum Beispiel daran, was Ihre Kinder gerne essen und was nicht. Der gemütliche Italiener

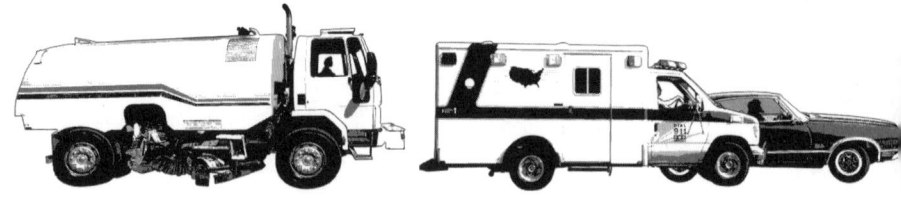

bekommt vermutlich mehr Punkte als ein schickes Sushi-Lokal. Allein das Festlegen der Punkte wird schon einige Straßenkilometer verbrauchen. Sobald eine deutsche Gaststätte auftaucht (Sie können auch etwas anderes festlegen), ist der Nächste dran.

Auf dem Land denken Sie sich etwas Neues aus, da könnten Sie mit den Namen der Gaststätten arbeiten. »Zum goldenen Hirschen« oder »Zum alten Wirt« heißen da die Lokalitäten gerne. Menschen im Namen geben 2 Punkte (»Annies Weinstube«), Tiere 4 (»Zur grünen Gans«), Gegenstände 6 Punkte (»Bierbrunnen«). Sobald eine Ortsbezeichnung im Namen ist (»Pullacher Hof«), ist der Nächste dran. Wenn diese Aufteilung nicht klappt, weil zum Beispiel in einer Region jeder Wirt seine Kneipe nach dem Ort benannt hat, überdenken Sie das System. Dies gibt wieder Diskussionsstoff für die nächsten Kilometer, und dann sind Sie auch fast schon da.

Papa, mir ist schlecht

Gibt es Worte, die einem Papa einen eisigeren Schauer über den Rücken jagen, wenn er sich auf der Autobahn befindet und gerade an der letzten Raststätte auf den nächsten 80 Kilometern vorbeigefahren ist? Plötzlich kehrt dieser Terminus aus Babyzeiten wieder zurück, von dem Sie dachten, Sie würden ihn nie wieder hören müssen, und sucht Sie heim: Schwallerbrechen.

Das gute alte Fensteröffnen hilft wirklich. Auch wenn es

draußen eiskalt ist, ist es immer noch besser als die Alternative. Auch langsames, tiefes Einatmen soll offenbar helfen. Forscher des Fachbereichs für Psychologie der Pennsylvania State University haben 46 Männer und Frauen in einer »rotierenden optokinetischen Trommel« hin und her geschüttelt, die Art von Folter, für die sich Kinder in Vergnügungsparks und auf Jahrmärkten gerne stundenlang in die Schlange stellen. Die Versuchskaninchen, die vor der zweiten Sitzung langsam und tief geatmet haben, mussten sich im Schnitt seltener übergeben als die anderen. Je früher Sie die Kinder, denen schnell schlecht wird, dazu bringen, ruhig zu atmen, desto besser. Halten Sie sie davon ab, im Auto zu lesen, und bringen Sie sie dazu, aus dem Fenster auf weit entfernte Objekte zu sehen.

Und wenn das nicht funktioniert ... nun, deshalb wurden Plastiktüten erfunden.

Auf Flugzeugen oder Schiffen können Sie das Atmen noch durch Medikamente unterstützen, die Sie Ihren Kindern geben, lange bevor es nötig ist. Wie bei Erwachsenen kann der einfache Umstand, etwas genommen zu haben, das Problem lindern.

Spiele für Zugfahrten

In einem Auto sind Sie alle an Ihren Sitz gefesselt und schauen nach vorne, sodass Sie kaum Gelegenheit zu Augenkontakt oder physischen Aktivitäten haben. Wenn Sie in einem

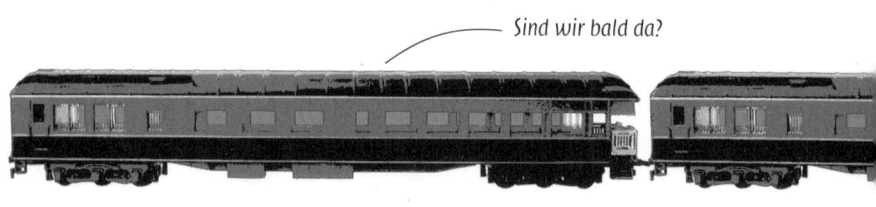

Sind wir bald da?

Zug sind und mit etwas Glück Sitzplätze mit einem Tisch in der Mitte ergattert haben, gibt es viel mehr Möglichkeiten, sich die Reisezeit zu vertreiben.

Speisewagen-Bingo

Jeder Spieler wählt entweder Mann, Frau oder Kind und bekommt einen Punkt für jeden, der auf dem Weg zum Speisewagen vorbeikommt. Um das Spiel zu variieren, können Sie Leute auswählen, die schwarze oder braune Schuhe tragen, einen Mantel oder eine Brille.

Eine interessante Erweiterung des Spiels ist zu überlegen, was die Vorbeigehenden wohl im Speisewagen zu sich nehmen werden. Dabei gibt es kein Richtig oder Falsch (wenn Sie nicht gerade Ihr Zielobjekt bis zu dessen Sitz zurückverfolgen wollen), aber als eine Übung in spekulativer Psychologie kann es sehr unterhaltsam sein, und es fördert die Fantasie Ihrer Kinder.

Sie können sich auch die Namen der Leute ausdenken, was sie von Beruf sind und sogar ganze Lebensläufe erfinden.

Ihre Kinder wissen natürlich, dass es unhöflich ist, Leute anzustarren oder über sie zu reden. Das gilt selbstverständlich nur für die, die in Hörweite sind. Die Leute auf dem Weg vom oder zum Speisewagen gehören nicht dazu. Wenn sie erst mal wieder auf ihrem Platz sitzen, spielen sie bestimmt auch Speisewagen-Bingo.

Was male ich?

Ein Stift und ein Blatt Papier sind auf einer Zugfahrt von unschätzbarem Wert. So wie man diese Dinge hervorragend für *Schiffe versenken* und *Galgenmännchen* hernehmen kann, gibt es noch ein weiteres gutes Gemeinschaftsspiel. Der Reihe nach zeichnet jeder Spieler ein alltägliches Objekt – ein Haus, ein Fahrrad, eine Spinne und so weiter. Die anderen müssen raten, während noch gezeichnet wird.

Es ist ein erstaunlich gerechtes Spiel: Ältere Kinder werden versuchen, die Erkennungsmerkmale erst zum Schluss zu zeichnen (wie zum Beispiel die Räder eines Fahrrads), während die Jüngeren Probleme haben werden, das Objekt überhaupt erkennbar zu zeichnen, weshalb sie noch viele Details hinzufügen müssen.

Alphabetsätze

Denken Sie sich unsinnige Sätze zu jeder Ortschaft, an der Sie vorbeikommen, aus. Bilden Sie die Sätze mit Wörtern, die mit dem Anfangsbuchstaben dieser Ortschaft alliterieren. Zum Beispiel: Osnabrück – Onkel Otto aus Osnabrück organisiert ordentliche Ostereiertreffen.

Sollte der Zug zu schnell fahren, um Schilder zu lesen, oder liegen zu lange Abstände zwischen den Haltestellen, nehmen Sie beliebige Objekte aus Ihrem Umfeld oder suchen Sie Wörter aus einer Zeitschrift.

Ich sehe was, was du nicht siehst ...

Das müssen Sie wirklich nicht spielen. Es ist unfassbar langweilig und bei einer Zugfahrt außerdem noch nervig, weil alles, was man sich aussucht, kurz darauf verschwindet, lange bevor es jemand erraten kann.

Selbst die kürzeste Zugfahrt erscheint dadurch wie eine

Sind wir bald da?

Reise in der Transsibirischen Eisenbahn. Bringen Sie Ihren Kindern niemals dieses Spiel bei, und wenn sie es schon kennen, verbieten Sie ihnen, es in Ihrer Gegenwart zu spielen. Wenn sich jeder Papa daran hält, dann können wir es in einer Generation ausgelöscht haben.

Pünktchenspiel

Das Pünktchenspiel ist ein toller Zeitvertreib für Reisen. Papas denken sicher, dass Sie dabei einen intellektuellen Vorteil haben, aber sie können auch leicht dumme Fehler machen, besonders wenn sie versuchen, gleichzeitig Speisewagen-Bingo zu spielen.

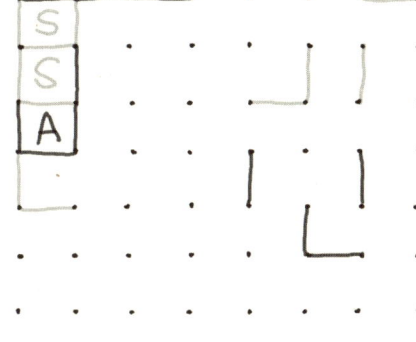

Malen Sie einfach ein Viereck aus Punkten. Acht mal acht Punkte sind eine gute Größe. Der Reihe nach verbinden die Spieler jeweils zwei Punkte. Ziel ist es, derjenige zu sein, der die meisten Kästchen mit dem letzten Strich zumacht. Die Initiale des Spielers kommt in das Kästchen, das er zugemacht hat, um sie später zusammenzuzählen. Spiele zwischen Steve und Simon sind besonders zufriedenstellend, da wir beide am Ende denken, wir hätten gewonnen.

Nachdem ein Spieler eine Box zugemacht hat, darf er woanders sofort die nächste Linie ziehen. Das führt oft dazu, dass in einem Durchgang mehrere Kästchen vervollständigt werden, kann aber auch bedeuten, dass der andere Spieler ebenfalls eine Reihe Kästchen schließt. Man muss die verbundenen Pünktchen zählen, um herauszufinden, wo sich die besten Chancen bieten.

Wir sind da, bevor du sagen kannst …

…»ein Student in Stulpenstiefeln stand auf einem spitzen Stein und starrte staunend stundenlang die stillen stummen Sterne an.« Oder: »Wir Wiener Waschweiber würden weiße Wäsche waschen, wenn wir wüssten, wo warmes, weiches Wasser wär'.«

Papas brauchen einen Moment, um sich solche Sätze auszudenken. Alliterationen, wie in den Beispielen gezeigt, helfen sehr.

Jedes Mal, wenn Ihr Kind den Satz falsch sagt, wiederholen Sie ihn (und Sie sollten sich Mühe geben, ihn richtig zu sagen, denn Ihre Kinder werden garantiert merken, wenn *Sie* einen Fehler machen). Sie müssen ganz schonungslos sein: Lassen Sie Ihren Kindern nicht einmal den winzigsten Fehler durchgehen, wenn sie die Sätze wiederholen. Aber sagen Sie ihnen nicht die Fehler, sagen Sie nur, dass es falsch war, und wiederholen Sie den Satz.

Flugzeugspiele

Wenn Sie mit dem Flugzeug unterwegs sind, finden die spannendsten Sachen draußen statt. Setzen Sie Ihre Kinder deshalb ans Fenster. Die Aussicht wird sie relativ ruhig stellen, und Sie werden über ihre Köpfe drüberschauen können.

Wenn Sie keine passenden Plätze vorbuchen können, checken Sie früh ein. Achten Sie darauf, dass Ihre Plätze nicht über den Flügeln sind (nicht gut für die Sicht) und auch nicht zu nah an der Toilette (nicht gut für die Nase). Flugzeugfenster sind selten exakt in einer Reihe mit den Sitzen. Wenn Sie sich die Sitze selbst aussuchen können, wählen Sie welche, die knapp hinter einem Fenster sind statt knapp davor. Wenn Sie keine guten Plätze bekommen können, notieren Sie sich die Sitzreihen, die günstig sind, und fragen

Sie nach diesen auf dem Rückflug. Denken Sie daran, dass die interessanten Sachen vom Hinflug nun auf der anderen Seite sein werden.

Wenn Sie normalerweise nicht enden wollenden Fragen darüber ausgesetzt sind, wo Sie gerade sind, wie schnell und wie hoch Sie fliegen, versuchen Sie mit einer der Fluglinien zu fliegen, die diese Daten zusammen mit einer Karte auf einem Bildschirm haben. Das ist das perfekte »Sind wir bald da?«-Werkzeug.

Wenn Ihnen wirklich verdammt viel daran liegt, die allerbesten Plätze zu bekommen, gehen Sie zuvor zu www.seatguru.com, dort finden Sie alle Informationen, die Sie brauchen. Und wenn wir sagen alle, meinen wir *alle*.

Flugwinkel

Autos fahren vorwärts und rückwärts. Züge fahren normalerweise vorwärts, auch wenn es sich nicht immer so anfühlt. Aber Flugzeuge gehen auch hoch und runter und neigen sich von einer Seite zur anderen. Das bedeutet, es gibt ein ganzes Spiel, das man mit dem Schätzen des Flugwinkels spielen kann, und es gibt verschiedene Methoden, es zu tun.

Die einfachste ist, ein Glas bzw. einen durchsichtigen Plastikbecher halb mit Wasser zu füllen. Für den Start nehmen Sie einen Faden, den Sie am unteren Ende mit etwas beschweren.

Sind wir bald da?

Finde das Wort

Sogar der gewissenhafteste Papa findet sich manchmal umringt von Kindern in einem Flugzeug wieder, ohne etwas zur Hand zu haben, das zu deren Unterhaltung dienen könnte.

Worauf Sie sich allerdings immer verlassen können, ist eine hinreichende Versorgung mit Flugmagazinen. Ein guter Teil der Zeit kann damit vertrieben werden, Wörter nach dem ABC zu suchen. »Angeln«, »Billigflug«, »Cluburlaub« ...

Gute Wörter für das Galgenmännchen

Galgenmännchen ist ein tolles Spiel für Flüge, da Sie alle in einer Reihe sitzen und in dieselbe Richtung schauen. (Es ist schwieriger in Zügen zu spielen, wo einige von Ihnen das Blatt auf dem Kopf stehend lesen müssen.)

Jeder spielt irgendwann *Galgenmännchen*. Es ist ein verbreiteter Irrglaube, dass lange Wörter schwerer zu erraten sind als kurze. Natürlich ist es andersherum. Je länger ein Wort, desto größer die Wahrscheinlichkeit, dass ein zufällig gewählter Buchstabe darin vorkommt, und die Struktur des gesuchten Wortes wird schneller erkennbar, sodass sich das Wort auch schneller erraten lässt.

Kurze Wörter sind schwieriger, besonders, wenn Sie keine der Standardvokale enthalten. Unsere Favoriten sind Wörter wie Rhythmus, Fjord, Jux oder Wurz. Solche Wörter werden die Kinder sicher eine Weile mit Raten beschäftigen.

Verabreden Sie gleich zu Beginn, wie der Galgen und das Männchen aussehen werden, sodass jeder die gleiche Anzahl an Fehlversuchen hat.

Schiffspiele

Schiffe – oder Fähren – sind wie riesige metallene Kindermädchen mit viel Platz zum Rumrennen, Spielplätzen und Shops.

Unser Lieblingsspiel ist *Verstecken*. Schon flitzen die Kleinen weg, während Sie sich die Augen zuhalten und bis fünfzig zählen. Dann rufen Sie »Ich komme!« – und können jetzt friedlich den Rest der Reise in der Bar verbringen.

Sind wir bald da?

7. WER WIE WAS WO WANN WARUM?

Neugierde mag vielleicht der Tod der Freude sein, wie Erich Kästner einmal sagte, doch für Kinder ist Neugierde eine Energiequelle. Was auch immer ihr erstes Wort sein mag, das zweite ist wahrscheinlich »Warum?«. Und es ist normalerweise Papa, an den sie sich wenden, um ihren unendlichen Wissensdurst zu stillen. Unter den vielen anderen notwendigen Fähigkeiten, die sie haben, müssen Papas auch eine wandelnde Enzyklopädie sein.

Was für ein hinterhältiger Trick der Natur es doch ist, dass mit der Ankunft eines Kindes oft auch das Verkümmern der Gehirnzellen bei den Vätern einhergeht. Schätze der Weisheit, die Sie sonst aus dem Ärmel schütteln konnten, verschwinden plötzlich aus Ihrem Gedächtnis, und Sie durchleben die Schande, Ihrem Kind sagen zu müssen, dass Sie keinen blassen Schimmer haben, wie die Gezeiten entstehen und wie groß das Universum ist.

Grämen Sie sich nicht. Hilfe ist unterwegs. In diesem Kapitel wird zwar nur ein kleiner Bruchteil der Fragen beantwortet, mit denen Sie bombardiert werden. Sie werden es aber sicher mit einem eleganten Schlenker schaffen, die Befragung auf ein Gebiet zu lenken, auf dem Sie von nun an Experte sind. Vielleicht wissen Sie nicht alles, aber Sie können den Eindruck vermitteln, dass Sie es tun. Ihre Leistungen bei Quizabenden werden sich außerdem auch deutlich verbessern.

Warum ist der Himmel blau?

Um diese Frage halbwegs in den Griff zu bekommen, muss man zunächst zwei Dinge verstehen: Weißes Licht setzt sich aus vielen verschiedenen Farben zusammen, und der Himmel ist nicht leer.

Wenn Sie hochsehen, sehen Sie in die Erdatmosphäre, ohne die unser Leben gar nicht möglich wäre. Sie versorgt uns mit Luft, Wasser und Wärme und schützt uns vor Meteoriten und gefährlicher Strahlung. Obwohl Sie 500 Kilometer oder mehr nach oben geht, ist sie doch verglichen mit der Größe der Erde nicht dicker als die Schale eines Apfels.

Wichtig für uns sind ungefähr die ersten 15 Kilometer. Dieser vermeintlich leere Himmel ist in Wirklichkeit voll mit Wasser, Staub und einer Gaskombination (78 Prozent Stickstoff, 21 Prozent Sauerstoff und noch ein Haufen anderer Kleinkram). Gase bestehen, wie alles andere auch, aus Partikeln – Molekülen und Atomen. In einem Kubikzentimeter Luft (ungefähr ein Viertel eines Teelöffels) sind 10^{19} von ihnen.

Ein gestrichener Teelöffel voller Luft enthält 25.000.000.000.000.000.000 Moleküle. Vorsicht, nicht verschütten!

Sonnenlicht – auch weißes Licht genannt – setzt sich aus einer Kombination vieler Farben zusammen. Um das dem zweifelnden Geist zu beweisen, teilen Sie eine Pappscheibe in sieben gleich große Segmente ein, und malen Sie sie mit den Spektralfarben an: rot, orange, gelb, grün, blau, indigo und violett. Stecken Sie einen Bleistift in die Mitte der Scheibe und drehen Sie sie, so schnell Sie können. Die Farben verschmelzen zu weiß.

Wenn Sonnenlicht durch die Atmosphäre bricht, stößt es auf all diese Partikel. Licht auf den roteren, längeren Wellen geht fast unbeschädigt durch. Doch am kürzeren, blaueren

Ende sieht die Sache ganz anders aus. Es wird 16 Mal stärker als das rote Licht gestreut. Die Partikel in der Atmosphäre schießen das blaue Licht wie bei einem verrückten himmlischen Tischtennisspiel herum. Als Resultat ist der Himmel blau, wo auch immer wir hinsehen.

Diese Streuung macht nicht nur den Himmel blau, sondern lässt die Sonne auch gelb aussehen. Draußen im All, wo nichts das Licht bricht, sieht die Sonne weiß aus.

Warum geht die Sonne rot unter?

Der Himmel ist nicht immer blau, sonst hätten wir nicht solche Landweisheiten wie »Abendrot Schönwetterbot'«.

Wenn die Sonne untergeht, muss das Licht durch viel mehr partikelgefüllte Atmosphäre. Das blaue Licht wird nun so sehr gestreut, dass es von der Atmosphäre absorbiert wird und wir es kaum noch sehen können, während die roteren Farben stärker als zuvor gebrochen werden, und zwar in dem Maß, in dem normalerweise blau gebrochen wird, weshalb nun rot vorherrscht.

Warum sind Wolken weiß?

Die Wasser- und oft auch Eismoleküle in den Wolken sind so groß, dass alles Licht gleichmäßig gebrochen wird. Wieder zusammengeworfen und neu vereint, ergeben die Farben, wie wir gesehen haben, zusammen weiß.

Wenn Wolken grau sind, liegt das entweder daran, dass höhere Wolken Schatten auf sie werfen oder dass sie so dick sind, dass das Sonnenlicht weiter oben absorbiert wird und Schatten innerhalb der Wolke wirft.

Wie viel wiegt eine Wolke?

Danke, dass Sie fragen. Die Wissenschaftlerin Peggy LeMone vom National Center for Atmospheric Research in Boulder, Colorado, USA, ging dieser Frage nach, vermutlich, nachdem sie von einem Kind gefragt wurde.

Sie fand heraus, dass der Wasserdampf in einer durchschnittlich großen Kumuluswolke – das ist eine von den hübschen fluffigen weißen – 550 Tonnen wiegt. Wenn Sie Probleme haben, sich das vorzustellen, denken Sie an Elefanten. Ein Elefant wiegt ungefähr 6 Tonnen, was bedeutet: Das Wasser in einer typischen Wolke wiegt in etwa so viel wie 100 Elefanten.

Die offensichtliche nächste Frage ist: »Wie bleibt sie dann da oben?« Wenn Wolken aus Elefanten gemacht wären, würden sie das nicht tun. Diese 100 Elefanten würden mit erstaunten Gesichtern vom Himmel plumpsen und eine Riesensauerei hinterlassen, wenn sie auf die Erde stürzen. Zum Glück für sie – und uns – formt sich das Wasser aus winzigen Partikeln, die leicht genug sind, um auf der wärmeren Luft zu schweben, die unter den Wolken ist.

Ich vergesse selten ein Gesicht

Selbst überrascht von ihrem Ergebnis machte LeMone weiter und fand heraus, dass das Gewicht einer großen Wetterwolke, die in allen Dimensionen zehnmal größer als die Kumuluswolke ist, bei 200 000 Elefanten liegt.

Auch das reichte ihr noch nicht. Sie rechnete aus, dass der Wasserdampf in einem Hurrikan von der Größe des Staates Missouri (nicht ganz dreimal die Fläche von Bayern) dasselbe wie 40 Millionen Elefanten wiegen würde.

Warum ist das Meer blau?

Wasser ist tatsächlich blau. Es mag farblos und klar aussehen, wenn es in einem Glas ist. Aber das scheint nur so, weil es nur sehr, sehr leicht blau ist. Bei großen Mengen wird seine wahre Farbe deutlich, besonders wenn das Wasser tief und klar ist. Schauen Sie beispielsweise in einen Swimmingpool, und das Wasser sieht ein bisschen blau aus (selbst wenn die Poolfließen nicht blau sind).

Falls Ihr Leitungswasser *doch* blau ist, wenn Sie es in einem Glas haben, sollten Sie dringend in Ihrem Wasserspeicher nachsehen, ob jemand einen Toilettenreinigungsstein hineingeworfen hat.

Ist jede siebte Welle eine große?

Man hört oft, jede siebte Welle sei schon groß, jede *siebte* siebte Welle aber ein Monster. Obwohl es lustig sein kann, die Wellen zu beobachten und zu zählen – so funktioniert das leider nicht.

Wellen entstehen durch den Effekt, den der Wind auf die Wasseroberfläche hat. Je stärker der Wind, desto höher die Wellen. Wellen reisen allerdings nicht zur Küste. Das ist eine optische Täuschung. In Wirklichkeit hebt und senkt sich das

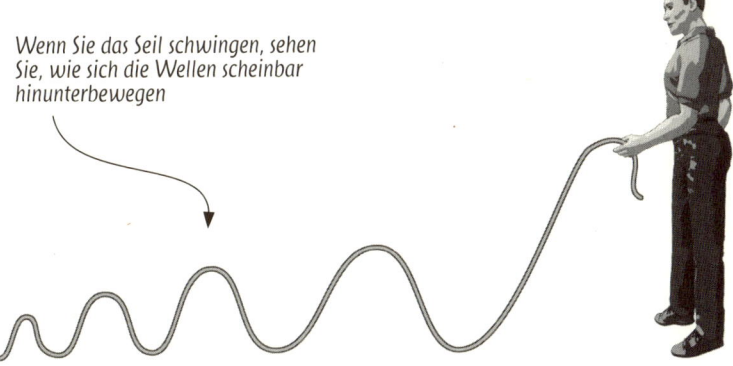

Wenn Sie das Seil schwingen, sehen Sie, wie sich die Wellen scheinbar hinunterbewegen

Wasser nur. Sie können zeigen, wie sich Wellen benehmen, indem Sie über die Oberfläche eines Wassercontainers pusten, auf dem etwas schwimmt. Es zeigt, dass Wasser sich nicht horizontal bewegt. Ein Seil zu schwingen macht das Prinzip ebenfalls deutlich. Eine Welle scheint sich nach unten zu bewegen, aber in Wirklichkeit bewegt sich nur das Seil rauf und runter.

Auf dem Meer kommen Wellen in Paketen von kleineren Wellen, gefolgt von ein paar größeren. Die größte von allen ist meistens irgendwo zwischen der fünften und achten Welle. Daher kommt vermutlich der weit verbreitete Glaube, dass jede siebte Welle die größte ist.

Wer macht die Gezeiten?

Der Mond. Während Erde und Mond im Himmel umeinander herumtanzen, erzeugt die Interaktion beider Gravitationsfelder die Gezeiten – regelmäßiges Heben und Senken des Levels der Weltmeere. Die Gravitation des Mondes zieht das Wasser an, das ihm am nächsten ist, während sich das Wasser auf der anderen Seite der Erde wieder zurückwölbt, weil es nicht mehr von der Gravitation des Mondes angezogen wird.

Es gibt zwei Zyklen von Ebbe und Flut am Tag. Wenn Sie während Ihres Strandurlaubs mehr Zeit hatten, über die Natur und ihre ganze Schönheit nachzudenken, haben Sie sich sicher schon gefragt, warum die Gezeiten nicht an jedem Tag zur gleichen Zeit sind. Das ist ein bisschen zu kompliziert, um es jetzt zu erklären (doch, wir haben es verstanden, wirklich), es hat damit zu tun, dass die Tiden vom Mond, unsere Tageszeiten aber von der Sonne bestimmt werden (so denken wir). Es reicht zu wissen, dass die Flut (oder Ebbe) am nächsten Tag ungefähr 45 Minuten später sein wird.

Die stärkste Flut ist die Springflut. Sie tritt auf, wenn

Erde, Sonne und Mond in einer Linie stehen, wenn die Gravitation der Sonne die des Mondes unterstützt. Das passiert zu Vollmond und Neumond.

Bei Halbmond stehen Mond und Sonne rechtwinklig zueinander, sodass die Tiden schwächer sind (Nipptide).

Wie weit ist der Horizont weg?

Kommt drauf an, wie groß Sie sind. Ehrlich. Das stimmt. Der Horizont ist einfach die physische Manifestation der Erdkrümmung. Dadurch sieht es so aus, als würden Schiffe hinter dem Horizont Stück für Stück verschwinden. Deshalb: Je größer Sie sind, desto weiter können Sie sehen.

Jemand mit einer Augenhöhe von 1,20 Meter über dem Boden sieht 4,2 Kilometer weit. Bei 1,70 Meter sehen Sie 5 Kilometer. Wenn Sie sich auf einen Felsen stellen, sodass Ihre Augen auf einer Höhe von 20 Metern sind, ist der Horizont gute 17 Kilometer weit weg.

Da Sie gerade fragen: Ja, es gibt eine Methode, dies auszurechnen. Multiplizieren Sie die Höhe Ihrer Augen in Zentimetern mit 0,15. Ziehen Sie daraus die Quadratwurzel, dann haben Sie die Entfernung des Horizonts in Kilometern.

Übrigens ist es ein interessanter Fakt, dass der Horizont immer, immer, *immer* auf derselben Höhe ist wie Ihre Augen. Sie sehen horizontal auf ihn. Es ist ganz egal, ob Sie stehen, sitzen oder aus einem hohen Fenster schauen. Es ist eine Grundregel im perspektivischen Zeichnen, aber es ist wirklich überraschend, wenn Sie es ausprobieren!

Wie viele Farben hat ein Regenbogen?

Haben Sie gerade »sieben« gesagt? Gehen Sie noch mal zur Schule. Auch wenn es in Ihrem Physikbuch stand, dass es sieben sind, das ist uns egal. Es ist falsch.

Es gibt eine unendliche Anzahl Farben, und die sind auch im Spektrum vertreten. Rot wird nicht plötzlich orange, gelb auch nicht an einem bestimmten Punkt grün. Im Gegenteil, Farben gehen nach und nach ineinander über. Sehen Sie sich die Unterseite einer CD im Sonnenschein oder unter hellem Licht an, oder reflektieren Sie sie auf Papier. Sie werden viele farbige »Regenbögen« sehen, wenn das Licht auf die CD fällt.

Sir Isaac Newton ist an allem schuld. Er wusste, dass es eine unendliche Anzahl Farben gibt, aber weil es bequemer war, hat er sie in sieben aufgeteilt. Durch jedermanns faules und nachlässiges Denken wurde dies zur Norm. Die Natur ist eine Quelle unendlicher Wunder. Es wäre doch unglaublich deprimierend, wenn ein Regenbogen weniger Farben hätte als ein Katalog für Badezimmerkacheln.

> **FASZINIERENDE FAKTEN:**
> Man spricht immer über Regenbögen, als hätten diese alle Farben, die es gibt. Das ist natürlich Unsinn. Versuchen Sie mal, schwarz, braun, weiß, grau oder Farben wie silbern und gold zu finden. Die sind einfach nicht da.

Wie entsteht ein Regenbogen?

Wie wir gesehen haben, besteht Sonnenlicht aus vielen Farben. Ein Regenbogen ist das Prisma der Natur, indem es weißes Licht wieder in seine ursprünglichen Teile verwandelt. Damit ein Regenbogen entsteht, muss die Sonne hinter dem Betrachter und tief am Himmel stehen, weshalb Regenbögen meistens am späten Nachmittag auftreten. Der Bogen befindet sich gegenüber der Sonne, wenn es regnet oder gerade geregnet hat. Der feine Nebel der Wassertropfen eines Wasserfalls ist eine andere Möglichkeit, Regenbögen zu sehen.

Wenn Sonnenlicht auf die Regentropfen trifft, wird es gebrochen und dann von der Hinterseite des Regentropfens reflektiert und wieder gebrochen, wenn es vorne wieder austritt. Aber jede Farbe wird in einem etwas anderen Winkel gebrochen: rot bei 42 Grad und violett bei 40 Grad, und all die anderen Farben dazwischen.

Wenn Sie einen doppelten Regenbogen sehen, heißt das nur, dass diese Tropfen das Licht zweimal innen reflektiert haben.

Ein Regenbogen ist in Wirklichkeit ein Kreis, aber der Horizont schneidet die untere Hälfte weg. Komplette kreisförmige Regenbögen kann man aber gelegentlich aus der Luft beobachten.

Sie können Regenbögen immer nur von einer Seite sehen. Das veranschaulichen Sie leicht, indem Sie an einem sonnigen Tag Ihren eigenen Regenbogen mit dem Gartenschlauch machen. Versprühen Sie das Wasser ganz fein. Mit der Sonne hinter Ihnen wird der Regenbogen sichtbar sein,

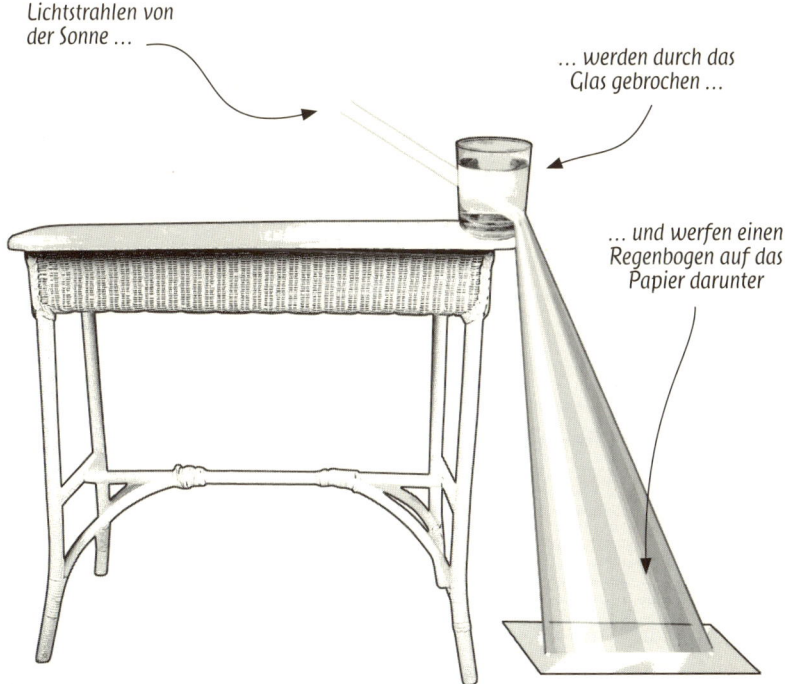

Lichtstrahlen von der Sonne ...

... werden durch das Glas gebrochen ...

... und werfen einen Regenbogen auf das Papier darunter

jedoch nicht für jemanden, der auf der anderen Seite des Wassers Ihnen gegenübersteht und in die Sonne schaut.

Es ist eine gute Möglichkeit zu zeigen, wie Wasser Licht brechen kann, wenn Sie ein Glas mit Wasser füllen und es an einem sonnigen Tag draußen auf einen Tisch stellen, sodass fast die Hälfte des Glases über der Tischkante steht. Legen Sie ein Blatt Papier auf den Boden – die Sonne scheint dann durch das Glas und macht einen Regenbogen auf das Blatt.

Allen Legenden zum Trotz gibt es wirklich kein Gold am Ende des Regenbogens. Wenn Sie auf einen Regenbogen zugehen, wird er sich lediglich von Ihnen wegbewegen. Es ist nicht so, dass wir nach Gold gesucht hätten oder nach etwas ähnlich Dummem. Das wäre eine gänzlich lächerliche Verschwendung eines Nachmittags, was genauso armselig und dumm ist, wie mit dem Familienauto durch grotesk nasse Felder zu fahren, im Matsch stecken zu bleiben, mit einem gereizten Bauern zu diskutieren und ihm ein halbes Vermögen zahlen zu müssen, damit er einen mit dem Traktor wieder herauszieht. Deshalb wären wir nie so dumm, nach dem Gold am Ende des Regenbogens zu suchen. Es existiert nicht. Glauben Sie uns. Wirklich.

Wie funktioniert ein Strebebogen?

Strebebögen – diese steinernen Bögen, die sich ganz plötzlich von einem hochgemauerten Pfeiler aus über die äußeren Mauern einer Kathedrale schwingen – was machen die eigentlich? Sind sie eines der letzten gehüteten Geheimnisse kirchlicher Architektur?

Strebebögen stehen bei Kirchen schräg zur Mittelschiffwand und sollen den Seitenschubkräften des Gewölbes, durch die die Mittelschiffwand nach außen gedrückt wird, entgegenwirken. Um zu demonstrieren, wie das funktio-

Wer wie was wo wann warum?

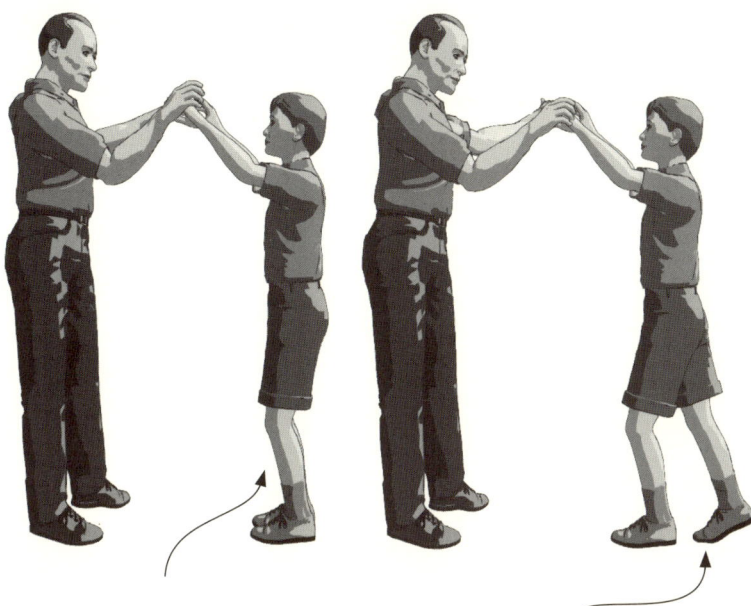

Ihr Kind ist die Wand der Kathedrale, die Arme sind das Dach

Wenn Sie auf das Dach drücken, nimmt es seinen Fuß zurück, um sich abzustützen – und das ist es, was ein Strebebogen macht

niert, lassen Sie Ihr Kind mit im 45-Grad-Winkel erhobenen Armen stehen. Erklären Sie, dass es die Wand einer Kathedrale darstellt, und seine Arme das Dach sind. Erklären Sie weiter, dass durch das ganze Blei im Kirchendach ein riesiges Gewicht auf die Mauern heruntergedrückt. Zur gleichen Zeit drücken Sie gegen die ausgestreckten Arme Ihres Kindes. Es wird automatisch ein Bein nach hinten nehmen, um sich abzustützen, was genau das ist, was Sie erreichen wollten. Zeigen Sie auf das Bein und sagen Sie: »*Das* ist ein Strebebogen.«

Wo kommen die Babys her?
Äh ... frag deine Mutter.

Sie hat gesagt, ich soll dich fragen.
Ich hab gerade zu tun, frag mich morgen noch mal.

Nein, jetzt sag mal, wo kommen die Babys her?
Früher oder später werden Sie sich damit auseinandersetzen müssen. Die Standardtechnik ist, die Zeitung zu falten, tief einzuatmen und sich zu fragen, wo man anfangen soll. Eigentlich ist es aber viel wichtiger, sich zu fragen, wo Sie aufhören sollten.

Zu oft überschütten Eltern ihre Kinder mit Informationen, nach denen sie nicht gefragt haben, für die sie noch nicht bereit sind und mit denen sie nicht zurechtkommen. Die Geburt in allen gynäkologischen Details zu schildern ist genauso schlecht, wie sie mit diesem Blödsinn über Bienen, Blumen und Störche abzuspeisen. Die ganze Wahrheit ist zu verwirrend und auch zu unglaubwürdig für ein einzelnes Gespräch.

Eine bessere Herangehensweise ist es, wenn Sie gerade so viel beantworten, wie es die Frage erfordert. Versuchen Sie nicht, ihre Köpfe mit Details zu füllen, für die sie noch zu jung sind. Lassen Sie sie später wieder zu Ihnen zurückkommen, wenn ihnen danach ist, mit weiteren Fragen, wenn sie verstanden haben, was Sie ihnen bereits erzählt haben.

Eine typische Frage-Antwort-Sitzung, die sich über mehrere Wochen hinziehen kann, könnte so aussehen:

Wo kommen die Babys her?
Sie kommen aus dem Bauch von Mama.
Wie kommen sie da raus?
Ein Baby drückt sich von selbst raus, wenn es groß genug dazu ist.

Wer wie was wo wann warum? 131

Wo kommen sie raus?
Es gibt extra eine Öffnung, die sich weitet, um das Baby rauszulassen. Manchmal kann das sehr schwer sein, weshalb Mama einen Arzt braucht, der ihr hilft, damit das Baby geboren wird.
Wie kommen sie da rein?
Ein winziger Samen von Papa wird in Mamas Bauch gepflanzt. Am Anfang ist alles noch so winzig, dass man es gar nicht sehen kann. In neun Monaten wächst daraus ein Baby, so wie eine Pflanze aus einem Samenkorn wächst.
Wie kommt der Samen da rein?
Äh – frag deine Mutter.

Wie fliegen Flugzeuge?

Sie sind groß. Sie sind schwer. Ihre Flügel schlagen nicht. Wie also bleiben diese Metallmonster da oben? Die übliche Erklärung beruft sich auf den Bernoulli-Effekt. Der besagt, dass Luft über den oberen, gekrümmten Teil eines Flügels schneller hinwegströmt als über die flache Unterseite. Ein schnellerer Luftstrom reduziert den Druck und hebt die Flügel.

Es gibt einige gute Experimente, um das zu verdeutlichen. Schneiden Sie einen fünf Zentimeter langen Streifen Papier aus. Halten Sie ihn an Ihre Unterlippe und pusten Sie darüber

Was passiert, wenn Ihr Kind zwischen die beiden Ping-Pong-Bälle bläst?

hinweg. Der Streifen wird sich horizontal heben, auch wenn eine Büroklammer daran befestigt ist.

Hängen Sie zwei Tischtennisbälle oder Luftballons an eine lange Schnur, sodass sie auf gleicher Höhe sind und etwas Abstand dazwischen ist. Fragen Sie Ihre Kinder, was passieren wird, wenn sie in den Zwischenraum pusten. Sie werden normalerweise erwarten, dass die Bälle oder Ballons auseinandergehen. In Wirklichkeit aber werden sie zusammengehen, weil der schnellere Luftstrom einen Druckabfall herbeiführt.

> **FASZINIERENDE FAKTEN:**
>
> Der allererste Flug 1903, durchgeführt von den Gebrüdern Wright, dauerte nur 12 Sekunden. Das Flugzeug flog 37 Meter. Das Flugzeug der Wrights hat seinen gesamten Flug auf einer Strecke von der Länge eines modernen Jumbojets zurückgelegt.

Nehmen Sie einen Trichter oder den abgeschnittenen oberen Teil einer Plastikflasche und pusten Sie durch das schmale Ende. Legen Sie einen Tischtennisball in den Trichter. Solange Sie pusten, fällt der Ball nicht raus, weil die schneller strömende Luft – wo der Luftdruck niedriger ist – über ihn drüber geht. Legen Sie den Ball auf Ihre Handfläche, pusten Sie ganz fest in den Trichter, und Sie werden staunen: Der Ball wird in den Trichter gezogen.

Schneiden Sie einen Strohhalm in der Hälfte an, stellen Sie ihn senkrecht in ein Glas Wasser und knicken Sie die obere Hälfte an der Stelle, an der sie noch mit dem unteren Teil verbunden ist, im rechten Winkel zu sich. Dann pusten Sie hinein. Durch den Druckabfall an der Schnittstelle wird Wasser hochgezogen und in feinem Nebel versprüht.

Sie können mit einem normalen Fön einen Ballon in der Luft halten und steuern

Richten Sie einen Föhn mit dem Luftstrom nach oben und legen Sie einen Tischtennisball in den Luftstrom. Er wird in der Luft herumspringen. Sie können den Föhn sogar anders halten, und der Ball wird in dem schnelleren Luftstrom gefangen bleiben. Versuchen Sie es mit einem Luftballon. Versuchen Sie es mit beidem. Wenn die Kinder aus irgendeinem Grund denken, es liege an der warmen Luft, schalten Sie auf kalte Luft um. Sie können dasselbe Experiment auch mit einem dieser knickbaren Strohhalme (das kurze Stück zeigt nach oben) und einem Tischtennisball machen.

Die übliche Erklärung, wie ein Jumbojet, der fast 400 Tonnen wiegt, fliegt, ist, dass er auf der Startbahn auf 150 km/h beschleunigt und an diesem Punkt die Luft über den Flügeln viel schneller strömt als unter ihnen, sodass es genug Auftrieb gibt, um das Flugzeug vom Boden hochzusaugen und dort zu halten. Das ist natürlich kompletter Unsinn.

Also, warum fliegen Flugzeuge denn nun wirklich?

Der Bernoulli-Effekt ist die übliche Erklärung dafür, warum Motorflüge möglich sind. Man benutzt ihn an Schulen, Universitäten und in Lehrbüchern. Man kann ihn prima vorführen. Man liegt aber auch total falsch, wenn man behauptet, dass die Luft, die den längeren Weg über den gebogenen Flügel nimmt, sich beeilen muss, um die Luft darunter »einzuholen«.

Kompletter Unsinn. Fragen Sie sich doch mal – oder seien Sie darauf vorbereitet, dass ein aufgewecktes Kind Sie fragen wird –, wie die Gebrüder Wright fliegen konnten, wenn die Flügel ihres Fliegers flach wie ein Papierflieger waren und nicht gekrümmt? Wie kann ein Papierflieger fliegen, wenn wir schon dabei sind? Und wie kann ein Flugzeug auf dem Rücken fliegen, wenn doch dann die gekrümmte Seite nach unten zeigt?

Newton ist die Antwort. Das dritte Newton'sche Gesetz

der Wechselwirkung besagt, dass wenn ein Körper A auf einen Körper B eine Kraft ausübt, eine gleichgroße, aber entgegen gerichtete Kraft von Körper B auf Körper A wirkt. Flügel sind nach hinten gebogen oder haben eine schräg abfallende Flanke. Während das Flugzeug nach vorne angetrieben wird, leitet der Flügel die Luft unter das Flugzeug. Als Reaktion hebt die Luft den Flügel hoch und unterstützt so das Abheben. Dieser Effekt ist bei Hubschraubern am offensichtlichsten. Ihre Rotoren sind dünne, sich schnell drehende »Flügel«.

Halten Sie ein Stück Papier knapp über den Tisch und pusten Sie an einem der kürzeren Enden. Das Papier flattert. Knicken Sie es nach einem Drittel und falten Sie das Ende nach oben. Halten Sie es jetzt und pusten Sie noch mal. Der vordere Teil hebt sich. Deshalb können Flugzeuge fliegen. Genau genommen »surfen« Sie durch den Himmel. Bernoulli trägt durchaus dazu bei, weil die Krümmung der Flügel die Auftriebseffizienz verbessert. Aber das ist eben nicht die ganze Wahrheit.

Wie fliegen Vögel?

Die Anmut und Wendigkeit eines Vogels lässt unsere High-Tech-Flugzeuge wie Elefanten aussehen. Vögel brauchen keine lange Startbahn und können auf so etwas Winzigem wie einem Telefonkabel landen.

Wenn ein Vogel gleitet, haben seine ausgestreckten Flügel einen leichten Winkel nach unten, um den Luftdruck unter den Flügeln zu erhöhen und darüber zu verringern. Das gibt dem Vogel beim Flug Auftrieb. Ist ein warmer Luftstrom in der Nähe, nutzt er diesen, um höher aufzusteigen, so wie es Piloten von Segelflugzeugen machen.

Wenn ein Vogel mit seinen Flügeln schlägt, leitet er dadurch Luft nach hinten, um einen Schub nach vorne zu be-

kommen. Schlagen die Flügel nach oben, knickt der Vogel sie teilweise ein, um den Widerstand zu reduzieren, ungefähr so wie beim Brustschwimmen, bevor man den nächsten Zug macht.

Vögel sind unglaublich effiziente Flugmaschinen. Um die Richtung zu ändern, können sie ihre Flügel in unterschiedlichen Geschwindigkeiten schlagen. Außerdem können sie ihre Flügel und den Schwanz schrägstellen und die Form verändern. Flugzeuge brauchen dazu Wölbungsklappen, Landeklappen, Querruder, Seitenruder und Höhenruder.

Die Knochen eines Vogels sind hohl. Wären sie es nicht, wäre er zu schwer zum Fliegen. Das ist bei Pinguinen so, deren Vorfahren fliegen konnten. Die schweren Knochen lassen sie aber leichter schwimmen und unter Wasser nach Fischen tauchen.

Warum ist Meerwasser salzig?

Obwohl Flusswasser klar und frisch schmeckt (wenn Sie weit genug an der Quelle sind, sodass sich noch keine Chemikalien oder andere Verschmutzungen im Wasser befinden), enthält es kleine Mengen Salzmineralien von den Felsen und dem Erdreich, durch das es in das Meer fließt.

Wenn Meerwasser verdunstet, bleibt das Salz zurück. Über die Jahrtausende ist das Meerwasser immer salziger geworden. Ein Kubikmeter Meerwasser enthält, im Schnitt, 35 Kilogramm Salz. 97 Prozent des Wassers auf der Erde sind salzig, nur 3 Prozent sind Süßwasser (und 2/3 davon sind auf Gletschern und in Eisschollen gefroren). Das salzigste Wasser ist im Roten Meer und im Persischen Golf, weil dort wenig Süßwasser zufließt, aber viel Wasser durch die hohen Temperaturen verdunstet. Das Tote Meer in Israel ist mit 270 Kilogramm Salz pro Kubikmeter salziger, ist aber eigentlich ein See und kein Meer. Es liegt 400 Meter unter dem Meeresspiegel und ist damit auch der tiefste Punkt der Erdoberfläche.

Wenn Meerwasser friert, fällt das Salz heraus und sinkt ab. Eskimos und Forscher können Trinkwasser bekommen, indem sie das Eis schmelzen.

Lohnt es sich, bei Regen zu rennen?

Wenn man bei Regen rennt, wird man dann mehr oder weniger nass? Wissenschaftler mit eindeutig zu viel Zeit haben diese Frage über Jahre diskutiert. Aber erst 1997 bekamen sie eine endgültige Antwort, als nämlich die Meteorologen Dr. Thomas Peterson und Dr. Trevor Wallis beschlossen, es gäbe nur einen Weg, dies herauszufinden.

Hinter ihrem Büro markierten sie eine 100-Meter-Bahn und zogen sich identische Pullover, Hüte und Hosen an. Dann warteten sie auf Regen. Da sie ja Meteorologen am United States National Climatic Data Center in North Carolina waren, hatten sie sicher eine recht gute Vorstellung davon, wann es regnen würde, und mussten nicht allzu lange warten.

Als der Regen kam, gingen sie raus. Dr. Wallis rannte die Strecke mit einer Geschwindigkeit von 15 km/h, Dr. Peterson schlenderte gemütlich mit 5 km/h entlang. Die Kleidung von Dr. Wallis wog nach dem Regen 130 Gramm mehr, die des langsameren Dr. Peterson war 217 Gramm schwerer. Oder anders gesagt: Wenn Sie im Regen herumtrödeln, werden Sie fast doppelt so nass.

Weitere Forschungen ergaben, dass der Unterschied bei heftigem Regen und Wind größer ist als bei leichtem Regen. Da macht es kaum einen Unterschied, ob Sie gehen oder rennen.

Zum Thema »Wissen, wann es regnet« gibt es übrigens ein ganz einfaches Gesetz: Garantiert dann, wenn Sie keinen Schirm bzw. kein Regencape dabei haben.

Wie entstehen Blitz und Donner?

So wie Funken aus statischer Elektrizität entstehen (siehe S. 20), entsteht auch ein Blitz, wenn sich die elektrische Ladung in einer Wolke teilt und sich die negative Ladung vorwiegend am Boden der Wolke sammelt. Diese stößt die negative Ladung vom Boden ab, was zu einer vorwiegend positiven Ladung im oberen Teil führt.

Da Luft ein schlechter Leiter für Elektrizität ist, bauen sich diese gegensätzlichen Ladungen weiter auf, bis der Luftwiderstand plötzlich überwunden ist, ein Kreislauf komplett ist und die negative Ladung ihren Weg zur Erde findet. Ein einziger Blitzschlag kann eine Ladung von 100 Millionen Volt oder mehr haben, verglichen mit den 220 Volt unserer Elektrogeräte. Die Temperatur in einem Blitz liegt bei 10 000 Grad Celsius – fünf Mal so heiß wie die Oberfläche der Sonne. Donner entsteht durch das plötzliche Erhitzen der Luft durch den Blitz, da sich die Luft explosionsartig ausweitet. Wenn Sie eine Papiertüte aufblasen und platzen lassen, bekommen Sie eine Vorstellung davon, wie es passiert.

Ein verzweigter Blitz, den wir immer so beeindruckend finden, geht übrigens nach *oben*, nicht nach unten. Es passiert zu schnell, sodass wir es nicht sehen können, aber es gibt in Wahrheit zwei Entladungen für jeden Zweig des Blitzes. Der Leitblitz kommt aus der Wolke und ist wie ein Fühler: Kurz vor dem Boden zieht er Gegenladung an und verbindet plötzlich Boden und Wolke.

Wie weit ist ein Gewitter weg?

In Filmen hört man Donner immer dann, wenn der Blitz gerade zuckt. Wenn das bei einem echten Gewitter passiert, sind wir in größter Gefahr, vom Blitz getroffen zu werden.

Obwohl der Blitzstrahl unsere Augen fast sofort erreicht, braucht der Schall länger. Die Schallgeschwindigkeit liegt bei 1235 km/h oder einem Drittel eines Kilometers pro Sekunde. Zählen Sie die Sekunden zwischen Blitz und Donner (einundzwanzig, zweiundzwanzig, dreiundzwanzig ...) und teilen Sie sie durch drei. Drei Sekunden bedeutet 1 Kilometer, fünf Sekunden bedeutet 1,7 Kilometer.

Wahrscheinlich hat man Ihnen beigebracht, dass eine Sekunde einem Kilometer entspricht. Das ist eine Lüge! Das Gewitter ist viel näher, als Sie dachten!

Was soll ich bei einem Gewitter machen?

Drinnen bleiben. Das ist der sicherste Ort.

Wenn Sie allerdings draußen überrascht werden, denken Sie daran, dass sich der Blitz den einfachsten Weg zum Boden sucht. Deshalb werden hohe Gebäude häufiger getrof-

Meiden Sie hohe Objekte, besonders hohe metallische Objekte, die mit Raketentreibstoff gefüllt sind. FOTO: NASA

fen als niedrige. Gehen Sie von Anhöhen weg, und bleiben Sie so tief am Boden, wie Sie können, krümmen Sie sich zusammen oder knien Sie sich hin, wenn Sie keine Mulden finden können.

Werden Sie alles Metallische los, und stehen Sie nicht unter oder in der Nähe von Bäumen, Laternenpfählen oder Telefonmasten. Suchen Sie keinen Unterschlupf in Höhlen, bleiben Sie Wasser fern, und halten Sie Abstand zu anderen Leuten.

Es ist ein Mythos, dass Gummisohlen oder Gummireifen Sie schützen. Sie tun es nicht, also fahren Sie nicht mit dem Fahrrad. Ein Auto ist ziemlich sicher, weil der Metallkäfig die Ladung besser ableiten kann als Sie, aber halten Sie die Fenster fest geschlossen und fassen Sie keine metallischen Teile an. Flugzeuge sind in einem Gewitter nicht in Gefahr. Auch wenn man sich fürchterlich erschreckt und es einen ziemlich durchrüttelt, wenn man es direkt miterlebt. Aber die meisten Flugzeuge werden ein oder zweimal im Jahr von einem Blitz getroffen. Das Metall leitet den Strom um den Flugzeugrumpf und davon weg, so wie bei einem Auto.

Wenn Sie drinnen sind: Benutzen Sie keine elektronischen Geräte, besonders nicht diese altmodischen Telefone, die direkt an der Wand hängen. Meiden Sie Wasser, denn es zieht Elektrizität sehr stark an. Also nicht duschen oder baden. Waschen Sie nicht Ihre Hände und spülen Sie nicht ab. Bleiben Sie der Toilette fern. Sogar Könige können auf dem Thron sterben.

Anders als die Redensart glauben macht, *kann* der Blitz zweimal am selben Ort einschlagen. Das Empire State Building wird jedes Jahr von 100 Blitzen getroffen.

Warum wird es kälter, je weiter nördlich man vom Äquator ist?

Die falsche Antwort lautet: Weil die Erde eine Kugel ist und die nördlichen Breitengrade weiter von der Sonne weg sind. Die unterschiedliche Entfernung ist unbedeutend.

Es hat stattdessen etwas mit dem Winkel der Sonnenstrahlen zu tun. Je weiter nördlich Sie sind, desto schräger treffen sie auf die Erde. Das Sonnenlicht verbreitet sich über ein größeres Gebiet, was zu niedrigeren Temperaturen führt. Sie können das ganz einfach demonstrieren, indem Sie mit einer Taschenlampe auf ein Blatt Papier leuchten. Es ist

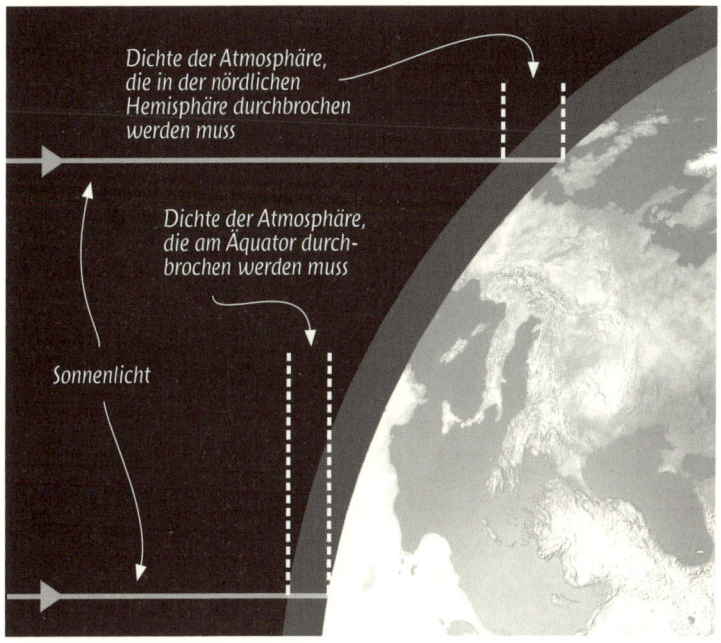

leicht zu sehen, dass bei einem schrägeren Winkel das Licht (und die Wärme) sich auf einer größeren Fläche verteilt, als wenn die Lampe direkt auf das Papier scheint.

Jahreszeiten haben ebenfalls nichts mit der Entfernung der Erde zur Sonne zu tun. Seltsam für uns in der nördlichen Hemisphäre ist, dass die Erde der Sonne Anfang Januar am nächsten ist, mitten im Winter. Jahreszeiten entstehen, weil sich die Achse neigt, um die die Erde sich jeden Tag dreht. Während die Erde ihre jährliche Tour um die Sonne macht, ist es im nördlichen Teil Sommer, wenn sie zur Sonne geneigt ist. Die Strahlen der Sonne treffen viel direkter auf, und die Tage sind länger. Das Umgekehrte gilt für den Winter und die südliche Hemisphäre.

Warum gibt es Schaltjahre?

Wir denken zwar, dass die Erde in einem Jahr um die Sonne reist, aber in Wirklichkeit sind es 365 Tage, 5 Stunden, 48 Minuten und 46 Sekunden. Wenn sich niemand um diesen exakten Vierteltag kümmern würde, wären wir mit unserem Sonnenkalender, der unsere Jahreszeiten festlegt, ganz schön aus dem Tritt. Dann wäre Weihnachten wirklich jedes Jahr früher.

Deshalb fügt man dem Kalender alle vier Jahre einen Tag hinzu und gibt dem Februar 29 Tage statt 28. Würden wir das nicht tun, wäre Weihnachten in wenigen Jahrhunderten mitten im Sommer.

Und damit nicht genug. Würden wir es bei den 365 Tagen pro Jahr belassen, hätten wir alle 128 Jahre einen ganzen Tag zusätzlich. Als Papst Gregor XIII. 1582 die Dinge in Ordnung brachte, waren wir schon 10 Tage voraus. Der neue Gregorianische Kalender übersprang nicht nur diese 10 Tage. Er vermeidet auch zukünftige kleinere Abweichungen, indem Schaltjahre in drei von vier Hunderterjahren ausgelassen werden. 1700, 1800 und 1900 waren keine Schaltjahre, 2000 war wieder eines.

Wie viel wiegt die Erde?

Nichts. Ernsthaft. Das Gewicht hängt von der Gravitation ab, und im All gibt es keine. Aber die Masse der Erde, die nicht von der Schwerkraft abhängt, liegt bei 6 Sextillionen metrischen Tonnen, das sind 6×10^{21} metrische Tonnen (6 000 000 000 000 000 000 000 metrische Tonnen).

Außerdem legt die Erde pro Jahr 40 000 metrische Tonnen an Gewicht zu. Das ist eine Folge der vielen Tonnen Staub und Mikrometeoriten, die jeden Tag in die Atmosphäre eindringen.

Kann man einmal durch die Erde graben?

Nein. Tut uns leid, aber so ist das nun mal. Sie können Ihren Spaten wieder zurück in den Schuppen stellen und Ihr Pausenbrot jetzt essen. Das werden Sie nie schaffen.

Das tiefste Loch, das jemals gegraben wurde, ist etwas über 12 Kilometer tief. Es heißt *Kola-SG 3* und wurde von Geophysikern im nördlichen Russland zwischen 1970 und 1989 gebohrt. Das ist in der Tat ein sehr tiefes Loch, aber die Entfernung zum Mittelpunkt der Erde beträgt gut 6500 Kilometer – sogar nach 19 Jahren Buddeln kratzt *Kola* gerade mal an der Oberfläche.

Wenn man die Tiefe von *Kola* mit der Dicke einer Seite in diesem Buch vergleicht, müssten Sie dementsprechend durch 11 Bücher durchgraben, um durchzukommen. (Kaufen Sie ruhig noch zehn weitere Ausgaben dieses Buchs, damit Sie es sich besser vorstellen können.)

Wie viele Monde hat die Erde?

Dass wir das Ding, das wir nachts am Himmel sehen können, »den Mond« nennen, so als gäbe es nur diesen einen, könnte sich als falsch herausstellen.

1986 wurde ein zweiter Mond entdeckt. Er hat nur einen Durchmesser von 3,3 Kilometern und ist, streng genommen, ein koorbitaler erdnaher Asteroid. Wie die Erde und der Mond braucht er ein Jahr, um die Sonne zu umkreisen, obwohl seine Bahn von der Erde aus gesehen deutlich verschoben (exzentrisch) ist und einem Hufeisen ähnelt. Auf seinem Orbit passiert er die Venus, geht fast bis zum Merkur, kehrt dann um und geht fast bis zum Mars, bevor er wieder umdreht. Er heißt *3753 Cruithne* (sprich: »Kru-iin-ja«), benannt nach dem keltischen Stamm, den man besser unter dem Namen Pikten kennt.

Er kommt der Erde nur 15 Millionen Kilometer nah, das

entspricht vierzig Mal der Entfernung, die der Mond zur Erde hat. Aber *Cruithne* teilt mit der Erde die Umlaufbahn um die Sonne. Es ist nicht das, was Sie oder wir einen Mond im Sinne von unserem Mond nennen würden, aber viele Astronomen tun es.

Im September 2002 gab es große Aufregung, als ein Amateurastronom aus Arizona ein kleines Objekt entdeckte, das auf einem perfekten 50-Tages-Orbit um die Erde kreiste. Alle dachten, es sei ein dritter Mond und nannten es *J002E2*. Dann wurde allerdings zu jedermanns Beschämung klar, dass es sich um die umherirrende dritte Stufe der *Apollo-12* handelte. Hoppla!

Manche behaupten, dass ein anschließend entdeckter erdnaher Asteroid, genannt *2002 AA 29*, ein dritter Mond sei. Dieser hat einen Durchmesser von nur 50 bis 110 Metern und kommt nur alle 95 Jahre an der Erde vorbei, zuletzt im Januar 2003. Das ist wohl eher ein Teilzeitmond oder ein Scheinsatellit.

Wahrscheinlich ist das Dichtern ganz recht so. Vielleicht fänden sie ja noch einen Reim auf Cruithne, aber mit *2002 AA 29* hätten sie es wirklich nicht leicht.

Ist der Mond aus Käse gemacht?

1546 schrieb der englische Dramatiker John Heywood zig »Sprichwörter« für die Nachwelt auf, darunter auch die Behauptung, dass der »Mond aus grünem Käse« sei.

Zum Glück für die, die viereinhalbmilliarden Jahre alten Käse nicht mögen, brachten die Astronauten auf ihrem Weg vom Mond zurück auf die Erde Steine mit und keinen Käse. Die Vorstellung hält sich aber immer noch.

Merkwürdigerweise hat Mondgestein nur ein Viertel der Dichte von Steinen, die wir auf der Erde haben. Ihre Dichte ist also viel näher an ... *Käse!* Wissenschaftler schickten

Schockwellen durch Mondgestein und diversen Erdenkäse, um Folgendes herauszufinden: Basalt 100 017 vom Mond hat eine seismische Geschwindigkeit von 1,84 km/sek, Vermont-Cheddar-Käse hat eine seismische Geschwindigkeit von 1,72 km/sek.

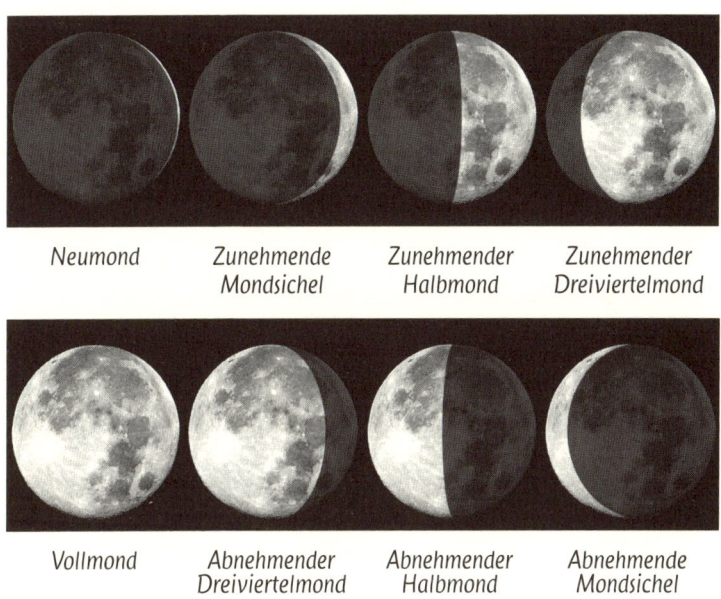

Neumond   Zunehmende Mondsichel   Zunehmender Halbmond   Zunehmender Dreiviertelmond

Vollmond   Abnehmender Dreiviertelmond   Abnehmender Halbmond   Abnehmende Mondsichel

Was sind die Mondphasen?
Das Ungewöhnliche am Mond ist, dass sich seine Rotations- und Orbitalgeschwindigkeit entsprechen. Deshalb zeigt er uns ständig dasselbe Gesicht. Der Mond dreht sich sowohl um seine Achse als auch um die Erde einmal alle 27,32166 Tage.

Gibt es einen Mann im Mond?
Wenn der Mond fast voll ist, sieht er ein bisschen aus wie das Gesicht eines Mannes, dessen Mund erstaunt offen steht.

Die Augen sind in Wirklichkeit zwei lunare »Meere«, Mare Imbrium und Mare Serenitatis, und der Mund ist Mare Nubium. Obwohl sie von alten Astronomen nach Meeren benannt wurden, handelt es sich in Wirklichkeit nur um große dunkle Ebenen aus Vulkangestein.

In der Antike war man sehr darauf aus, wiedererkennbare Umrisse am Himmel zu finden. Aber verschiedene Leute sahen verschiedene Sachen. Andere Kulturen zum Beispiel sahen überhaupt keinen Mann im Mond, sondern Sachen wie einen Hasen, einen Büffel, eine Frau oder sogar ein sich küssendes Paar.

12 echte Menschen standen bisher auf dem Mond. Neil Armstrong von der *Apollo 11* war am 20. Juli 1969 der erste und Gene Cernan von der *Apollo 17* der letzte am 14. Dezember 1972.

Kennen Sie den Unterschied?

Glatte, glitschige Haut

Rauhe, unebene Haut

Große Hinterbeine zum Springen

Kurze Hinterbeine zum Gehen (Kröten springen nicht)

Frosch

Kröte

Ein Höcker

Zwei Höcker

Dromedar

Kamel

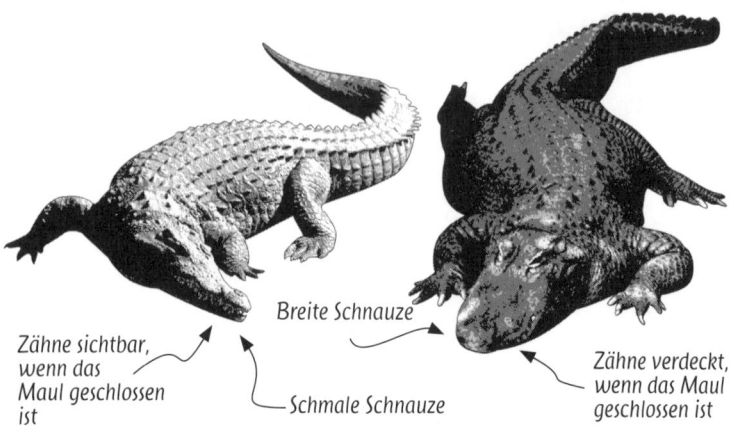

Breite Schnauze

Zähne sichtbar, wenn das Maul geschlossen ist

Schmale Schnauze

Zähne verdeckt, wenn das Maul geschlossen ist

Krokodil · Alligator

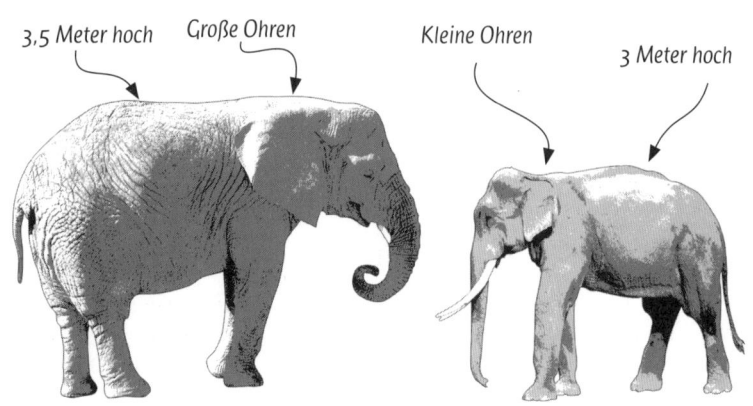

3,5 Meter hoch · Große Ohren · Kleine Ohren · 3 Meter hoch

Afrikanisch · Indisch

Flauschiger fliegender Teddybär, macht Honig und sticht nur, wenn es unbedingt nötig ist

Hinterhältiges Stechtier, das in seinem früheren Leben Steuerprüfer war

Biene · Wespe

Die stinknormale Geschichte der Erde

Obwohl die Erde schon 4,5 Milliarden Jahre alt ist, gibt es Menschen in einer halbwegs als solche erkennbaren Form erst seit höchstens 200 000 Jahren. Es ist verdammt schwer für ein Kind (oder sogar einen Erwachsenen) zu verstehen, wie verschwindend gering das im Vergleich ist. Es sei denn, Sie wickeln eine komplette Klopapierrolle ab.

Vermutlich werden Sie nicht genug Platz haben, um das Papier der Länge nach auszurollen. Das macht nichts. Gehen Sie in Räume rein und raus, Treppen rauf und runter. Lassen Sie Ihre Kinder entscheiden, wohin die Reise geht. Achten Sie darauf, dass wenigstens die letzten paar Meter gerade liegen. (Behalten Sie die leere Rolle für den »Loch in der Hand«-Trick, S. 25.)

Sehen Sie auf der Packung nach, wie viele Meter Papier auf einer Rolle sind (im Zweifelsfall messen Sie die Länge eines Blatts und multiplizieren Sie diese mit der Anzahl der Blätter einer Rolle – diese ist mit Sicherheit immer angegeben). Wenn Ihre Rolle 30 Meter lang ist, entsprechen 30 Zentimeter 1 Prozent der Geschichte der Erde (sollte Ihre Rolle kürzer oder länger sein, müssen Sie entsprechend angleichen, aber Sie beherrschen ja den Dreisatz). Machen Sie Markierungen, entweder direkt auf dem Papier oder indem Sie etwas anheften. Erklären Sie, dass der Anfang der Klorolle die Zeit ist, in der die Erde entstand, zusammen mit der Sonne und dem Rest unseres Sternensystems: vor 4,5 Milliarden Jahren.

Nehmen wir an, Ihr Schrittmaß beträgt einen Meter. Folgen Sie der Klorolle knapp sieben Schritte. Markieren Sie die Stelle und erklären Sie, dass hier, vor 3,5 Milliarden Jahren, Land anfing sich zu formen und die ersten sehr primitiven Lebensarten in den Ozeanen der Erde entstanden.

Sie müssen nun 20 Meter, oder Schritte, weitergehen, bis nur noch gute 3 Meter der Rolle übrig sind. Hier, vor 550 Mil-

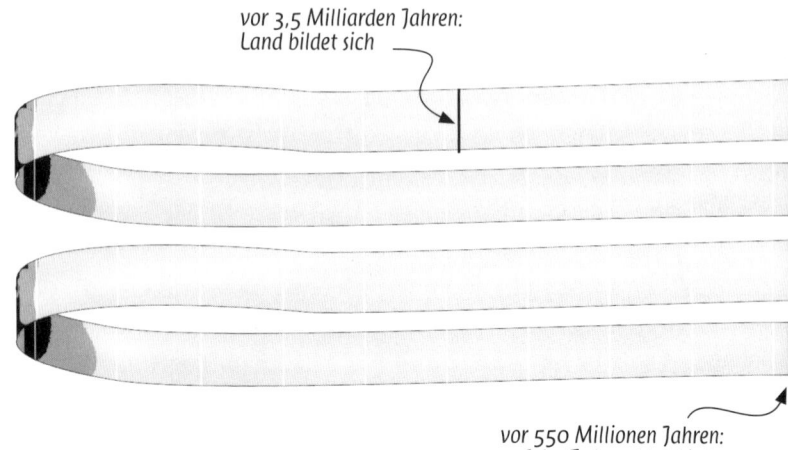

vor 3,5 Milliarden Jahren: Land bildet sich

vor 550 Millionen Jahren: auf der Erde entsteht Leben

lionen Jahren, fing Leben auf der Erde ernsthaft an, interessant zu werden: mit Pflanzenvielfalt und Tierarten. Die frühesten Fossilien, die je gefunden wurden, stammen aus der Zeit. Aber es gibt noch keine Anzeichen von Menschen.

Gehen Sie weiter bis ca. 1,60 Meter vor Schluss der Rolle. Markieren Sie hier den Punkt, wo vor 250 Millionen Jahren die ersten Dinosaurier auf der Erde auftauchten.

43 Zentimeter vor Ende zeigen Sie Ihren Kindern, dass vor 65 Millionen Jahren ein riesiger Asteroid 70 Prozent allen Lebens auf dem Planeten ausgelöscht hat, inklusive der Dinosaurier. (Wahrscheinlich, aber darüber streiten sich noch die Gelehrten.)

Die ersten zweibeinigen Hominidae, also als wir begannen, uns von unseren Affenvorfahren zu unterscheiden, gab es erst vor etwa 4 Millionen Jahren. Diese Markierung erscheint – Ihre Zuhörer werden erstaunt sein – erst 2,6 Zentimeter vor dem Ende der Klorolle.

Homo sapiens, die Spezies die wir nun Menschen nen-

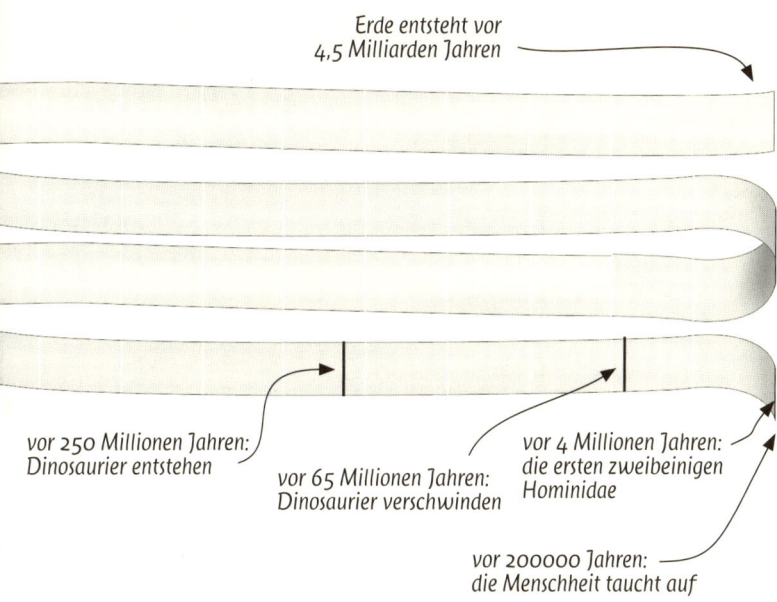

nen, gibt es seit 200 000 Jahren. Das ist 0,1 Zentimeter vor dem Ende, zu winzig, um es markieren zu können, außer mit einem Strich am alleräußersten Rand des allerletzten Blatts. Sie bräuchten ein Vergrößerungsglas, um den Beginn der Geschichtsaufzeichnungen vor 10 000 Jahren sehen zu können, und sogar ein unglaublich starkes Mikroskop könnte den Punkt nicht finden, an dem Sie oder Ihre Kinder geboren wurden.

Warum werden Finger in der Badewanne immer so schrumpelig?

Wenn Sie lange in der Badewanne oder im Schwimmbecken sind, werden Ihre Finger schrumpelig. Das geschieht, weil unsere Haut durch körpereigenen Talg geschützt und elastisch gehalten wird. Deshalb läuft das Wasser an uns herunter, wenn wir uns waschen oder in den Regen kommen.

Wenn Sie sehr lange im Wasser bleiben, wird der Talg

aber weggewaschen, und das Wasser kann in unsere Haut eindringen. Unsere Hände und Füße haben die dickste Haut und absorbieren das meiste Wasser, wovon sie schrumpelig werden, so wie die Seiten eines Buchs wellig werden, wenn sie ins Wasser gefallen sind. Überall sonst ist unsere Haut dünner und zu fest gespannt, als dass es einen Unterschied machen könnte.

Wie funktioniert ein Feuerwerk?

Es gibt zwei Möglichkeiten, wie man Feuerwerkskörper in die Luft bekommt. Eine Rakete hat eine Kammer mit Schießpulver, auch bekannt als Schwarzpulver. Wenn es brennt, entstehen heiße Gase, die durch ein schmales Loch entweichen und die Rakete in die Luft schießen lassen. Andere Feuerwerkskörper werden aus Mörserrohren geschossen, und die Ausstoßkraft der Explosion feuert die Rakete bis zu dreihundert Meter in die Luft.

Der Teil des Feuerwerkskörpers, wegen dem er hergestellt wurde, wird von einem zeitverzögerten Zünder kontrolliert und explodiert erst, wenn die Maximalhöhe erreicht ist. Chemische Granulate in der Rakete brennen in einer abgetrennten Kammer. Der Druck baut sich auf, bis der Feuerwerkskörper mit einem Knall explodiert und die sogenannten Sternchen entzündet und

FASZINIERENDE FAKTEN:
Viele Feuerwerkskörper werden immer noch von Hand gemacht – sehr vorsichtig. Sie sind so gefährlich, dass sogar schon ein festes Klopfen zur Detonation führen kann. Die Gefahr von Funken durch elektrostatische Aufladung ist so groß, dass Feuerwerkshersteller verpflichtet sind, Baumwollkleidung bis hin zur Unterwäsche zu tragen.

verstreut, die im Grunde wie bunte Wunderkerzen funktionieren.

Die Farbe der Sterne wird von dem benutzten Metall bestimmt. Bariumnitrat gibt einen grünen Effekt, Strontium ist rot, Natriumsulfat gelb, Magnesium und Aluminium weiß, Kohle ist orange und Kupfersulfat blau.

8. ZAHLENKRAM

ALLE KINDER LIEBEN ZAHLEN. Oh, na gut, alle *Jungs* lieben Zahlen. Seit der erste Höhlenjunge lernte, die Mammutknochen in seiner Ursuppe zu zählen, ist alles gezählt worden. Vergleichen, Katalogisieren und Nummerieren aller Dinge ist seit Jahrtausenden unser liebster Zeitvertreib.

Das kann für den unvorbereiteten Papa zum Problem werden. Was *ist* denn nun höher, die Freiheitsstatue oder die größte der Pyramiden? Wiegt Ihr Auto mehr als ein Elefant? Wie groß ist die Erde? Wie viele Haare haben Sie auf Ihrem Kopf?

Sogar in einem Buch dieser Größe (gesamte Seitenfläche: 0,925 Quadratmeter) können wir (zusammengefasste Größe der Autoren: 3,38 Meter) nicht davon ausgehen, dass alles drinsteht, wonach Ihr Kind Sie fragen wird. Aber hier sind immer noch genug Fakten, mit denen Sie eine Weile durchkommen, von der Entstehung des Universums (vor 14 Milliarden Jahren) bis zum Ende der Welt (23. Dezember 2012 laut dem alten Maya-Kalender).

Tiergeschwindigkeiten

Schnecke: 0,05 km/h   Papa: 6 km/h   Radfahrer: 16 km/h   Schnellster Sprinter: 37 km/h   Libelle: 58 km/h

Das ist ein typischer Radfahrer. Der schnellste Radfahrer aller Zeiten schaffte 268,8 km/h

Maschinengeschwindigkeiten

Erste Dampflok:	48 km/h (»The Rocket« von George Stephenson)
Schnellste Dampflok:	203 km/h (Mallard)
Schnellster Zug in Großbritannien:	335 km/h
Schnellster Zug in Deutschland:	300 km/h
Schnellster Serienwagen:	386 km/h (McLaren F1)
Schnellstes Motorboot:	511 km/h (Spirit of Australia, 1978)
Schnellster Zug:	518 km/h (französischer TGV)
Jumbo Jet:	909 km/h
Thrust SSC:	1228 km/h (Landgeschwindigkeitsrekord, 1997)
Concorde:	2150 km/h
Schnellstes Flugzeug:	3528 km/h (SR-71 Blackbird, 1976)
Raumschiff:	29 000 km/h
Schnellstes von Menschen hergestelltes Objekt:	247 517 km/h (Helios-2-Sonde, 1976)

Zahlenkram

Windhund: 72 km/h
Fächerfisch: 109 km/h
Gepard: 113 km/h
Wanderfalke: 349 km/h (im Sturzflug)

Durchschnittliche Lebenserwartung bei Tieren (in Jahren)

Bandwurm:	2
Maus:	3
Hase:	5
Känguru, Rotfuchs:	7
Eichhörnchen, Schwein, Giraffe:	10
Katze, Hund, Kamel:	12
Hummer, Löwe, Rhinozeros:	15
Eisbär, Gorilla, Pferd:	20
Bär:	25
Indischer Elefant:	40
Schwertwal, Stör:	50
Schildkröte:	100

FASZINIERENDE FAKTEN:

Der schnellste Mann der Welt ist nicht, wie Sie vielleicht denken, der 100-Meter-Sprinter, sondern der 200-Meter-Sprinter. Die Durchschnittsgeschwindigkeit des 100-Meter-Manns wird gedrückt durch die Zeit, die er braucht, um die Höchstgeschwindigkeit zu erreichen. Dieser Faktor ist bei einer 200-Meter-Strecke kleiner.

Größenverhältnisse

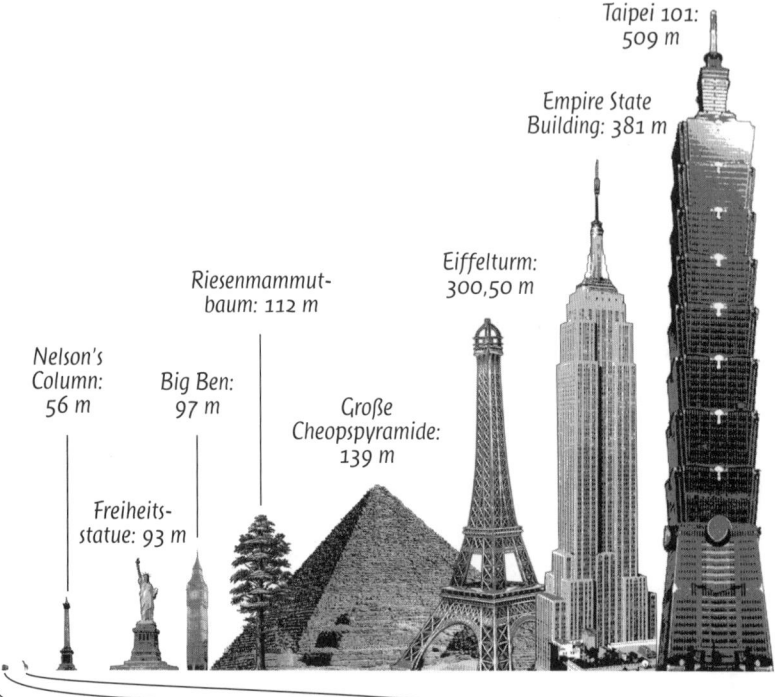

Durchschnittspapa: 1,80 m, Doppeldeckerbus: 4,40 m, Giraffe: 5,80 m

Wie groß ist das Universum?

Sehr, sehr, sehr, sehr, sehr, sehr groß.

Wenn die Sonne die Größe eines Basketballs hätte, läge der Durchmesser unseres Sonnensystems immer noch bei über eineinhalb Kilometern, und der nächste Stern wäre über 8000 Kilometer entfernt.

Astronomen zufolge soll man sich, um ein Gefühl dafür zu bekommen, wie viele Sterne es gibt, die komplette Anzahl von Sandkörnern aller Strände dieser Welt vorstellen. Haben Sie's? Gut, und für jedes einzelne Sandkorn soll es eine Million Sterne geben.

Wir haben 400 Milliarden Sterne in unserer eigenen Ga-

Zahlenkram

laxie, der Milchstraße, und das Hubble-Weltraumteleskop hat gezeigt, dass es mehr als 200 Milliarden Galaxien im Universum gibt. Wenn die Milchstraße eine durchschnittliche Galaxie ist, bedeutet das, dass es 80 000 Milliarden Milliarden Sterne im Universum geben muss.

Wir haben gleich gesagt, es ist groß.

Die Erde

Der dritte Planet im Sonnensystem ist die Erde. Sie ist 4,5 Milliarden Jahre alt. So wie der Rest unseres Sonnensystems. Verglichen mit dem Universum ist das vermutlich jung. Aktuelle Schätzungen liegen hier bei fast 14 Milliarden Jahren. Die Erde reist durch das All mit 108 000 km/h, während sie die Sonne einmal im Jahr umkreist.

Die Erde dreht sich einmal in 23 Stunden, 56 Minuten und 4,1 Sekunden um ihre eigene Achse. Es dauert noch mal fast vier Minuten, bis Mittag wieder Mittag wird. Das liegt daran, dass die Erde an einem Tag 2,6 Millionen Kilometer auf ihrem jährlichen 940 Millionen Kilometer betragenden elliptischen Orbit um die Sonne zurückgelegt hat, sodass sie sich jeden Tag ein wenig mehr als 360 Grad drehen muss, bevor der selbe Punkt von der Sonne beschienen wird.

Der Radius der Erde beträgt am Äquator über 6300 Kilometer, und ihr Umfang liegt bei 40 074 Kilometern. Wenn Sie mit einer Durchschnittsgeschwindigkeit von 16 Kilometern am Tag um die Erde laufen könnten, würden Sie fast sieben Jahre brauchen, um wieder am selben Ort anzukommen.

Stellen Sie sich eine Menschenkette am Äquator vor. Jeder hat die Arme ausgestreckt und hält den nächsten an der Hand. Die Spannweite der Arme beträgt 1,5 Meter. Sie bräuchten 26 Millionen Menschen für diese Kette. Die aktuelle Bevölkerung von 6,5 Milliarden Menschen könnte eine solche Kette 250 Mal um die Erde bilden. Jeden Tag werden 200 000 Menschen mehr geboren als sterben. Bis 2050 könnte die Kette 350 Mal um die Erde reichen.

Wenn man die Erde in zwei Hälften schneiden würde, sähe sie aus wie ein etwas seltsames, hartgekochtes Ei. Die Erdkruste (Eierschale) ist mit nur 40 Kilometern sehr dünn. Der Erdmantel (das Eiweiß) ist 2900 Kilometer dick. Innen befindet sich der Erdkern (das Eigelb).

Es gibt keine Möglichkeit, zum Mittelpunkt der Erde zu reisen. Das tiefste Loch, das Geologen je gebohrt haben, ist gute 12 Kilometer tief, was nicht einmal der Hälfte des Erdmantels entspricht. Man nimmt an, dass der Erdkern in der Hauptsache aus Eisen besteht. Er ist mit über 6700 Grad Celsius unglaublich heiß. Der äußere Kern besteht aus einer Nickel-Eisen-Legierung.

Die Sonne

Die Sonne ist über 150 Millionen Kilometer entfernt. Wenn Sie mit einer Durchschnittsgeschwindigkeit von 110 km/h mit dem Auto zur Sonne fahren könnten, würden Sie 150 Jahre brauchen, um anzukommen. Sie hat einen Durchmesser von 1,4 Millionen Kilometer, das ist 109 Mal der Durchmesser der Erde, der ca. 12 700 Kilometer misst. Eine Millionen Erden passen in die Sonne.

Die Sonne ist ein Gasball, drei viertel Wasserstoff und ein viertel Helium, mit einer Kerntemperatur von über 15 Millionen Grad Celsius. Die Temperatur an der Oberfläche beträgt über 5000 Grad Celsius.

Wie alle Sterne ist die Sonne ein riesiges Atomkraftwerk, indem sie jede Sekunde 600 Millionen Tonnen Wasserstoff durch Kernfusion in Helium verwandelt und die Energie in Form von Wärme und Licht freilässt.

Die Sonne hat bereits die Hälfte ihrer Lebensration Was-

Zahlenkram 161

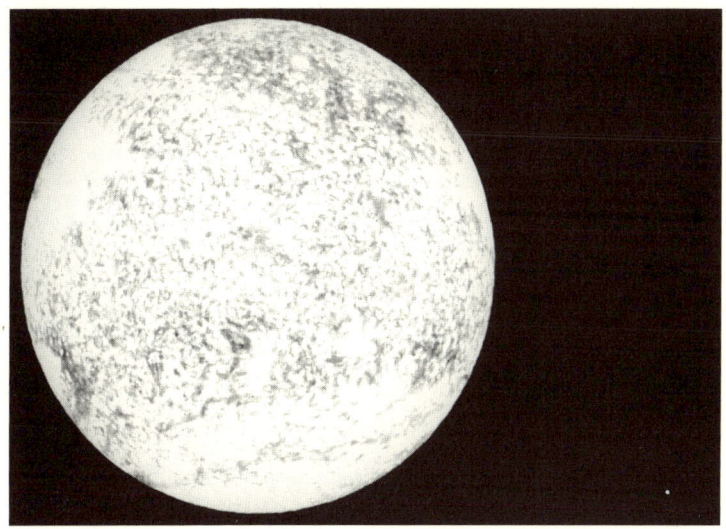

Relative Größe der Erde (rechts) zur Sonne. Wenn die Sonne die hier gezeigte Größe hätte, wäre die Erde 58 Seiten entfernt.

serstoff verbraucht. In gut fünf Milliarden Jahren wird sie keinen Treibstoff mehr haben und zu einem instabilen Roten Riesen werden, sich ausweiten und alles Leben auf der Erde auslöschen.

Zahlen und Fakten über den Mond

Der Mond hat einen Durchmesser von 3475 Kilometern im Vergleich zu den ca. 12 700 Kilometern der Erde. Der Abstand vom Mond zur Erde variiert zwischen 356 400 Kilometern und 406 700 Kilometern. Der Durchschnittsabstand von 381 550 Kilometern ist grob das Dreißigfache des Erddurchmessers.

Wir haben Vollmond, wenn die Seite des Mondes, die von der Sonne beschienen wird, direkt zur Erde zeigt. Die Zeit zwischen den Vollmonden beträgt 29,53 Tage. Während der 27,32 Tage, die der Mond braucht, um uns zu umkreisen, hat

Relative Größe des Monds (rechts) zur Erde (links). Wenn die Erde die hier dargestellte Größe hätte, wäre der Mond 15 Seiten entfernt.

sich die Erde in Relation zur Sonne bewegt. Es dauert zwei Tage, bis der Mond dieselbe relative Position zur Erde aufgeholt hat. Die Zeit zwischen den Neumonden – wenn wir den Mond in der Nacht gar nicht sehen können – ist dieselbe. Sie tritt auf, wenn der Mond zwischen der Sonne und der Erde steht und die Sonne die Seite bescheint, die wir nicht sehen können.

Der Mond hat keine Luft und auch keine Atmosphäre, also gibt es keinen Regen oder irgendein Wetter. Die Temperatur unterliegt riesigen Schwankungen, von 100 Grad Celsius (Kochtemperatur) bis minus 147 Grad Celsius.

Die Anziehungskraft des Mondes beträgt nur ein Sechstel der Anziehungskraft der Erde. Der Mond rückt jedes Jahr knapp vier Zentimeter von der Erde weg.

Gewichtsverhältnisse

Der Durchschnitt ist vor allem eins: durchschnittlich. Sie wiegen vielleicht mehr oder weniger als ein Durchschnittspapa. Und der Durchschnittswagen ist ein Opel Astra, wenn Sie's genau wissen wollen.

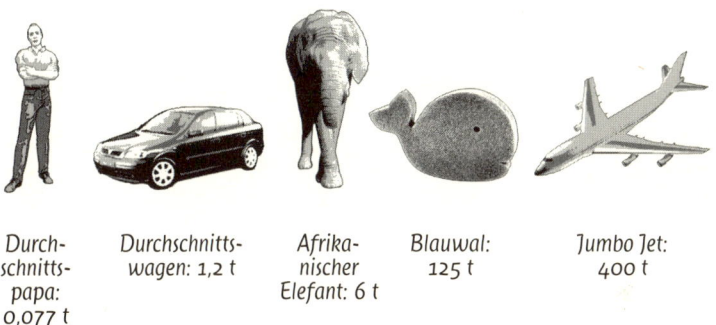

Durchschnittspapa: 0,077 t   Durchschnittswagen: 1,2 t   Afrikanischer Elefant: 6 t   Blauwal: 125 t   Jumbo Jet: 400 t

Nicht berücksichtigt haben wir das weltgrößte Fortbewegungsmittel – das Frachtschiff *Jahre Viking*, das erstaunliche 555 000 Tonnen wiegt.

Verrücktes Zahlenwissen

- Immer, wenn in einem US-Film oder einer US-Serie eine fiktive Nummer genannt wird, beginnt sie mit 555.
- Würde man alle Legosteine auf dieser Welt gerecht verteilen, würde jeder von uns 30 Steine bekommen.
- Es gibt 170 000 000 000 000 000 000 000 000 verschiedene Möglichkeiten, die ersten 10 Schachzüge zu spielen.
- Der Hundertjährige Krieg dauerte 116 Jahre. (Der kürzeste Krieg fand 1896 zwischen Großbritannien und Sansibar statt und dauerte 38 Minuten.)
- In den meisten Hochhäusern gibt es kein 13. Stockwerk, in Hotels oft kein Zimmer mit der Nummer 13, manche

Flugzeuge lassen den Sitz Nummer 13 aus, weil die Zahl als Unglückszahl gilt. Aber in Italien und einigen anderen Ländern ist sie eine Glückszahl.
- Keltische Schafhirten zählten ihre Schafe so: Yan, tan, Tethera, pethera, pimp, sethera, lethera, hovera, dovera, dic, yan-a-dic, tan-a-dic, tethera-dic. Nach jedem 13. Schaf (diese Zahl wurde genommen, um die Götter zu verwirren) machten sie eine Markierung auf einen Stock und fingen wieder von vorne an. Eine tolle Möglichkeit, Kinder zu zählen, die man versucht zu hüten.
- 111 111 111 x 111 111 111 = 12 345 678 987 654 321

Wie man mit den Fingern bis 1023 zählt

Wie weit können Sie mit den Fingern Ihrer beiden Hände zählen? Zehn? Das ist nicht sehr praktisch, wenn Sie weiße Autos, die Sie auf der Autobahn überholen, oder die Pommes einer durchschnittlichen McDonald's-Portion zusammenzählen wollen.

Es gibt eine bessere Möglichkeit. Es zeigt sich, dass der menschliche Körper einen Digitalrechner als Zubehör hat.

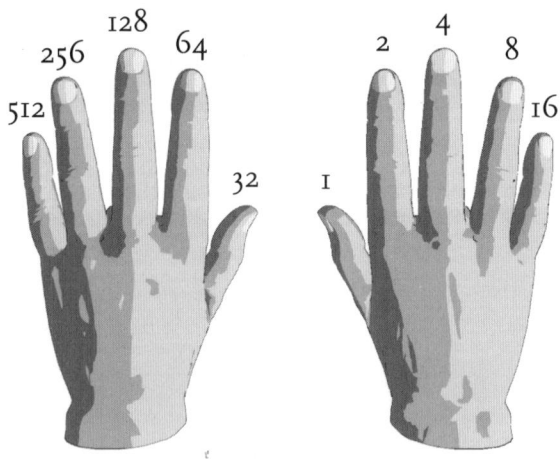

Zahlenkram 165

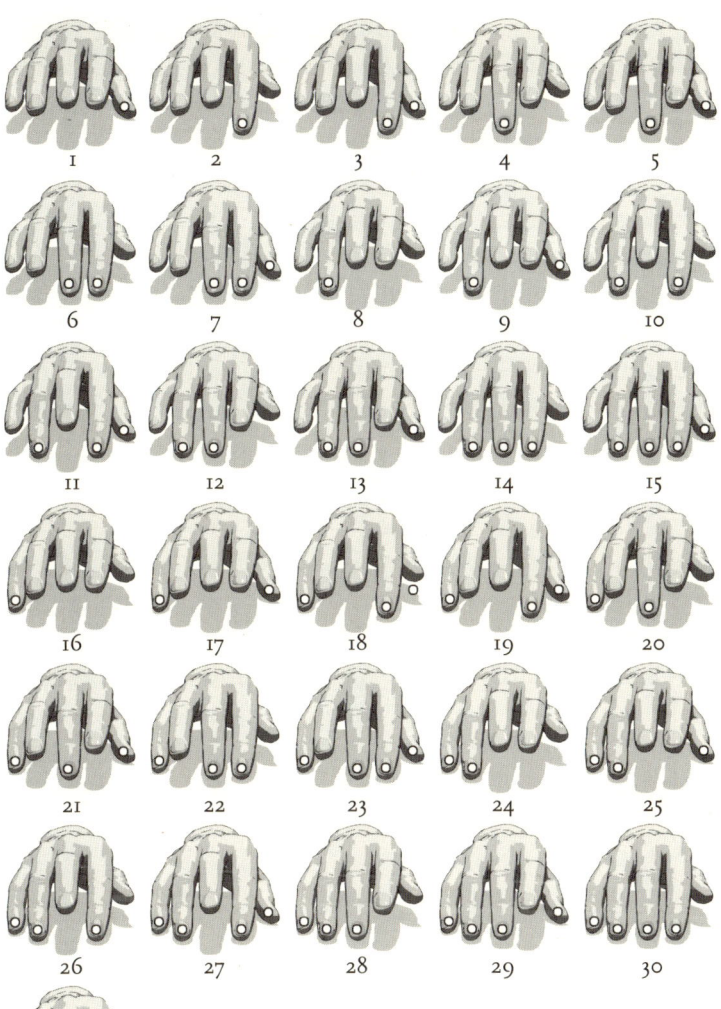

Das sind die Bewegungen für die rechte Hand: Spiegeln Sie sie mit der linken Hand für die restlichen Zahlen

Ihre Finger sind, das wird Sie überraschen, durchnummeriert, und zwar ausgehend von 1 wird jeder Finger mit 2 multipliziert, um den Wert des nächsten zu erhalten. Daraus ergibt sich an der rechten Hand: Daumen 1, Zeigefinger 2, Mittelfinger 4, Ringfinger 8, kleiner Finger 16. An Ihrer linken Hand, beim Daumen angefangen, sind die Nummern 32, 64, 128, 256 und 512. Wenn Sie Schwierigkeiten haben, sich die Zahlen zu merken, lassen Sie sie sich von Ihren Kindern auf die Finger schreiben.

Legen Sie Ihre Hände, Innenflächen nach unten, auf den Tisch. Berühren Sie ihn mit dem Daumen: das ist 1. Nehmen Sie den Daumen wieder hoch und tippen Sie mit dem Zeigefinger auf den Tisch: 2. Nun mit Daumen und Zeigefinger, das macht 1 + 2 = 3. Die Illustration auf der nächsten Seite zeigt Ihnen die Zahlen von 1 bis 31. Wenn Sie Ihre linke Hand dazunehmen, können Sie bis zu 1023 zählen (es ist eine weniger als 1024, das Ergebnis von 2^{10}). Man muss ein bisschen üben, aber bald hat man es verinnerlicht. Übrigens hilft das Üben der Fingersequenzen ganz toll, wenn Sie Schlafprobleme haben. Zählen Sie nicht wirklich. Machen Sie nur die Bewegungen.

Wenn Sie mit dem Fingertippen fertig sind, zählen Sie den Wert der Finger zusammen, die Sie unten halten, um auf die Gesamtsumme zu kommen. Wenn Sie mit Ihren Zehen ähnlich geschickt sind, können Sie irgendwann bis 1 048 575 zählen ...

Was ist die größte Zahl von allen?

Es ist schwer, sich auch nur eine Million von irgendwas vorzustellen*. Eine Million Eurostücke auf einem Stapel zum Beispiel wären 2,33 Kilometer hoch. Eine Million Sekunden sind ungefähr 11,5 Tage. Wenn Sie also im Sekundentakt von null hochzählen würden, wären Sie erst nach 12 Tagen bei einer Million.

Zahlenkram

Im selben Tempo würde es 32 Jahre dauern, um bis zu einer Milliarde zu zählen. Eine Milliarde sind 1000 Millionen und hat neun Nullen.

Eine Billion entspricht 1000 Milliarden, also eine 1 mit 12 Nullen. Sie können immer so weitergehen, wenn Sie das wollen – sehen Sie dazu S. 169. Aber das ist ein bisschen unhandlich, deshalb bevorzugen Wissenschaftler und Mathematiker Hochzahlen.

In den 1940ern fragte der Mathematiker Edward Kasner seinen neunjährigen Neffen, wie er denn eine 1 mit 100 Nullen nennen soll. Der Junge sagte »Googol«, und der Name ist bis heute geblieben. Es ist eine große Zahl, größer sogar als die Anzahl der Atome im gesamten Universum. Sie ist so groß, dass ihr Name leicht abgewandelt von der populärsten Internetsuchmaschine übernommen wurde.

Noch größer sogar ist der Googolplex: 1 gefolgt von einer Googol Nullen, eine Zahl, die so wahnsinnig riesig ist, dass man Sie nicht einmal ganz aufschreiben kann. (Einer der vielen Running Gags bei den Simpsons ist, dass die Familie in ein Multiplexkino namens Googolplex geht. Noch etwas, womit Sie Ihre Kinder nerven können, wenn sie gerade Fernsehen schauen.) Ein Googolplex hat mehr *Ziffern*, als es Atome im Universum gibt. Es ist wahr, dass Mathematiker mit noch größeren Zahlen herumgespielt haben. Aber das ist Angeberei.

Man weiß nicht so genau bei alledem, an welcher Stelle eine Zillion kommt. Größer als eine Trillion, das ist klar, aber nicht so groß wie eine Gazillion, die ja selbst nur ein Bruchteil einer Squillion sein kann.

*Aber wir können es ja trotzdem mal versuchen. Die nächste Seite hat 5102 Punkte. Wenn jede Seite dieses Buchs so gedruckt wäre, hätte das Buch eine Million 469.376 Punkte. Aber unser Verleger bestand auf Wörtern.

Schauen Sie für eine Minute auf die Seite mit den Punkten. Können Sie darin ein Gesicht sehen?
Nein?
Wir auch nicht.

Zahlenkram

Wie lang ist ein Stück Schnur?

Fragen Sie doch nicht so einen Quatsch!

Namen von Zahlen

Wie viele Nullen sind in einer Milliarde? Warum reden wir von Kilogramm, aber Millimetern? Warum sind keine 1000 Bytes in einem Kilobyte? All das kann enthüllt werden ...

Name	Präfix	Symbol	Potenz	Zahl
Quadrillion	Yotta	Y	10^{24}	1 000 000 000 000 000 000 000 000
Trilliarde	Zetta	Z	10^{21}	1 000 000 000 000 000 000 000
Trillion	Exa	E	10^{18}	1 000 000 000 000 000 000
Billiarde	Peta	P	10^{15}	1 000 000 000 000 000
Billion	Tera	T	10^{12}	1 000 000 000 000
Milliarde	Giga	G	10^{9}	1 000 000 000
Million	Mega	M	10^{6}	1 000 000
Tausend	Kilo	k	10^{3}	1 000
Hundert	Hekto	h	10^{2}	100
Zehn	Deka	da	10^{1}	10
Eins			10^{0}	1
Zehntel	Dezi	d	10^{-1}	0,1
Hundertstel	Zenti	c	10^{-2}	0,01
Tausendstel	Milli	m	10^{-3}	0,001
Millionstel	Mikro	µ	10^{-6}	0,000 001
Milliardstel	Nano	n	10^{-9}	0,000 000 001
Billionstel	Piko	p	10^{-12}	0,000 000 000 001
Billiardstel	Femto	f	10^{-15}	0,000 000 000 000 001
Trillionstel	Atto	a	10^{-18}	0,000 000 000 000 000 001
Langsam wird's	Zepto	z	10^{-21}	0,000 000 000 000 000 000 001
Richtig albern	Yokto	y	10^{-24}	0,000 000 000 000 000 000 000 001

Auch wenn Computer dieselben Präfixe benutzen – kilo, mega, giga, tera –, sind die Zahlen nicht genau dieselben. Computer benutzen Zweierpotenzen mit Hochzahlen in Zehnerschritten statt Zehnerpotenzen: und 2^{10} ist 1024 und nicht 1000.

1998 beschloss die International Electrotechnical Commission, die Präfixe in kibi, mebi, gibi und tibi umzubenennen, für »kilobinär«, »megabinär« und so weiter. Ja, genau. Das macht es dann *ganz* bestimmt besser.

Kilobyte	2^{10}	1 024
Megabyte	2^{20}	1 048 576
Gigabyte	2^{30}	1 073 741 824
Terabyte	2^{40}	1 099 511 627 776

Bits und Bytes

Computerspeicherplatz wird in Kb gemessen (manchmal schreibt man es nur als K) – kurz für Kilobytes. Was, wie wir nun wissen, 1024 Bytes sind. Warum also ist das 56-K-Modem dann so langsam?

Weil das K in »56K« verwirrenderweise für Kilo*bits* pro Sekunde steht, nicht für Kilo*bytes*. Ein »Bit« ist eine einzelne binäre Information: eine 1 oder eine 0. Es sind acht Bits in einem Byte, deshalb überträgt ein 56-K-Modem, das 56 Kilobits pro Sekunde schnell ist, nur 7 Kilo*bytes* pro Sekunde.

Aber der Betrug hört hier noch nicht auf. Für alle 8 Bits, die ein Modem durch die Telefonleitung schleppt, setzt es automatisch noch zwei zusätzliche Bits als »Rahmen«, eins am Anfang, eins am Ende. Oder anders gesagt, für jedes Datenbyte muss das Modem 10 Bits insgesamt schicken. Also liefert ein 56-K-Modem eigentlich nur armselige 5,6 Kilobytes pro Sekunde. Sie sollten sich wirklich Breitband zulegen!

Zahlenkram

Römische Zahlen

Bevor die westliche Welt die arabischen Zahlen, die wir heute benutzen, übernahm, hatten die Römer ein System aus Buchstaben, die für Zahlen standen:

I = 1   V = 5   X = 10   L = 50   C = 100   D = 500   M = 1000

Es ist schwer genug, damit Daten zu schreiben – das Jahr 1897 zum Beispiel wäre MDCCCXCVII – aber es ist fast unmöglich, damit zu rechnen. Versuchen Sie mal, LXXV mit VIII im Kopf zu multiplizieren, und sehen Sie, wie lange es dauert, besonders im Vergleich zu 75 x 8.

Wenn man die ersten sechs römischen Ziffern zusammenzählt, DCLXVI, erhält man 666, eine Zahl, die in der Bibel die Zahl des Tieres oder des Antichristen genannt wird. Unheimlich? Oder nur ein Zufall?

Die Zahl 4 wird immer IV geschrieben, außer auf den Zifferblättern von Uhren, wo sie fast immer als IIII steht. Es ist ein Überbleibsel aus dem mittelalterlichen Latein. Das älteste erhaltene Ziffernblatt ist das der Wells Cathedral von 1392. Es zeigt vier Uhr auf diese Weise an.

Eine der wenigen Ausnahmen ist das Ziffernblatt des Palace of Westminster, oder besser bekannt als Big Ben, das die Ziffer vier als IV zeigt.

Zahlen und Fakten über die Welt

GRÖSSTE WELLE:
Eine 524 Meter hohe Welle rollte 1958 über die Lituya Bay in Alaska.

AM REICHSTEN:
Die USA haben 341 Milliardäre, die aber nicht alle für Microsoft arbeiten.

HÖCHSTER WASSERFALL:
Das Wasser am Angel Falls in Venezuela fällt 1000 Meter tief.

AM HÖCHSTEN (1):
Der Mount Mauna Loa auf Hawaii ragt 4170 Meter über den Meeresspiegel, geht aber noch mal fast 6 Kilometer bis auf den Meeresboden hinunter.

AM NASSESTEN:
Der Mount Maialeale auf Hawaii hat eine Niederschlagsmenge pro Jahr von 12 Metern.

AM TROCKENSTEN:
Die pazifische Küste von Chile, zwischen Antofagasta und Arica, hat nur einen Niederschlag von 0,01 Zentimetern pro Jahr. In der Wüste von Atacama hat es seit 400 Jahren nicht mehr geregnet.

GRÖSSTER FLUSS:
Aus dem Amazonas fließen 1,3 Millionen Kubikmeter *pro Sekunde* in den Atlantischen Ozean.

Zahlenkram

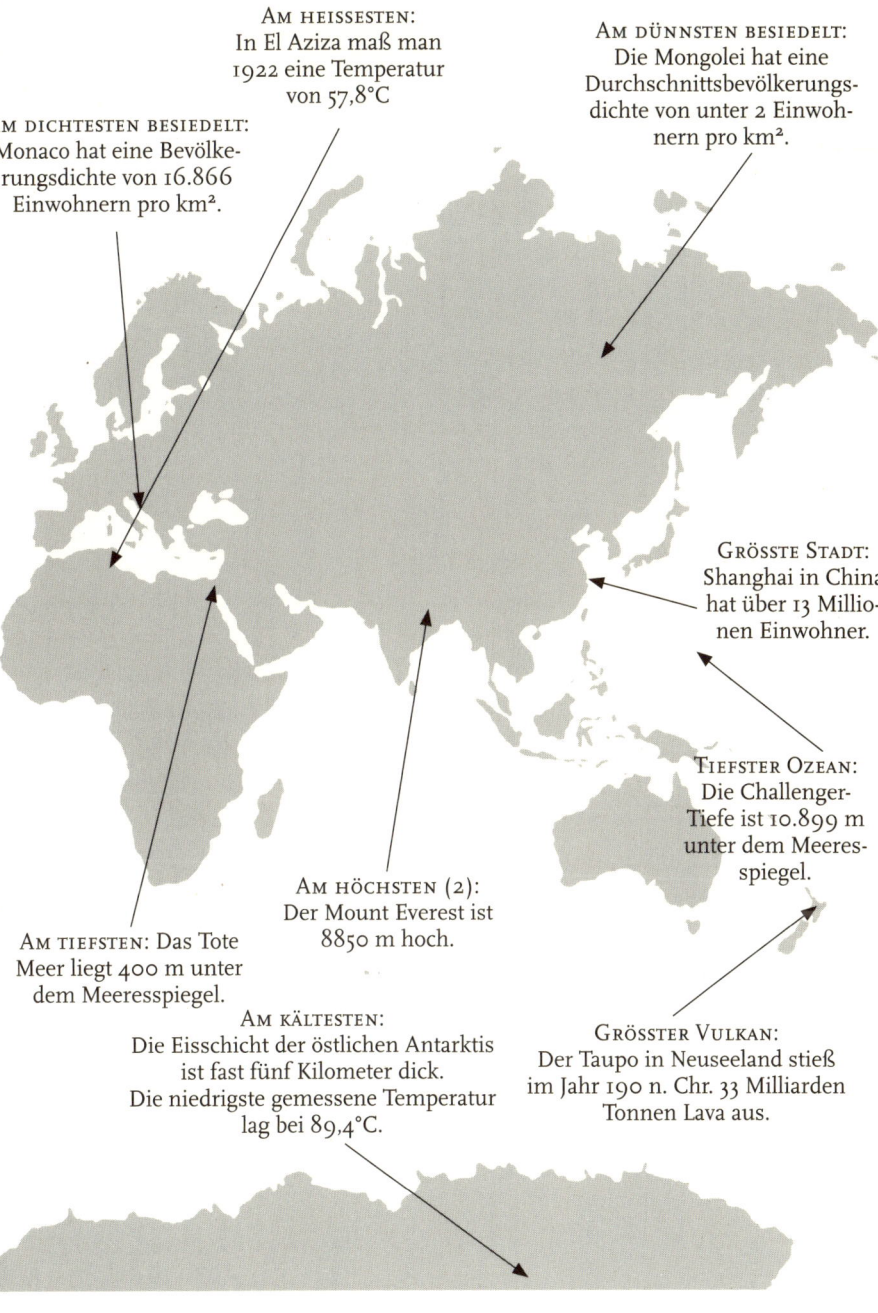

Am dichtesten besiedelt: Monaco hat eine Bevölkerungsdichte von 16.866 Einwohnern pro km².

Am heissesten: In El Aziza maß man 1922 eine Temperatur von 57,8°C.

Am dünnsten besiedelt: Die Mongolei hat eine Durchschnittsbevölkerungsdichte von unter 2 Einwohnern pro km².

Grösste Stadt: Shanghai in China hat über 13 Millionen Einwohner.

Tiefster Ozean: Die Challenger-Tiefe ist 10.899 m unter dem Meeresspiegel.

Am tiefsten: Das Tote Meer liegt 400 m unter dem Meeresspiegel.

Am höchsten (2): Der Mount Everest ist 8850 m hoch.

Am kältesten: Die Eisschicht der östlichen Antarktis ist fast fünf Kilometer dick. Die niedrigste gemessene Temperatur lag bei 89,4°C.

Grösster Vulkan: Der Taupo in Neuseeland stieß im Jahr 190 n. Chr. 33 Milliarden Tonnen Lava aus.

Lichtgeschwindigkeit

Licht saust mit 299 800 km/s herum. Das sind über eine Milliarde Kilometer in der Stunde, und damit ist Licht eine Million mal schneller als die Schallgeschwindigkeit. In der Zeit, die ein Ball braucht, um aus zwei Metern Höhe auf den Boden zu fallen, könnte Licht fünfmal um die Erde reisen.

Wenn es nicht durch Glasfaserkabel geleitet wird, reist Licht in geraden Linien. Durch die hohe Geschwindigkeit könnte man meinen, Licht treffe sofort auf etwas, aber das stimmt nicht. Licht braucht 1,28 Sekunden vom Mond und acht Minuten von der Sonne, die immerhin über 150 Millionen Kilometer entfernt ist.

Der Stern, der unserem Sonnensystem am nächsten ist, Proxima Centauri, liegt 40 Billionen Kilometer entfernt. Da Licht im Jahr 9,5 Billiarden Kilometer zurücklegt, braucht das Licht dieses Sterns 4,2 Jahre, um bei uns anzukommen (das macht 4,2 Lichtjahre). Wenn wir uns Sterne ansehen, schauen wir in die Vergangenheit. Wir sind 30 000 Lichtjahre vom Zentrum unserer Galaxie entfernt, und die nächste Galaxie, Andromedar, ist 2,2 Millionen Lichtjahre entfernt.

Das entfernteste Objekt, das Astronomen je sahen, war ungefähr 13 Milliarden Lichtjahre entfernt. Das bedeutet, dass das Licht, das wir jetzt sehen, vor 13 Milliarden Jahren auf Reisen gegangen ist, nur 700 Millionen Jahre, nachdem das Universum geboren wurde.

Kann man die Lichtgeschwindigkeit bestimmen?

Ja, man kann es machen. Mit keiner exotischeren Ausstattung als einer Mikrowelle und einem Teller geriebenen Käse. Mikrowellen, genau wie Radiowellen, haben Lichtgeschwindigkeit.

Nehmen Sie die Drehscheibe aus der Mikrowelle, verteilen Sie den Käse gleichmäßig darauf und erhitzen Sie ihn

20 Sekunden lang (bis er anfängt zu schmelzen). Sie werden ein paar heiße Stellen mit geschmolzenem Käse zwischen dem rohen Zeug sehen: Messen Sie die Entfernung in Zentimetern. Sie werden vorwiegend einen Abstand zwischen 6 und 12 Zentimetern finden, je nach Modell. Dieser Abstand korrespondiert mit  der Hälfte der Wellenlänge der Mikrowelle. Multiplizieren Sie die ganze Wellenlänge mit der Häufigkeit, die diese Entfernung in einer Sekunde zurücklegt auch Frequenz genannt, und heraus kommt die Lichtgeschwindigkeit.

Aber wie ermitteln Sie die Frequenz? Zum Glück geben uns die Mikrowellenhersteller diese Information. Drehen Sie die Mikrowelle um und sehen Sie auf der Rückseite nach. Sie werden einen Aufkleber finden, auf dem die Frequenz der Mikrowelle üblicherweise mit um die 2450 MHz angegeben ist.

Alles, was Sie jetzt noch tun müssen, ist, die Distanz (in Metern, also teilen Sie Ihre Zentimeter durch 100) mit der Wellenlänge zu multiplizieren, und dann haben Sie die Lichtgeschwindigkeit.

Unsere Mikrowelle hatte eine durchschnittliche Entfernung von 6 Zentimetern, was eine Wellenlänge von 12 Zentimetern bedeutet (0,12 Meter). Multiplizieren Sie das mit 2450 MHz, und Sie erhalten 294. Das »M« in MHt steht für Million (siehe auch S. 169): Die Lichtgeschwindigkeit beträgt hier 294 000 000 Meter pro Sekunde.

Genaugenommen ist die echte Lichtgeschwindigkeit bei 299 800 000 Metern pro Sekunde, also ist unsere Rechnung ziemlich nah dran!

Wie schnell ist eine Rakete?

Auch wenn Licht über eine Milliarde Kilometer pro Stunde schnell ist, unsere chemisch angetriebenen Raumfähren sind da irgendwie langsamer. Das Raumschiff der NASA umkreist die Erde mit gerade mal 29 000 Kilometern pro Stunde. Die *Voyager*-Raumsonde, die 1977 gestartet wurde, war der erste menschengemachte Raumflugkörper, der das Sonnensystem verlassen hat, und er ist da draußen immer noch mit einer Geschwindigkeit von 61 000 km/h unterwegs. Bei dieser Geschwindigkeit braucht die Sonde 76 000 Jahre, um den nächsten Stern, Proxima Centauri, zu erreichen, und 500 Millionen Jahre, um bis zum Zentrum unserer Galaxie zu kommen.

Sind wir bald da?

Wissenschaftler sagen uns, dass es egal ist, wie schnell Raumfähren sind, sie werden nie schneller sein als Lichtgeschwindigkeit. »Warp«-Antrieb und interstellare Reisen sind und bleiben deshalb wohl, zumindest für einige Zeit, nichts weiter als Science Fiction.

Aber Science Fiction ist schon öfter Wirklichkeit geworden, wie beispielsweise der solarbetriebene Ionenmotor, der die experimentelle Sonde *Deep Space One* antrieb. Er stieß Hochgeschwindigkeitspartikel aus, mit denen er nur auf 25 km/h beschleunigen konnte, da der Schub des Motors nicht stärker war, als sich ein Stück Papier auf Ihrer Hand anfühlt. Aber dieser Schub – zehnmal so effizient wie herkömmliche Raketen – war konstant und brachte *Deep Space One* schließlich auf eine Geschwindigkeit von 56 000 km/h. All das von einem Antriebssystem ganz ähnlich dem Austausch von Elektronen, die Ihnen einen Schlag versetzen,

Zahlenkram

wenn Sie Metall anfassen, nachdem Sie über einen dicken Teppich gelaufen sind (siehe S. 20).

Menschliche Fakten: Haare ...

Man nimmt an, dass es im Durchschnitt über 100 000 Haare auf dem menschlichen Kopf gibt, die im Jahr 15 Zentimeter wachsen.

Ein deutscher Wissenschaftler machte sich einmal die Arbeit, die Haare auf den Köpfen einiger Frauen zu zählen (jedenfalls war das seine Ausrede zu der Zeit). Er fand heraus, dass blonde Frauen mehr Haare (140 000) haben als braunhaarige (108 000) oder rothaarige (90 000).

Tragischerweise müssen einige Papas feststellen, dass die Zahl Ihrer Haare auf dem Kopf mit den Jahren zurückgeht. Ob Haarverlust in direktem Zusammenhang mit Elternschaft steht, muss noch wissenschaftlich überprüft werden.

... Knochen ...

Man fängt mit 300 Knochen an. Diese wachsen aber teilweise zusammen, während Sie wachsen. Ein Erwachsener hat 206 Knochen, mehr als die Hälfte davon in den Händen und Füßen. Seltsamerweise haben Menschen und Giraffen dieselbe Anzahl an Knochen in ihrem Hals. Der der Giraffe ist nur ein bisschen länger.

... Niesen ...

Ein Nieser hat eine Geschwindigkeit von gut 160 km/h und ist damit schneller als ein Hurrikan. Es ist außerdem unmöglich, mit offenen Augen zu niesen.

... Blut ...

Ihr Herz schlägt im Schnitt 40 Millionen Mal im Jahr. Wenn Sie 70 Jahre leben, schlägt es fast 3 Milliarden Mal. Jeden Tag pumpt es 9000 Liter Blut durch den Körper.

Wenn alle Blutgefäße im Körper in einer Linie miteinander verbunden wären, ergäbe dies eine Länge von 160 000 Kilometern bei Erwachsenen, 95 000 bei Kindern. Das reicht viermal um die Erde.

... und Innereien

Würde man den Dünndarm aus dem Körper entfernen, könnte man ihn auf einer Länge von fast 7 Metern ausbreiten.

9. RÄTSEL, TRICKS UND WITZE

WENN SIE IHREN KINDERN RÄTSEL AUFGEBEN, ist das eine tolle Möglichkeit, ihren Horizont zu erweitern und ihre Fähigkeiten in logischem Denken und Folgern zu verfeinern. Wir haben sowohl Blitzfragen wie auch komplizierte Trickfragen zum Kopfzerbrechen ausgesucht, die garantiert ihren Intellekt und ihre Hartnäckigkeit auf die Probe stellen werden.

Die Kinder sollen aber nicht nur etwas lernen, sondern auch Spaß dabei haben. Deshalb haben wir eine Auswahl an Rätseln und Witzen getroffen, die sie zum Lachen bringt und in manchen Fällen auch einfach nur zum Staunen. Wundern Sie sich nicht, wenn Sie später am Abend Gekicher aus dem Kinderzimmer hören. Dann haben sie nämlich endlich einen Ihrer etwas schwierigeren Witze kapiert.

Zauberei fasziniert Kinder immer. Kinder wollen daran glauben. Und Sie wollen, dass die Kinder daran glauben, weil Sie durch die Zauberei ein bisschen so etwas wie Unsterblichkeit erlangen – jedenfalls für die nächsten Jahre. Also haben wir auch ein paar Tricks dabei, von wirklich erstaunlichen bis hin zu echt blödsinnigen. Wir haben auch ein paar tolle Gedankenlesetricks, durch die die Kinder, und nicht Sie, der Star der Show sein können.

Moderne Mythen

Wenn sich Märchen als Gutenachtgeschichten nicht mehr so gut eignen, gehen Sie zu den modernen Mythen über. Die meisten Kinder lieben diese Schauergeschichten, besonders, weil sie eben nicht die Tochter eines armen Bauern sind und irgendwo weit entfernt in einem unbekannten Land leben. Moderne Mythen spielen an echten Orten, mit echten Menschen und echten Leben. Auch wenn manche Leute sagen, dass die Mythen davon nicht wahrer werden, sagen wir: Es gibt nun mal nicht unendlich viele Knusperhäuschen.

Der erstickende Dobermann
- Eine dunkle, stürmische Nacht (wie üblich).
- Eine Frau allein zu Hause. Sie glaubt, sie hört ein Geräusch.
- Es ist ihr Dobermann (kann auch die Rasse Ihres eigenen Hundes sein, aber normalerweise ist es ein Dobermann). Der Hund kann nicht richtig atmen.
- Die Frau fährt schnell zum Tierarzt. Er sagt ihr, er müsse eine Notoperation durchführen, sie solle so lange zu Hause warten, bis er sie wieder anruft.
- Wieder zu Hause, macht sie sich bettfertig. Sie fühlt sich unsicher ohne ihren Hund im Haus.
- Das Telefon klingelt. Es ist der Tierarzt, der ihr sagt, sie solle auf der Stelle das Haus verlassen.
- Als sie rausrennt, kommt die Polizei mit Sirenen und Blaulicht.
- Sie stürmen das Haus und zerren einen Einbrecher raus, der sich unter dem Bett versteckt hat. Der Mann hält sich seine blutige Hand. Der Tierarzt hat im Hals des Hundes zwei blutige Finger gefunden.

Die Autopanne
- Eine dunkle Nacht, möglicherweise auch noch stürmisch.
- Ein Pärchen fährt durch den Wald. Im Radio hören sie von einem entflohenen Mörder.
- Das Auto hat eine Panne an einem entlegenen Ort. (Als die Geschichte in Umlauf kam, gab es noch keine Handys, was Ihnen Ihre Kinder wohl kaum glauben werden, erzählen Sie deshalb, dass es in dem Gebiet keinen Empfang gab.)
- Ihr Freund sagt, er würde losgehen, um Hilfe zu holen. Sie solle die Türen verschlossen halten.
- Er ist sehr lange unterwegs, sie bekommt Angst. Dann hört sie ein Geräusch auf dem Autodach, wie ein Klopfen. Immer wenn der Wind stärker wird, schlägt etwas gegen das Autodach. Tapp ... Tapp ... Tapp ...
- Sie hat jetzt fürchterliche Angst. Traut sich nicht, draußen nachzusehen. Am nächsten Morgen wird sie von einem Polizisten geweckt, der gegen ihr Fenster klopft. Er sagt ihr, sie solle aussteigen, und was auch immer sie täte, sie dürfe sich nicht umdrehen.
- Sie geht mit ihm zum Streifenwagen, kann dann aber nicht anders und dreht sich um. An einem Baum hängt ihr Freund, tot, seine Füße schlagen gegen das Autodach ... Tapp ... Tapp ... Tapp ...

Der tote Taucher im Wald
- Gewaltiger Waldbrand, trotz dunkler, stürmischer Nacht.
- Polizei ist ratlos, weil sie im Wald einen Toten im Taucheranzug findet – mit Flossen, Sauerstoffflasche, Maske, das volle Programm.
- Die Obduktion ergibt, dass er nicht von der Hitze oder durch die Flammen gestorben ist, sondern durch schwerste innere Verletzungen.

- Die Leiche wird anhand des Zahnschemas identifiziert. Der Mann war als vermisst gemeldet, nachdem er draußen vor der Küste beim Tauchen war (machen Sie genaue Kilometerangaben, auch wenn sie nicht relevant sind, aber es hört sich realistischer an; wenn Sie kein Meer in der Nähe haben, nehmen Sie einen großen See).
- Man findet heraus, dass ein Löschflugzeug ihn offenbar mit aufgesaugt hat, als es den Wasservorrat aufgefüllt hat.

Der tote Hase
- Ein Mann geht in seinen Garten und sieht, dass sein Hund ein Stück Fell im Maul hat.
- Es stellt sich heraus, dass es sich um den Hasen vom Nachbarn handelt – tot.
- Der Mann ist entsetzt, glaubt, dass sein Hund den Hasen totgebissen hat.
- Stundenlang wäscht er das tote Tier, trocknet es, versucht es so aussehen zu lassen, als sei es unter natürlichen Umständen gestorben.
- Er legt den Hasen wieder zurück in den Stall des Nachbarn und schleicht sich wieder ins Haus.
- Als der Nachbar von der Arbeit kommt, findet er den toten Hasen im Käfig. Das übliche Gejammer und Geheule usw.
- Der Mann schaut über den Zaun und bemitleidet den Mann wegen seines toten Hasen.
- »Ich kann das nicht verstehen«, sagt der Nachbar. »Der Hase ist letzte Nacht gestorben, und ich habe ihn heute morgen begraben.«

Rätsel, Tricks und Witze

Rätsel 1: Die drei Kinder

Mit diesem einfachen Rätsel legen Sie fast alle Kinder beim ersten Mal rein. Sagen Sie ihnen, sie sollten genau zuhören – sie werden es nicht tun.

Tims Mutter hat drei Kinder. Das älteste heißt Anna-Maria. Das mittlere heißt Anna-Lena. Wie heißt das dritte?

Fast alle Kinder rätseln nun an etwas mit Anna-... herum. Die richtige Antwort heißt natürlich Tim.

Rätsel 2: Welcher Schalter?

Manche Rätsel kann man sofort lösen, bei anderen muss man seine grauen Zellen doch etwas mehr anstrengen. Dieses wunderbar fiese und daher besonders befriedigende Rätsel fällt in die letztere Kategorie. Die meisten Kinder, und auch die Erwachsenen, werden eine Hilfestellung brauchen.

In einem Raum ist eine Glühbirne. Draußen gibt es drei Schalter, die alle auf »aus« stehen. Es gibt keine Möglichkeit, in den Raum zu sehen. Wie findet man heraus, welches der richtige Schalter ist, um das Licht anzuknipsen? Die Schalter dürfen so oft man will ein und ausgeschaltet werden, aber man darf nur einmal die Tür zu dem Raum öffnen.

Wie viele Papas braucht man, um eine Glühbirne zu wechseln?

Sie werden mit Sicherheit einen Haufen interessante und alberne Vorschläge abwehren müssen. Nein, man kann keine Spiegel unter der

Tür durchschieben. Man kann auch kein Eis um die Lampe packen oder Überwachungskameras in dem Raum installieren.

Erklären Sie, dass alles, was man für die Lösung braucht, schon in der Aufgabe drinsteckt, und bringen Sie die Kinder dazu, darüber nachzudenken, wie Glühbirnen funktionieren. Was passiert, wenn man eine Lampe anknipst, außer dass es hell wird? Wenn sie darauf kommen, dass die Birne auch warm wird, haben sie's fast geschafft.

Die Lösung ist nun ganz klar. Man schaltet den ersten Schalter für eine Minute an, dann wieder aus. Danach schaltet man den zweiten Schalter an und geht in den Raum. Ist das Licht an, dann ist der zweite Schalter der richtige. Wenn die Glühbirne warm ist, ist es der erste, wenn sie kalt ist, der dritte.

Rätsel 3: Kamelrennen

Es hilft immer, bei den Rätseln auf den genauen Wortlaut zu achten. Besonders hier trifft das zu:

Zwei Prinzen wollen unbedingt die Tochter des Sultans heiraten. Der Sultan lädt sie in sein Zelt in der Wüste ein und sagt ihnen, dass es einen Wettbewerb um seine Tochter in Form eines Wettrennens geben wird: Derjenige Prinz bekommt seine Tochter, dessen Kamel zuletzt am Palast angekommen ist. Nach kurzem Nachdenken rennen die Prinzen raus, springen auf die Kamele, und los geht's im vollen Galopp. Sie sind sich sicher: Derjenige, der zuerst ankommt, wird die Tochter des Sultans heiraten. Was war ihre Lösung?

Die erste Überlegung wird üblicherweise sein, dass die Prinzen so langsam wie möglich reiten sollen. Aber das ist ganz klar gar nicht die Lösung. Die nämlich liegt natürlich in der Formulierung des Sultans: Der Gewinner ist der Prinz, dessen Kamel zuletzt am Palast ankommt.

Die einfache Antwort, für die man sich hinterher treten könnte, ist, dass die Prinzen auf das Kamel des jeweils anderen gesprungen sind. Wenn sie das Rennen gewinnen, verliert ihr Kamel.

Ein Höcker oder zwei?

Rätsel 4: Im Eisenwarenladen

Dies ist eines der sauberen, kompakten Rätsel, mit denen Sie selbst mathematische Genies dazu bringen, sich nachdenklich am Kopf zu kratzen, bevor sie – oder falls sie – ihre Fantasie einschalten und auf die Lösung kommen.

Ein Mann geht in einen Eisenwarenladen, um etwas für sein Haus zu kaufen.
»Wie viel kostet eins?«, fragt er.
»3 Euro.«
»Und zwölf?«
»6 Euro.«
»Und 123?«
»9 Euro.«
Es gibt keinen Mengenrabatt. Was kauft er?

Das ist eine dieser »Oh neiiiiiin«-Antworten: Er kauft Hausnummern.

Rätsel 5:
Wie kommt die Olive ins Glas?
... oder die Erdnuss, oder die Kirschtomate oder sogar der Tischtennisball. Jedes Objekt, dass rund und nicht allzu schwer ist und klein genug, um in ein Brandyglas zu passen.

Legen Sie eine Olive auf den Tisch und stellen Sie ein Brandyglas daneben. Das Glas muss eine Öffnung haben, die enger ist als die Mitte des Glases. Die Aufgabe ist, die Olive in das Glas zu bekommen, ohne zu pusten, den Tisch zu bewegen oder irgendetwas anzufassen außer dem Glas.

Die Lösung, wenn jeder aufgegeben hat, ist toll. Stülpen Sie das Brandyglas über die Olive und bewegen Sie es in schnellen kleinen Kreisen. Die Olive wird nun an dem Glasrand entlangrollen und durch die Zentrifugalkraft zur breitesten Stelle im Glas aufsteigen. Sie können das Glas dann hochheben und schnell umdrehen. So ist die Olive im Glas. Großartig!

Rätsel 6: Die Logikforscher
Vier Logikforscher werden, wie es der Zufall so will, von Logikkannibalen gefangen. Die Kannibalen sagen ihnen, dass sie die Forscher aufessen werden, es sei denn, sie lösen ein Rätsel. Und das ist das Rätsel.

Die Forscher werden bis zu ihrem Hals im Sand eingegraben, drei sehen in die eine Richtung, der vierte ist ihnen gegenüber, aber eine Mauer ist zwischen dem Forscher A und den anderen.

Rätsel, Tricks und Witze 187

A B C D

Die Kannibalen haben vier Hüte für sie, zwei rote und zwei blaue, die sie den Forschern nach dem Zufallsprinzip aufsetzen. Jeden Tag werden sie die Hüte austauschen, und wenn ihnen nicht wenigstens ein Forscher sagen kann, welchen Hut er trägt, wird es am Abend Forschereintopf geben.

Die Forscher können ihren eigenen Hut nicht sehen, und sie können auch nicht den Kopf drehen. Sie dürfen nicht miteinander sprechen, und jeden Tag darf nur ein einziges Wort von der ganzen Gruppe gesprochen werden. Doch die Forscher schaffen es, dass jeden Tag einer von ihnen die Farbe seines Hutes ausruft. Wie?

Sagen wir, Forscher B und C haben beide blaue Hüte. Dann weiß Forscher D, dass seiner rot sein muss, es gibt ja nur zwei blaue. Also ruft er laut: Rot! Aber was, wenn die Hüte der Forscher vor ihm unterschiedliche Farben haben? Dann weiß Forscher D nicht, was er auf dem Kopf hat.

Und das ist der clevere Teil. Forscher C wartet ab, was Forscher D macht. Wenn der nichts sagt, weiß Forscher C, dass er und B unterschiedliche Hüte haben müssen. Er kann den Hut von Forscher B sehen und ruft die entsprechend andere Farbe. Währenddessen können A und B eigentlich nur eins: Daumen halten, sofern das im Sand geht.

Rätsel 7: Mit dem Hund gehen

Manche Rätsel scheinen viel schwieriger zu sein, als sie in Wirklichkeit sind. Oft muss man einfach nur um das Problem herum denken.

Ein Mann geht mit seinem Hund in den Park. Er geht um einen runden Teich, wofür er eine Stunde braucht (es ist ein sehr großer Teich). Er hat einen Stock, den er für seinen Hund wirft und den dieser wieder zurückbringt, ohne dabei seine Geschwindigkeit zu verändern (es ist sein sehr gut trainierter Hund). Der Hund hat eine Geschwindigkeit von 16 km/h. Was kann der Mann machen, damit sein Hund das Höchstmaß an Auslauf bekommt? Soll er den Stock nach vorne, nach hinten oder auf die andere Seite des Teichs werfen?

Die Antwort wird Ihren Kindern nicht gefallen: Es ist egal.

Der Hund rennt, solange der Mann mit ihm spazieren geht. Der Mann geht eine Stunde, in der Zeit rennt der Hund 16 km. Ganz egal, in welche Richtung der Stock geworfen wird.

Blitzrätsel

Manche dieser Rätsel erfordern etwas Zeit zum Nachdenken, bei anderen sollten Sie es Ihren Kindern erlauben, auch ein paar Fragen zu stellen, sodass Sie sie zur richtigen Antwort führen können. Es liegt an Ihnen, wie viele Hinweise Sie ihnen geben wollen.

Rätsel, Tricks und Witze

- *Ein Mann hält gegenüber einem Hotel und weiß, dass er bankrott ist. Woher?*
  Er spielt gerade Monopoly.

- *Papa hat 20 Socken in seiner Schublade. 10 sind schwarz, 10 grau. Wenn er sich im Dunkeln anzieht, wie viele muss er aus der Schublade nehmen, um sicher zu sein, dass er ein gleichfarbiges Paar hat?*
  Drei.

- *Welches Dreieck ist größer, eins mit Seiten von 2, 3 und 4 Zentimetern oder eines mit Seiten von 3, 4 und 7 Zentimetern?*
  Das erste. Das zweite ist eine gerade Linie.

- *Bevor der Mount Everest entdeckt wurde, welches war der höchste Berg auf der Erde?*
  Der Mount Everest.

- *Welche Tiere nahm Moses mit auf die Arche?*
  Keine. Es war Noah.

- *Ein Bergsteiger klettert mit seinem Führer. Als er eine Gletscherspalte überquert, stürzt der Führer hinunter und verschwindet in der Tiefe. Aber der Bergsteiger klettert einfach weiter, kümmert sich nicht darum und denkt nicht daran, Hilfe zu holen. Warum?*
  Weil der Führer ein Buch war.

- *Ein Mann kauft ganz viele Laibe Brot für je 2 Euro. Er verkauft sie wieder, den Laib für 30 Cent. Er tut es immer und immer wieder. Irgendwann ist er Millionär. Wie?*
  Vorher war er Milliardär, der beschlossen hat, den Armen zu helfen.

- *Was hat Federn, aber keine Flügel?*
  Ein Kissen.

- *Wenn man die Mandeln entfernt bekommt, ist das eine Mandeloperation. Wenn man den Blinddarm entfernt bekommt, eine Blinddarmoperation. Wie heißt es, wenn einem etwas vom Kopf entfernt wird, das dort wächst?*
  Haarschnitt.

- *Wenn man bei einem Wettrennen kurz vor Schluss den zweiten überholt, als Wievielter kommt man durch's Ziel?*
  Als Zweiter.

- *Ein Mann fährt jeden Morgen mit dem Zug zur Arbeit. Der Zug braucht auf dem Hinweg für 150 Kilometer eine Stunde und 20 Minuten. Auf dem Rückweg braucht der Zug mit derselben Geschwindigkeit 80 Minuten. Warum?*
  Weil eine Stunde 20 Minuten dasselbe sind wie 80 Minuten.

- *Was war am 6.12.1957?*
  Nikolaus.

- *Welche Erfindung macht es uns möglich, durch Wände zu sehen?*
  Fenster.

- *Wie viel Erde ist in einem Loch mit den Maßen 1 Meter mal 1 Meter mal 1 Meter?*
  Keine. Es ist ein Loch.

- *Ein Bauer hat vier Felder. Auf einem sind 8 Heuhaufen, auf einem 7, auf dem dritten 9 und auf dem vierten 11. Wenn er sie alle zusammenlegt, wie viele Heuhaufen hat er dann?*
  Einen. Aber einen richtig großen.

Rätsel, Tricks und Witze

- *Ein Gemüsehändler ist 2 Meter groß, hat Kleidergröße 56 und Schuhgröße 43. Was wiegt der Mann?*
  Gemüse. Den ganzen Tag.

- *Es ist kalt, und du hast Hunger. Du hast nur ein Streichholz. In deiner Blockhütte gibt es eine Öllampe, einen Holzofen und eine Kerze. Was zündest du zuerst an?*
  Das Streichholz.

- *Was ist mehr: 6 Dutzend Dutzend oder ein halbes Dutzend Dutzend?*
  Sechs Dutzend Dutzend ist 12 mal mehr.

- *Welche zwei Zahlen muss man multiplizieren, um auf 17 zu kommen?*
  1 und 17.

- *Eine Yacht liegt im Hafen. Auf einer Seite hängt eine Strickleiter, die gerade so das Wasser berührt. Die einzelnen Stufen der Strickleiter sind 20 Zentimeter auseinander. Wenn die Flut kommt und mit 20 Zentimetern pro Stunde steigt, wie viele Stufen werden nach 6 Stunden vom Wasser bedeckt sein?*
  Keine. Die Leiter steigt mit der Yacht auf dem Wasser.

- *Es sind fünf Äpfel in einem Korb und fünf Leute in einem Raum. Wie kann man allen fünf einen Apfel geben, sodass am Ende noch ein Apfel im Korb bleibt?*
  Man gibt dem letzten den Korb mit dem fünften Apfel.

- *Wenn drei Katzen in drei Minuten drei Ratten fangen, wie lange brauchen 100 Katzen bei 100 Ratten?*
  Drei Minuten.

- *Ein Bus verfährt sich und bleibt unter einer niedrigen Brücke stecken. Nun kann er weder vor noch zurück. Ein Schulkind hat aber die Lösung für das Problem. Welche?*
Luft aus den Reifen lassen, damit der Bus niedriger wird.

- *Was wird hinten immer länger, wenn es vorne kürzer wird?*
Der Weg.

Das Blöde-Namen-Spiel

Kinder lieben es, über lustige Namen zu lachen und sie dann wochenlang in der Schule oder im Kindergarten herumzuerzählen. Also denken Sie sich blöde Namen aus. Es gibt verschiedene Möglichkeiten, dieses Spiel zu spielen. Denken Sie sich lustige Namen, es können auch Fantasienamen sein, für einen Beruf aus:
- Martin Maul, Zahnarzt
- Klaus Katzenschreck, Tierarzt
- Michael Mondschein, Nachtwächter
- Peter Pause, Lehrer
- Adalbert Apfelmus, Obsthändler
- Stefan Schnittchen, Feinkost
- Fritz Ferkel, Bauer
- Herbert Hasenfuß, Förster

...

Oder suchen Sie nach Namen, die sich in Kombination mit der Initiale oder dem Vornamen lustig anhören:
- Ich bin Finder, R. Finder.
- Mein Name ist Ausfall, H. Ausfall.
- Der Mann da drüben heißt Schlossen, G. Schlossen.
- Das ist der Herr Nette. Mario Nette.

Sie werden noch Wochen und Monate später von Ihren Kindern mit neuen Beispielen überrascht werden. Es ist ein Dauerbrenner.

Die falsche Antwort

Fast jeder (Kind oder Erwachsener) gibt auf dieses scheinbar leichte Rechenproblem die falsche Antwort, wenn es im Kopf gelöst werden soll.

Fangen Sie mit 1000 an und addieren Sie 40. Jetzt noch mal 1000 addieren. Und 30. Weitere 1000. Und 20. Und wieder 1000. Und zuletzt 10.

Wie viel macht das? Die meisten Leute sagen 5000, aber die Antwort ist 4100. Ohne Taschenrechner, Stift und Papier runden die meisten Leute falsch auf.

Der Zahnarzt

Eine Frau ist gerade in eine neue Stadt gezogen und braucht einen Zahnarzt. Es gibt nur zwei in dem Ort. Der eine hat eine schöne neue Praxis, ist ein sehr netter Mann und hat tolle weiße, gerade Zähne. Die andere Praxis müsste mal wieder renoviert werden, und der Zahnarzt hat miese Laune, in erster Linie, weil ihm seine schlechten Zähne fürchterlich wehtun. Sie entscheidet sich für den zweiten Zahnarzt. Warum?

Das ist eines dieser Rätsel, bei dem man denkt, es gäbe einen besonderen Trick. Aber es gibt gar keinen. Sie müssen Ihren Kindern hierbei ein wenig helfen, damit sie darauf kommen, dass sich die Zahnärzte gegenseitig behandeln. Deshalb ist der mit den schlechten Zähnen der bessere Zahnarzt.

Rätselhafte Dickhäuter

Ihr Kind soll sich eine Nummer zwischen 1 und 10 denken und diese mit 9 multiplizieren. Vom Ergebnis soll es 5 abziehen und von der Zahl, die es jetzt hat, die Quersumme nehmen, bis nur noch eine einstellige Zahl bleibt.

Die Nummer soll einem Buchstaben im Alphabet zugeteilt werden. Dabei ist A = 1, B = 2 usw. Das Kind soll den richtigen Buchstaben finden und ein europäisches Land nennen, das mit dem Buchstaben anfängt. Dann soll es an ein Tier denken, dass mit dem *vierten* Buchstaben des Landes beginnt. Und schließlich soll es an die Farbe denken, die das Tier hat.

Sehen Sie Ihr Kind verwundert an und sagen Sie: »Aber es gibt in Dänemark doch gar keine grauen Elefanten!« Das ist fast immer die Kombination, bei der die Leute enden. Es sei denn, sie haben es schon mal gespielt und wollen Sie nun reinlegen, oder sie haben sich verrechnet. Das Staunen, wenn es klappt, ist unendlich.

Das schwarze Loch

Schwarze Löcher können Dinge verschlucken – Ihren Bleistift, zum Beispiel. Wenn Sie diesen Trick vorführen, wird Sie Ihr Kind mit vor Erstaunen offenem Mund anstarren.

Setzen Sie das Kind links von sich (oder rechts, wenn Sie Linkshänder sind). Nehmen Sie ein Blatt Papier und malen Sie konzentrische Kreise, die zu dem schwarzen Loch in der Mitte führen. Erklären Sie, dass alles, was das schwarze Loch berührt, sofort verschluckt wird. Warnen Sie davor, es anzufassen, egal was passiert. Ihr Kind sollte sogar vorsichtig sein, wenn es draufschaut.

Ohne nun selbst die Augen davon zu nehmen, rollen Sie leise Ihre Ärmel hoch, nehmen Sie den Bleistift in die Hand und beobachten Sie das schwarze Loch genau. Ändern Sie vielleicht noch hier und da etwas auf dem Papier. Bauen Sie Spannung dahingehend auf, was Sie als Nächstes tun werden.

Beugen Sie sich über das schwarze Loch und halten Sie den Bleistift zwischen Daumen und Zeigefinger mit der Spitze nach oben. Während Sie zählen, geht Ihr Arm rauf und

Bereiten Sie die Bewegung vor ...

... nehmen Sie »Anlauf« ...

... stecken Sie den Bleistift hinter Ihr Ohr ...

... und schlagen Sie die Faust auf den Tisch.

runter, so als würden Sie sich bereit machen, einen Dartpfeil zu werfen. In Wirklichkeit bereiten Sie sich darauf vor, den Bleistift hinter Ihr Ohr zu stecken. (Tut uns leid, aber es ist nun mal kein echtes schwarzes Loch.)

Sagen Sie »eins« und heben Sie den Bleistift auf die Höhe Ihres Ohrs. Sie peilen schon mal an, wo er nachher hingehört. Bei »Zwei« nehmen Sie den Stift wieder runter und lassen ihn etwas über dem schwarzen Loch schweben. Dann nehmen Sie ihn wieder hoch und bringen ihn in eine sichere Position hinter Ihrem Ohr. Damit können Sie sich sogar ein bisschen Zeit lassen. Die Aufmerksamkeit ist ganz auf das Zählen gerichtet, nicht darauf, was zwischendurch passiert. Es wird sogar noch die Spannung steigern. Auf »Drei« schlagen Sie mit der (nun leeren) Faust blitzschnell auf das Blatt direkt auf das schwarze Loch.

Erstarren Sie für einen Moment, dann untersuchen Sie ganz langsam Ihre Hand. Dann die andere, als wollten Sie herausfinden, was passiert ist. Sie können auch das Papier umdrehen, um nachzusehen, ob ein Loch im Tisch ist.

Suchen Sie mit Ihrem Kind nach dem Stift. Suchen Sie unter dem Tisch, sodass Sie außer Sichtweite sind und den Bleistift aus seinem Versteck nehmen können. So können Sie ihn unter dem schwarzen Loch auch wieder hervorholen. Wenn noch jemand im Raum ist und dem Zählen sowie dem Verschwinden des Bleistifts nur halb Aufmerksamkeit geschenkt hat, stehen die Chancen gut, dass Sie Anerkennung bekommen, was Ihre »Zauberkünste« noch unterstreicht.

Gedankenlesen für Anfänger

Obwohl es ein sehr einfacher Trick ist, ist er doch sehr eindrucksvoll. Sie können ihn ganz leicht zusammen mit einem Kind vorführen, obwohl Sie dabei immer das Risiko eingehen, eines Tages gegen einen anderen Gehilfen ausge-

Rätsel, Tricks und Witze 197

tauscht zu werden, wenn das Kind einmal seinen Spaß daran gefunden hat. Tja, das Showbusiness ist eben hart.

Dem Gedankenleser werden die Augen verbunden, oder er stellt sich mit dem Rücken zu seinem Partner. Gut sichtbar für die Zuschauer hält der Assistent (Papa) einige Finger hoch – zwischen einem und zehn – und fragt den Gedankenleser, wie viele es sind. Jedes Mal wird der Gedankenleser die richtige Zahl sagen.

Der Schlüssel zu dem Trick ist die Art, wie die Frage gestellt wird. Die Frage hat dieselbe Anzahl an *Wörtern*, wie Sie Finger hochhalten. Wenn es sieben Finger sind, fragen Sie: »Wie viele Finger halte ich gerade hoch?« Wenn es drei sind, fragen Sie: »Wie viele jetzt?« (Beachten Sie dabei nur die neue deutsche Rechtschreibung, sonst liegt Ihr Kind immer um einen Finger daneben.)

Natürlich funktioniert der Trick nur, wenn Ihr Kind alt genug ist, um zwischen Silben und Wörtern zu unterscheiden. Achten Sie darauf, dass der Gedankenleser seine Hände verbirgt. Wenn er die Frage in Gedanken wiederholt, wird er mit den Fingern die Wörter mitzählen, und keiner wird sich mehr über irgendetwas wundern, außer vielleicht ganz alte Verwandte, die dem Ganzen nicht mehr so richtig folgen können.

Wie bei allen Tricks gilt auch hier: Lassen Sie Ihr Publikum ruhig nach Zugaben rufen, aber geben Sie keine. Wenn Sie ihn öfter als vier oder fünfmal aufgeführt haben (bei Erwachsenen reicht schon weniger), ist das Risiko, dass das Geheimnis gelüftet wird, zu groß.

Gedankenlesen für Fortgeschrittene

Der Gedankenleser ist nicht im Raum. Das Publikum entscheidet sich gemeinsam für ein Objekt, das der Gedankenleser erraten soll. Wenn der Gedankenleser zurückkommt, konzentriert er sich, während sein Assistent (Papa) verschiedene, scheinbar zufällige Objekte aufzählt. Nachdem er zu allen falschen Fährten »Nein« gesagt hat, ruft der Gedankenleser voller Überzeugung »Ja«, sobald der Assistent das Objekt nennt, auf das sich das Publikum geeinigt hatte.

Nachdem Sie es ein paar Mal gemacht haben, werden einige im Publikum zu wissen glauben, wie es geht. Das Ganze wird sogar noch eindrucksvoller, wenn Sie darauf eingehen. Man wird glauben, Sie würden sich geheime Handzeichen geben, also verbergen Sie das nächste Mal Ihre Hände. Wenn jemand denkt, es hätte etwas mit dem ausgewählten Objekt zu tun, nehmen Sie das nächste Mal die Schuhe von jemandem, der Gedankenleser wird dies erraten.

Wie wird es gemacht? Es ist unglaublich einfach. Der Magier sagt »Ja« nach der ersten Sache, die *nach einem schwarzen Objekt* genannt wird. Ja, das war's schon. Aber verraten Sie es nicht. Mit etwas Glück können Sie mit diesem Trick noch jahrelang auftreten, und Ihr Kind und Sie werden auf ewig Komplizen gegen den Rest der Welt sein.

Die fantastische Reise der Münze

Lassen Sie eine Münze von einem Fuß zum anderen wandern – durch Ihren Körper.

Bevor jemand schaut, legen Sie eine Münze unter Ihren linken Fuß. Wenn Sie den Trick barfuß machen wollen, ist es eine gute Tarnung, wenn Sie Schuhe und Strümpfe ausziehen, um die Münze unter dem Fuß zu platzieren. Nehmen Sie eine ähnliche Münze, legen Sie sie gut sichtbar unter Ihren rechten Fuß und erklären Sie, dass Sie sie nun dazu bringen werden, durch Ihr rechtes Bein hochzuwandern und auf der anderen Seite wieder herunter. Wenn Sie simulieren, wie das passiert, zucken Sie und winden Sie sich, als ob etwas durch Ihren Körper kriecht: Das eine Bein hoch, das andere wieder runter. Wenn Sie den Eindruck vermittelt haben, dass es beim linken Fuß angekommen ist, heben Sie nicht diesen Fuß, sondern machen Sie sofort dieselbe Reise wieder zurück. Heben Sie dann Ihren rechten Fuß und präsentieren Sie die Münze, so als würden Sie wilden Applaus erwarten.

Die Kinder werden garantiert protestieren, dass das überhaupt kein Trick war. Die Münze hat sich doch gar nicht bewegt. Spielen Sie den Beleidigten und fangen Sie wieder von vorne an. Zeigen Sie, wie die Münze Ihr rechtes Bein hochwandert und im linken wieder heruntergeht. Halten Sie einen Moment inne – für den Effekt. Dann nehmen Sie den linken Fuß hoch und zeigen, dass die Münze wirklich da ist.

Um Ihren Triumph perfekt zu machen, sollten Sie am Ende zeigen, dass die Münze unter dem rechten Fuß wirklich weg ist, was sie ja eigentlich nicht ist. Ein bisschen Knetmasse, die im letzten Moment an die Münze geklebt wird, kann dabei helfen.

Scherzfragen und kurze Witze

Alle Kinder lieben es, Witze zu erzählen. Wenn sie besonders scharf darauf sind, auch welche zu hören, dann wird es für Papas wie bei einer Comedy-Show mit offener Bühne. Sie müssen sich irgendwann revanchieren und auch Witze liefern. Aber wenn der einzige Witz, der Ihnen einfällt, der mit dem Priester, der Hure und dem Weihwasserbecken ist, den Sie letztens in der Kneipe gehört haben, kann es gut sein, dass der sich nicht so ganz eignet.

Hier sind ein paar, um Ihnen bei Ihrer Revanche zu helfen, bis Sie Ihre eigenen jugendfreien Varianten wieder hervorgekramt haben. Wir wissen, dass einige davon ganz lange Bärte haben. Die hatten schon lange Bärte, als wir klein waren. Aber was uns alt vorkommt, ist für unsere Kinder oft ganz neu.

- Was ist grau und hat einen Koffer? Eine Maus, die in Urlaub fährt.
- Was ist braun und hat einen Koffer? Eine Maus, die aus dem Urlaub kommt.
- Ein Mann kommt in eine Arztpraxis gerannt. »Herr Doktor, Sie müssen mir helfen, ich glaube, ich verwandle mich in eine Motte!«
  »Da brauchen Sie einen Psychiater, was machen Sie bei mir?«
  »Ich konnte nicht anders, bei Ihnen war doch das Licht an!«
- »Herr Ober, das Wasser ist aber ganz trübe!«
  »Das ist nicht das Wasser. Das Glas ist dreckig!«
- Was ist rot und riecht wie Farbe? Rote Farbe.
- Wie nennt man einen Bumerang, der nicht wieder zurückkommt? Einen Stock.
- Warum summt die Biene? Weil sie den Text vergessen hat.
- Eine Französin kommt in eine Bar mit einer Ente auf

dem Kopf. Der Barkeeper sagt: »Oje, wo haben Sie die denn her?« Antwortet die Ente: »Aus Paris, da gibt's Millionen von denen.«
- Warum hat Robin Hood von den Reichen gestohlen? Weil die Armen kein Geld hatten.
- Welche Nationalität hat der Weihnachtsmann? Nordpole.
- Sagt der Lehrer traurig zu seiner Klasse: »Ich glaube, ich bin hier der Einzige in der Klasse, der was arbeitet!« Sagt ein Schüler: »Klar, Sie sind ja auch der Einzige, der dafür bezahlt wird!«
- Was sagt Mama Sardine zu Baby Sardine, wenn sie an einem U-Boot vorbeischwimmen? »Keine Angst, das sind nur Menschen in Dosen.«
- Kommt ein Mann in eine Zoohandlung und sagt: »Entschuldigung, bekomme ich hier einen Hund für meine Tochter?« Sagt der Verkäufer: »Nee, tut mir leid, wir tauschen nicht.«
- Was ist blau und liegt im Wald? Schlumpfkacke.
- »Schön weit aufmachen«, sagte der Zahnarzt, als sein Golfball auf das Loch zurollte.
- Sagt ein Arzt zu seinem Patienten: »Ich hab eine gute und eine schlechte Nachricht für Sie.«
»Was ist die gute?«
»Sie haben noch 24 Stunden zu leben.«
»Das soll die *gute* sein? Wie furchtbar! Was ist denn dann die schlechte?«
»Ich hätte es Ihnen gestern schon sagen sollen.«
- Wie kommt eine Ameise über den Fluss? Sie nimmt das A weg und fliegt drüber.
- Ein Mann kommt zum Doktor. Aus seinem Kopf wächst überall Gemüse. Der Doktor sagt: »Oh, dafür kann ich Ihnen ein Rezept geben.«
- Was kann man von einem Dreieck alles verwenden? Das Ei, der Rest ist Dreck.

- Was passiert mit einem Engel, wenn er in einen Misthaufen fällt? Er bekommt Kotflügel.
- Sagt ein Mann zum anderen: »Mein Hund lügt!«
  »Quatsch, das glaub ich nicht!«
  »Doch pass auf: Hasso, wie macht die Katze?«
  Bellt der Hund: »Wauwau!«
  »Siehste?«
- Was hört ohne Ohren, spricht ohne Mund und kann trotzdem alle Sprachen? Das Echo.
- »Was ist das für ein Hund?
  »Ein Polizeihund.«
  »Komisch, so sieht er gar nicht aus.«
  »Na logisch, er ist ja auch bei der Geheimpolizei.«
- Kommt ein Skelett zum Arzt. Sagt der Arzt: »Sie kommen zu spät!«
- Sagt der Tourist zu seiner Frau: »Jetzt haben wir schon mal einen Parkplatz. Da müssen wir nur noch rausfinden, in welcher Stadt wir sind.«
- Was macht ein Glasermeister, wenn er kein Glas mehr hat? Er trinkt aus der Flasche.
- Sagt der Kannibalenkoch zum Gefangenen: »Pfeifen Sie einfach, wenn das Wasser kocht!«

Mathe und Magie

Dieser Trick basiert zwar auf Mathe und braucht ein bisschen Vorbereitung, ist aber der totale Knaller. Er funktioniert so, dass jede dreistellige Zahl so jongliert werden kann, dass als Antwort immer 1089 rauskommt. Bevor Sie anfangen, schreiben Sie die neunte Nummer von Seite 108 aus Ihrem Telefonbuch raus, stecken Sie sie in einen Umschlag, den Sie zukleben und dann einem Ihrer Zuschauer geben oder verstecken.

Fangen Sie an mit irgendeinem Unsinn über Ihre übersinnlichen Fähigkeiten und fragen Sie dann nach einer dreistelligen Zahl, die lauter unterschiedliche Ziffern hat. Ihr Publikum soll die Zahl vorwärts und rückwärts aufschreiben und dann die kleinere Zahl von der größeren abziehen. Bringen Sie Ihre Kinder dazu, es selbst auszurechnen, wenn sie groß genug dazu sind.

Sie werden jetzt eine Zahl mit 2 oder 3 Ziffern haben und mit einer 9 an der Zehnerstelle. Schreiben Sie diese Zahl nun ebenfalls rückwärts auf. Ist es eine Zahl mit zwei Ziffern, hängen Sie eine Null hintendran. Zählen Sie die beiden Zahlen nun zusammen (also das Ergebnis der ersten Rechnung und dessen rückwärts geschriebenen Wert) und Sie bekommen 1089 heraus. Wenn nicht, hat sich jemand verrechnet.

Hier ist ein Beispiel. Wenn Ihr Publikum die 237 aussucht, drehen Sie sie um zu 732. Ziehen Sie die kleinere von der größeren Zahl ab, dann erhalten Sie 495. Wenn Sie diese Zahl umdrehen, erhalten Sie 594. Zählen Sie diese beiden zusammen, und Sie haben 1089.

Lassen Sie jemanden das Telefonbuch holen und Seite 108 suchen. Dort soll derjenige die neunte Nummer vorlesen. Stellen Sie sicher, dass es die richtige Nummer ist. Dann öffnen Sie den Umschlag. Alle werden erstaunt sein! Es sei denn, Sie haben Topmathematiker unter Ihren Zuschauern.

Es muss gar kein Telefonbuch sein. Sie können den Trick auch mit einem Wörterbuch machen und das neunte Wort auf Seite 108 nehmen.

Oder Sie können auch etwas mehr vorbereiten und in jedes Lexikon und jede Enzyklopädie – einfach in jedes in Frage kommende Buch – einen vorbereiteten Umschlag stecken und dann das Publikum ein Buch aussuchen lassen.

Wenn Sie jemanden in derselben Gegend besuchen, ist das Telefonbuch vermutlich dasselbe wie Ihres, und Sie können die Nummer einfach mitbringen. Das ist noch mysteriöser!

Das unheimliche Popcorn

Hier ist etwas, das Sie mit Ihren Kindern im Kino machen können. Es funktioniert am besten bei richtig gruseligen Szenen. Da Ihre Kinder zweifellos von Ihnen erwarten werden, dass Sie sich um Popcorn und Getränke kümmern, haben Sie massenhaft Zeit, ein Loch in den Boden der Popcorntüte zu reißen.

Wenn schon einiges von dem Popcorn verschlungen wurde und die Kinder ganz gebannt während einer aufregenden Szene auf die Leinwand starren, stecken Sie Ihre Hand von unten in die Tüte. Sobald die nächste Pfote nach dem Popcorn greift, schnappen Sie sie. Keine Frage, Ihre Kinder werden sich die Lunge aus dem Hals schreien. Aber wetten, das nächste Mal, wenn sie ins Kino gehen, werden sie genau dasselbe mit ihren Freunden machen.

Der Trick mit dem Glas Wasser

Stellen Sie ein Glas Wasser auf den Tisch und legen Sie einen Hut darüber. Sagen Sie Ihrem Kind, dass Sie das Wasser trinken können, ohne den Hut anzufassen. Dann krabbeln Sie unter den Tisch und machen Trinkgeräusche. Kommen Sie zurück und wischen Sie sich den Mund, als hätten Sie gerade Wasser getrunken.

Wenn Ihr Kind den Hut hochhebt, um nachzusehen, ob Sie wirklich das Unmögliche geschafft haben, schnappen Sie sich das Glas und trinken Sie es aus. Na also. Sie haben das ganze Wasser getrunken, ohne den Hut anzufassen. Damit haben Sie gewiss erreicht, dass Ihr Kind von nun an immer das Kleingedruckte lesen wird.

Die Kunst der Entfesselung

Schneiden Sie vier Stücke Schnur von ca. 1,50 Meter Länge zurecht und bilden Sie zwei Zweiergruppen. Einer bindet sich die Schnur um beide Handgelenke. Der andere erst um ein Handgelenk, dann steckt er die Schnur durch die Schlinge seines Partners und bindet sich das Ende um das andere Handgelenk. Beide sind nun miteinander verbunden. Dann binden Sie sich und Ihren Partner auf dieselbe Art zusammen. Achten Sie darauf, dass am Handgelenk Ihres Partners die Schlaufe lose genug ist, sodass eine Schnur durchpasst.

Sagen Sie den anderen, Sie sollen versuchen, sich voneinander zu trennen. Sie werden einige wunderbar unterhaltsame Verrenkungen sehen, Dinge wie Rücken gegen Rücken stehen, durch die Schlaufen steigen, in diese oder jene Richtung winden.

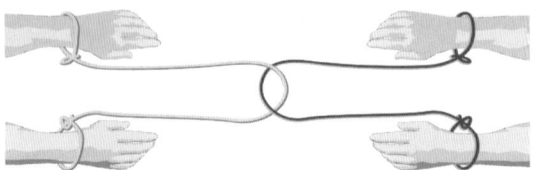

Wenn die anderen irgendwann genug davon haben und feststellen, dass es gar nicht so einfach ist, zeigen Sie ihnen, wie man es macht. Nehmen Sie die Mitte Ihrer Schnur und fädeln Sie sie durch die Schlaufe am Handgelenk Ihres Partners. Ziehen Sie sie über seine Hand. Und schon sind Sie frei.

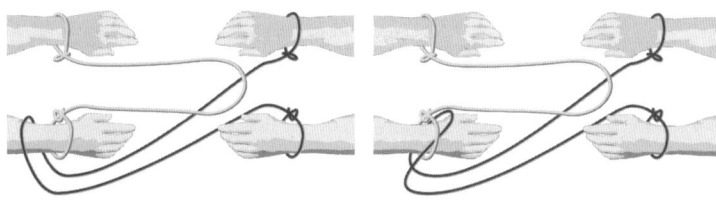

1. Hängen Sie die Schnur über das Handgelenk Ihres Partners.

2. Fädeln Sie sie durch die Schlaufe.

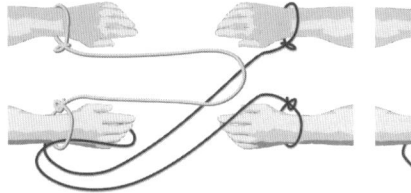 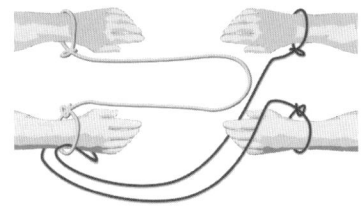

3. Ziehen Sie sie über seine Hand.

4. Ihre Schnur ist nun frei.

Rätsel, Tricks und Witze

Wie man einen Trottel stundenlang beschäftigt

Schreiben Sie auf ein weißes Blatt: »Wie beschäftigt man stundenlang einen Trottel?«, und unten auf dem Blatt steht b. w. für »Bitte wenden«.

Genau dasselbe schreiben Sie auf die Rückseite. Dann warten Sie darauf, dass jemand das Blatt hochnimmt und es dann umdreht, und mit etwas Glück noch mal und noch mal umdreht, bevor er merkt, wer da der Trottel ist!

Der abgetrennte Finger

Machen Sie ein Loch unter das eine Ende einer großen Streichholzschachtel, groß genug, um einen Finger durchstecken zu können. Dann pudern Sie Ihren Zeigefinger mit Talkumpuder, sodass er ganz weiß und leblos aussieht, und stecken ihn durch das Loch. In der Schachtel ist Watte, auf der der Finger liegen kann. Wenn Sie es richtig fies haben wollen, geben Sie etwas rote Lebensmittelfarbe auf das »abgerissene« Ende des Fingers.

Schließen Sie die Schachtel, so gut es geht. (Sie können immer noch ein Loch in die Ummantelung machen.) Gehen Sie dann mit einer passenden blutrünstigen Geschichte zu Ihren Kindern und zeigen Sie ihnen den Finger. Drehen Sie zuvor den Finger zur Seite, sodass Sie Ihre Hand in einer halbwegs natürlichen Position halten können, und nehmen Sie noch die andere Hand als Sichtschutz hinzu.

Und während Ihre Opfer auf den Finger starren, fängt er plötzlich an zu zucken!

Um das Blut noch überzeugender aussehen zu lassen, könnten Sie es etwas bräunlich färben, indem Sie grüne Farbe dazugeben.

Wenn Sie wirklich realistisch wirkendes Blut für Theateraufführungen oder Halloween haben wollen, mischen Sie Maismehl mit Wasser und geben goldenen Sirup dazu.

Dann noch rote und grüne Lebensmittelfarbe und, wenn es nicht in die Nähe von jungen Schnäbeln gelangt, ein bisschen Spülmittel. Seien Sie aber vorsichtig mit der Lebensmittelfarbe. Sie kann Ihre Kleidung beschmutzen. Und Ihren Ruf als verantwortungsvollen Papa.

Ist das ein Vogel?

Ein toller Streich, den Sie und Ihre Kinder anderen spielen können. Wenn Sie draußen sind und Leute in der Nähe haben, bleiben Sie stehen und starren Sie alle in den Himmel, als wären Sie dort von etwas sehr fasziniert. Zeigen Sie auch manchmal nach oben. Sie können darauf wetten, dass auch andere versuchen werden, das zu sehen, was Sie so anstarren. Einige werden vielleicht sogar stehen bleiben, um es besser sehen zu können.

Wenn Sie einige Leute angelockt haben, ist das Ihr Stichwort, sich wieder zu verkrümeln und die anderen einfach stehen zu lassen. Keiner von denen wird zugeben wollen, dass sie nicht sehen können, was Sie und Ihre Kinder vorher noch so offensichtlich angestarrt haben.

Das geheimnisvolle Pendel

Kinder mögen unheimliche Sachen. Warum also ihnen das magische Pendel vorenthalten? Es muss nichts Aufregenderes sein als ein Gewicht an einem gut 15 Zentimeter langen Faden oder eine Halskette mit einem Anhänger. Etwas mit einer Spitze, das nicht zu schwer ist, eignet sich am besten.

Wenn Sie die ganz große Mystery-Show abziehen wollen, nehmen Sie einen alten Goldfaden (dieses Garnzeug, das man zum Aufhängen von großen Bildern nimmt) und einen übernatürlichen Kristall (ein Teil von einem alten Kronleuchter, den Sie schon vor Jahren wegwerfen wollten, aber irgendwie sind Sie noch nicht dazu gekommen). Löschen Sie das Licht und stellen Sie stattdessen ein paar Kerzen auf, um die Stimmung zu verstärken.

Geben Sie einem der Kinder das Pendel. Mit dem Ellbogen fest auf dem Tisch soll es das Pendel in der Hand halten, sodass der Anhänger knapp über dem Tisch hängt.

Das Kind soll die Hand ganz still halten und sich völlig auf den Anhänger konzentrieren. Kann es das Pendel mit den geheimen Kräften des Geistes kontrollieren? Wenn das Pendel anfängt, sich zu bewegen, soll Ihr Kind versuchen, es zum Vor- und Zurückschwingen zu bringen. Dann seitlich. Wie ist es mit einem Kreis? Und jetzt anders herum. Und dann soll es aufhören.

Das Komische daran ist, dass man seine Hand nicht ruhig halten kann, egal wie sehr man sich auch bemüht. Die Hand macht mit dem Pendel, was das Gehirn befiehlt.

Sobald sich das Pendel kontrollieren lässt, passieren noch seltsamere Dinge. Malen Sie einen Kreis mit »Ja« auf der einen und »Nein« auf der anderen Seite, und befragen Sie das geheimnisvolle Pendel.

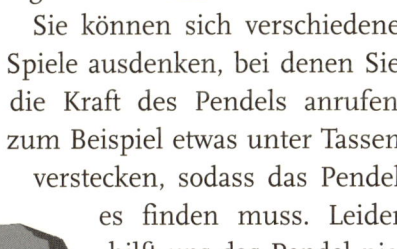

Sie können sich verschiedene Spiele ausdenken, bei denen Sie die Kraft des Pendels anrufen, zum Beispiel etwas unter Tassen verstecken, sodass das Pendel es finden muss. Leider hilft uns das Pendel nie, wenn wir mal wieder die Fernbedienung oder die Autoschlüssel suchen.

10. SPIEL UND SPASS

Früher oder später muss selbst der Papa, der am allerliebsten drinnen bleibt, einmal raus. Um mit den Kindern in den Park zu gehen oder an den Strand oder um nur mal im Garten rumzuhängen. Die Zeit wird kommen, zu der Sie den Fernseher ausmachen und das Große Draußen mit all seinen Abenteuern in Angriff nehmen müssen.

Sorgen Sie sich nicht. Wenn Sie einer von den Papas sind, für die zu einem aufregenden Fußballspiel ein Bier, ein Fernseher und ein Sessel gehört: Keine Panik. Viele Spiele in diesem Kapitel verlangen wenig oder keine physische Beteiligung Ihrerseits, und mit ein bisschen Glück werden die lieben Kleinen ganz schnell ganz müde. Wir haben ein paar neue, Ihnen sicher unbekannte Spiele zusammengestellt und einige alte Favoriten aufgepeppt.

Wir haben auch ein paar Spiele dabei, die Sie drinnen spielen können, falls es draußen regnet. Der Schwerpunkt liegt in diesem Kapitel auf Gruppen- und Teamaktivitäten, also haben Sie hier etwas, das Sie für den nächsten Kindergeburtstag gebrauchen können.

Fangen

Das muss eines der ältesten Kinderspiele sein. Derjenige, der »dran« ist, jagt die anderen. Wenn er jemanden fängt, ruft er »Du bist dran«, und die andere Person ist »dran«. So einfach ist das.

Es gibt aber viele Variationen dieses Spiels. Zum Beispiel könnte der, der gefangen wurde, nicht »dran« sein, sondern wie eine Säule erstarren. Er darf erst wieder weitermachen, wenn einer der anderen Spieler ihn befreit. Ähnlich ist die Variante, bei der der Spieler, der gefangen wurde, mit gespreizten Beinen stehen bleiben muss und nur befreit werden kann, wenn jemand unter seinen Beinen durchkriecht.

Oder der Spieler, der gefangen wurde, muss seine Hand auf die Stelle halten, an der er berührt wurde. Nun ist er »dran«, muss aber eine Hand die ganze Zeit auf dieser Stelle halten, während er versucht, die anderen zu fangen. Man kann auch Schattenfangen machen, sodass der, der »dran« ist, auf den Schatten der anderen treten muss.

Bei einer weiteren Variante, die wir aus unseren Sandkastentagen in liebevoller Erinnerung haben, können sich die Mitspieler in Sicherheit bringen, wenn sie irgendwo draufklettern. Natürlich gibt es ein Zeitlimit dafür, ab wann der Spieler nicht mehr sicher ist. Oder die Person, die »dran« ist, ruft etwas wie »Plastik« oder »Metall«, und die anderen bringen sich in Sicherheit, indem sie etwas aus diesem Material berühren. Jeder Gegenstand darf nur von jeweils einem Mitspieler berührt werden.

Für die »Schlange« brauchen Sie mindestens sechs Spieler. Jeder hält den Mitspieler vor sich an

Sie sind als Nächster mit Durchkrabbeln dran!

Spiel und Spaß

der Hüfte fest. Der Kopf der Schlange muss versuchen, den Schwanz zu fangen. Dieses Spiel macht genauso viel Spaß beim Zuschauen wie beim Spielen.

Französisches Cricket

»Französisch« und »Cricket« sind zwei Worte, die eigentlich nicht so eng zusammengehören. Und doch ist *French Cricket* ein tolles Spiel, besonders geeignet für den Strand. Anders als richtiges Cricket kann man es leicht lernen, die Spieler müssen nicht weiß gekleidet sein und, das Beste von allem, es ist egal, wenn manche sich langweilen und weggehen oder neue Leute dazukommen und unbedingt mitspielen wollen.

Wenn Sie vier oder mehr Spieler haben, brauchen Sie nur noch einen Tennisball und einen Cricketschläger, am besten einen kleinen. Sie können aber auch einen Tennisschläger nehmen oder ein anderes längliches Stück Holz. Der Schlagmann wird von den anderen Spielern in den Kreis genommen. Er hält den Schläger vertikal und dreht sich immer demjenigen zu, der den Ball hat. Der Werfer wirft von unten und versucht, entweder die Beine des Schlagmanns zu treffen oder ihn dazu zu bringen, den Ball zu schlagen, sodass er gefangen werden muss.

Wenn der Schlagmann raus ist, übernimmt der, der ihn rausgeworfen hat. Solange der Ball von unten geworfen wird, darf man auch Würfe antäuschen in der Hoffnung, der Schlagmann gibt die Deckung seiner Beine auf, sodass man auf sie werfen kann. Manche Leute bestehen sogar darauf, dass der Schlagmann seine Füße gar nicht bewegen darf, aber wie streng die Regeln sind, ist Ihnen überlassen.

Wenn Sie auf Sand spielen, können Sie einen Kreis ziehen, um die Grenze zu markieren. Wenn der Ball drübergeht, ohne den Boden zu berühren, bekommt der Schlagmann sechs Punkte, wenn er den Boden berührt, vier. Es gibt verschiedene Möglichkeiten, um Punktläufe zu bekommen. Sie können einen Punkt markieren, zu dem gerannt werden muss, oder der Schlagmann muss den Schläger so oft um seinen Körper drehen wie er kann, bis der Feldspieler den Ball gefangen hat.

Fußballpusten

Man vergisst so schnell, wie toll einfache Spiele sein können. Sie haben Strohhalme, Sie haben Tischtennisbälle, Sie haben einen Tisch. Sie haben damit Ihr eigenes Fußballstadion. Stellen Sie etwas an jedes Tischende, das als Tor genommen wird, umgedrehte Kartons oder Bücher, um die Torpfosten zu markieren. Dann fangen Sie an zu pusten.

Kastanienkampf

Stirbt dieses tolle Spiel langsam aus? Man sieht es jedenfalls deutlich seltener. Besonders, weil es viele Schulen verboten haben mit der zweifelhaften Begründung, es gefährde die Sicherheit. Das Spiel hat eine lange Tradition. Historiker berichten, dass es vor dem Kastanienkampf ein ähnliches Spiel mit Schneckenhäusern und anderen lustigen Dingen gab.

Anders als bei vielen modernen Sportarten muss man hier nur wenig investieren. Man braucht keine spezielle Ausrüstung, nur eine tiefbraune, glänzende Kastanie und eine Schnur oder einen Schnürsenkel. Papa kann bei dem Loch durch die Kastanien helfen, indem er einen Nagel oder Dübel nimmt (Akkubohrer machen die ganze Romantik des Kastanienbohrens kaputt). Stellen Sie sicher, dass der Knoten dick genug ist, sonst rutscht er in die Kastanie hinein.

Alles, was der potenzielle Kastanienmeister jetzt noch braucht, ist ein angemessener Gegner. Einer hält seine Kastanie hoch, während der andere versucht, sie mit seiner zu treffen und kaputt zu machen. Für das Wegziehen der Kastanie bekommt der Gegner einen Freistoß. Wenn man die gegnerische Kastanie nicht trifft, ist der andere dran. Das Spiel ist zu Ende, wenn eine der Kastanien zerschmettert ist und nur noch ein trauriger, einsamer Schnürsenkel zurückbleibt.

Eine Kastanie wird nach der Summe ihrer Siege benannt. Eine »Siebener«, die beispielsweise eine »Dreier« besiegt, wird zu einer »Elfer«, weil sie nicht nur einen Punkt für den aktuellen Sieg bekommt, sondern auch gleich noch die Punkte des Besiegten.

Kastaniensammeln an sich ist schon eine tolle Beschäftigung. Sammeln Sie die ein, die heruntergefallen sind, oder holen Sie die Kastanien runter, die kurz davor sind, indem Sie einen Stock in den Baum werfen. Manche Leute legen ihre Kastanien in Wasser. Die, die oben schwimmen, werfen sie weg und nehmen nur die stabileren.

Zu unserer Zeit entwickelte jeder Schuljunge (Mädchen interessieren sich aus irgendeinem Grund weniger für dieses Spiel) seine eigene geheime Formel, um aus seiner Kastanie ein betonhartes Monster zu machen. Manche trockneten sie auf der Heizung. Andere steckten sie in den Backofen. Wieder andere legten sie in Essig ein, besprühten sie mit Haarspray, lackierten sie mit Nagellack oder legten sie in die Gefriertruhe. Die Geduldigeren ließen sie in Ruhe und warteten, bis sie von Natur aus fester wurden. Moderne Methoden beinhalten offenbar das Einlegen in Wodka oder das Spritzen mit Botox!

Es macht natürlich Sinn, frisch gesammelte Kastanien erst eine Weile liegen zu lassen, bevor man sie auffädelt (die Kastanien der letzten Ernte sind nach einem Jahr richtig schön hart). Aber es gibt eine Grenze, wie lange sich Kastanien aufheben lassen. Wer dämlich genug ist, seine alten Kastanien 30 Jahre in einer Schachtel aufzuheben, um sie seinem Sohn als zukünftigem Kastanienmeister zu überlassen, wird enttäuscht sein. Ein Schlag von einer jungfräulichen Kastanie, die eben erst vom Baum gefallen war, und dieses wertvolle Stück aus Simons Kindheit zerfiel zu Staub.

Die Weltkastanienmeisterschaft, die jeden zweiten Sonntag im Oktober in Ashton, Northamptonshire, in Großbritannien abgehalten wird, lässt solche Betrügereien nicht zu. Die Mitspieler, die aus über 40 Ländern der Welt kommen, werden mit frischen Kastanien versorgt.

Wer hat Angst ...

Wenn Sie eine Kindergesellschaft um sich haben, die dringend Adrenalin abbauen sollte, lassen Sie sie »Wer hat Angst vorm Schwarzen Mann« spielen.

Spielen Sie es am besten draußen im Park auf weichem Untergrund, denn es wird viel herumgerannt. Markieren Sie zwei gegenüberliegende Felder, in denen sich die Kinder vor dem Schwarzen Mann in Sicherheit bringen können.

Die beiden Felder liegen ein paar Meter auseinander. In diesem Bereich steht der »Schwarze Mann«. Er ruft: »Wer hat Angst vorm Schwarzen Mann?« Die anderen Kinder stehen in einem der Felder und rufen: »Niemand!« Der Schwarze Mann fragt: »Und wenn er kommt?« Und die Antwort lautet: »Dann laufen wir.« Jetzt rennen alle Kinder auf die gegenüberliegende Seite. Dabei müssen sie versuchen, dem Schwarzen Mann auszuweichen. Der wiederum versucht, so viele wie möglich zu erwischen. Wer von ihm abgeklatscht wurde, hilft ihm beim Fangen. Das Spiel geht, bis nur noch einer übrig ist. Der ist in der nächsten Runde der Schwarze Mann.

Kubb: Das allerbeste Spiel für draußen

Seit wir das schwedische Spiel *Kubb* entdeckt haben, können wir gar nicht mehr aufhören, es zu spielen. Zum Glück mag es jeder genauso gerne, den wir gezwungen haben, es mit uns zu spielen. Wir fragen uns ernsthaft, warum es nicht mittlerweile schon beliebter geworden ist als Fußball.

Wenn Sie nicht gerade vorhaben, bei uns vorbeizuschauen, um eine Runde zu spielen, müssen Sie sich ein Kubb-Set zulegen. Vermutlich werden Sie keines im Schrank zwischen den ganzen unbenutzten Tennisschlägern herumfliegen haben. Aber man kann es sehr leicht aus Holz selbst machen. Sie brauchen zehn Kubbs, sechs Wurfhölzer und einen König. Wenn Sie in der Schule den Werkunterricht geschwänzt haben, können Sie sich im Internet schnell ein Set bestellen.

Es ist ein Wikingerspiel, von dem die Schweden behaupten, es sei früher mit den Knochen derer, die sie erobert hatten, gespielt worden. Das Spielfeld ist gute 5 Meter breit und 8 Meter lang. Es ist aber einfacher für Kinder, wenn es etwas kleiner ist. Der König steht in der Mitte. Jedes Team (bis zu sechs Personen) steht hinter seiner Spiellinie, auf der fünf Kubbs verteilt sind.

Ein Spieler von jedem Team wirft ein Wurfholz zum König. Der, der dem König am nächsten ist, ohne ihn zu berühren, fängt an. Jeder, der den König zu früh über den Haufen wirft, hat sofort das Spiel verloren.

Ziel ist, erst alle Kubbs der gegnerischen Mannschaft umzuwerfen und erst am Ende den König.

Team A beginnt, indem es seine Wurfhölzer von unten wirft. Sie müssen sich im Flug so wie eine Radspeiche drehen. Helikopterwürfe (bei denen sich das Holz seitlich dreht) sind nicht erlaubt. Mit den Wurfhölzern wird versucht, so viele Kubbs der gegnerischen Mannschaft wie möglich umzuwerfen.

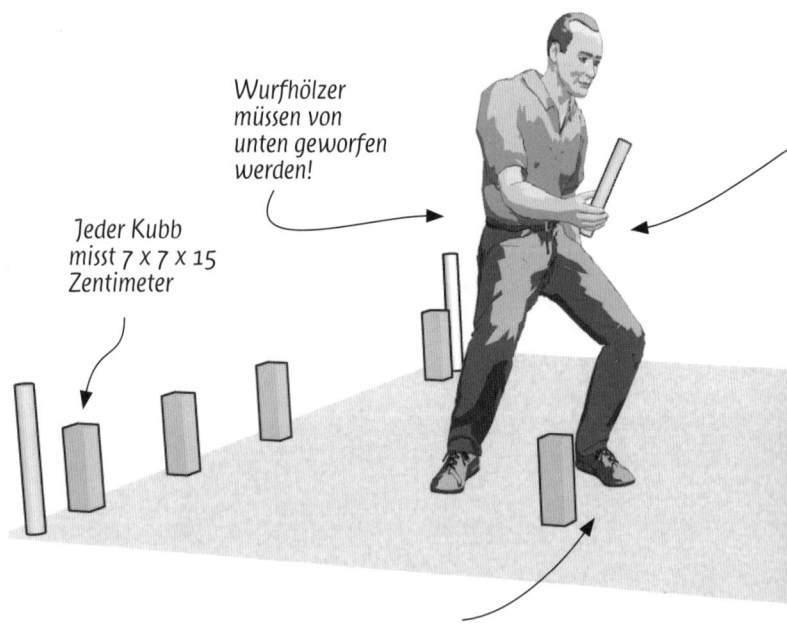

Wurfhölzer müssen von unten geworfen werden!

Jeder Kubb misst 7 x 7 x 15 Zentimeter

Spieler können auf einer Höhe mit dem vordersten Kubb stehen

Spiel und Spaß

(1) Man darf zweimal versuchen, die Kubbs zurückzuwerfen. Wenn man es nicht schafft, dürfen die Gegner sie hinstellen, wo sie wollen, mindestens aber der Länge eines Wurfholzes entsprechend von König und Außenpfosten entfernt.
(2) Kubbs müssen immer von der Grundlinie aus geworfen werden.
(3) Eine gute Variante ist es zu erlauben, dass umgestoßene Kubbs, die sich berühren, aufeinander gestellt werden dürfen. Dadurch ist es einfacher, sie umzuwerfen, was ein lahmes Spiel beschleunigt.

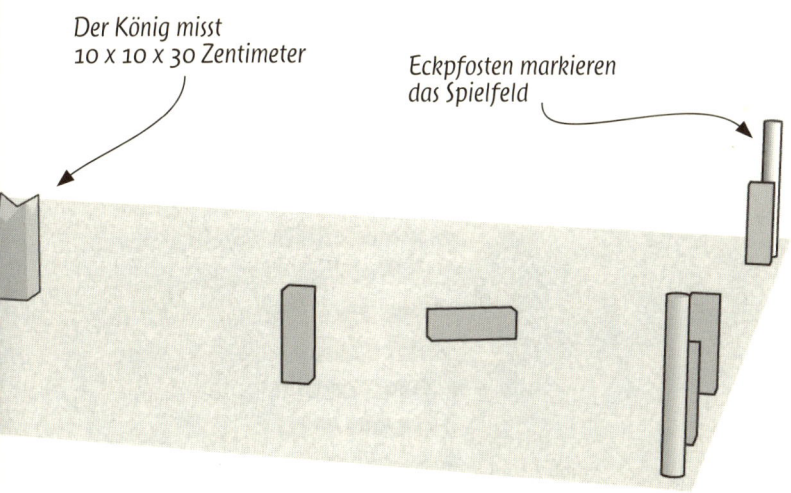

Die Wurfhölzer messen 2,5 bis 4 Zentimeter im Durchschnitt und sind 30 Zentimeter lang

Der König misst 10 x 10 x 30 Zentimeter

Eckpfosten markieren das Spielfeld

Bevor sich Team B revanchiert, wirft es die umgeworfenen Kubbs in das Feld der gegnerischen Mannschaft, und zwar zwischen König und Grundlinie (1). Team A stellt diese dann dort auf, wo sie hingefallen sind. Diese Kubbs heißen jetzt Feldkubbs.

Team B muss die Feldkubbs erst umwerfen, bevor es die Kubbs an der Grundlinie in Angriff nimmt. Es ist nicht schlimm, wenn ein Wurfholz mehr als einen Kubb umwirft. Aber jeder Kubb, der auf der Grundlinie versehentlich umgeworfen wurde, muss wieder aufgestellt werden, es sei denn, der letzte Feldkubb ist mit demselben Wurf umgefallen.

Team A muss nun alle umgefallenen Kubbs zurück in das Feld der Gegner werfen. Wenn noch Feldkubbs bei ihm stehen, kann es sich auf deren Höhe stellen, um seine Wurfhölzer zu werfen (2).

Dies geht immer so weiter, bis ein Team alle gegnerischen Kubbs umgeworfen hat. Die Spieler müssen dann wieder zurück hinter die Grundlinie und versuchen, mit den noch übrigen Wurfhölzern den König umzuwerfen und damit das Spiel zu gewinnen.

Das Schöne an Kubb ist, dass das Glück der Spieler kommt und geht. Einen Moment ist man sich sicher, dass man verliert, im nächsten Moment ist man wieder ganz vorne dabei. Manchmal sind Spiele im Nu vorbei, manchmal dauern sie 20 Minuten oder länger (3). Kubb ist eines der Spiele, deren Sinn man nicht wirklich versteht, bis man es selbst spielt – und dann nicht mehr aufhören kann.

Der Tausendfüßler

Das ist eine Variante des *Schubkarrenrennens* und ist vermutlich noch alberner. Am besten spielt man es auf weichem Untergrund oder sogar drinnen, wenn genug Platz ist. Sie brauchen zwei Teams, jedes mit mindestens vier Spie-

Spiel und Spaß 221

lern. Versuchen Sie, Kinder gleichen Alters und Erwachsene gleichmäßig auf die Teams zu verteilen.

Beide Teams stellen sich in einer Reihe auf und knien sich dann hin. Mit Ausnahme des Anführers legt jeder Spieler seine Hände auf oder um die Hüfte des Vordermanns. Auf »Los« bewegen sich alle so schnell sie können nach vorne in Richtung Ziellinie. Wenn der Tausendfüßler auseinanderbricht, muss das Team anhalten und sich wieder formieren, bevor es weitergehen kann.

Um das Spiel schwieriger zu machen, kann man auch einen Baum oder einen Stapel Kleider als Markierung nehmen, um die die Teams herumkrabbeln müssen, bevor sie wieder zurück zur Startlinie dürfen.

Gib mal das Wasser!

Wenn Sie an einem heißen Tag einen Haufen Kinder zähmen müssen, haben wir genau die richtige Abkühlung für Sie. Sie brauchen dazu ein Planschbecken (jeder größere Wasserbehälter tut's auch), zwei gleichgroße Eimer und viele Kinder, die darauf gefasst sind, gleich sehr, sehr nass zu werden.

Die Kinder stellen sich in zwei Reihen, die vom Pool wegführen, auf. Am Ende der Reihe steht jeweils ein Eimer. Bei »Los« taucht das Kind, das direkt neben dem Pool steht, einen Schwamm ins Wasser und gibt ihn dann an seine Mitspieler weiter. Der letzte in der Reihe

Und dafür hab ich das Great Barrier Reef verlassen...

> **FASZINIERENDE FAKTEN:**
> Schwer zu glauben, aber Schwämme sind Tiere. (Abgesehen natürlich von denen aus Polyester.) Es gibt über 7500 Arten. Ihre Größe reicht von wenigen Millimetern bis hin zu 3 Metern. Der älteste noch lebende Schwamm ist ca. 10.000 Jahre alt. Den Schwämmen, die wir im Laden kaufen können, wurde vorher alles Zellmaterial entfernt: Übrig bleibt das Skelett.

muss den Schwamm in den Eimer ausdrücken und dann wieder an seine Mitspieler zurückgeben. Der Schwamm darf nicht geworfen werden! Am Planschbecken wird er wieder aufgefüllt.

Gewonnen hat das Team, dessen Eimer zuerst voll ist.

Doppelte blinde Kuh

Ein tolles, lautes Spiel, das man im Park oder am Strand spielen kann. Eigentlich auf allen großen Plätzen, wo es keine Nachbarn gibt, die sich über den Lärm beschweren.

Teilen Sie zwei Teams ein. Jedes Team bestimmt einen Spieler, dem die Augen verbunden werden. Die beiden »blinden« Spieler werden nun von ihren Teamkollegen durch Zurufen um Hindernisse (einen Baum, zum Beispiel) herum und wieder zurück zum Team geführt.

Das Lustige an dem Spiel: Beide »Blinden« müssen gleichzeitig denselben Weg gehen, und beide Teams schreien zur gleichen Zeit ihre Anweisungen.

Vielleicht kein gutes Spiel, um es in der Nähe von Rosenbüschen, Brennnesselfeldern, Abhängen oder Autobahnen zu spielen.

Wolf, wie spät ist es?

Wählen Sie einen Wolf. Das ist im Grunde eine wunderbare Rolle für alle Papas, da es ihnen viel Raum bietet, ihre ansonsten ungenutzten Fähigkeiten schamlos übertrieben einzusetzen.

Der Wolf steht mit dem Rücken zu den anderen Spielern, die mindestens sechs Meter weg stehen sollten. Sie rufen: »Wie spät ist es, Wolf?«, und der Wolf dreht sich um und ruft eine Zeit (es muss sich um eine volle Stunde handeln). Die Mitspieler gehen die entsprechende Anzahl an Schritten zum Wolf vor. Ruft der Wolf also »Zwei Uhr!«, gehen sie zwei Schritte in seine Richtung.

Je näher sie kommen, desto mehr steigt die Spannung. Die Spieler wissen nun, demnächst wird der Wolf auf die Frage, wie spät es ist, rufen: »Essenszeit!« und sie alle jagen, bis sie sich wieder in Sicherheit hinter der Startlinie befinden. Je nachdem, wie Sie die Regeln festlegen, ist der, der gefangen wurde, der nächste Wolf. Oder auch nicht.

Fliegende Fische

Die Kinder schneiden aus Papier, Zeitungen oder einer Küchenrolle die Form eines großen, dicken Fischs. Alle Teilnehmer legen ihren Fisch auf den Boden und stellen sich dahinter. Bei »Los« wedeln sie wie wahnsinnig mit Pappe oder einer Zeitschrift hinter dem Fisch herum, damit dieser nach vorne in Richtung einer Ziellinie flattert. Alternativ könnte man einen Teller als Ziel hinstellen, in dem der Fisch landen muss. Ein tolles Partyspiel.

Wer ist im Hut?

Das Problem bei einigen Spielen ist, dass sie Allgemeinwissen voraussetzen und dadurch Kinder den Erwachsenen gegenüber deutlich im Nachteil sind, weil sie ein paar Jahre weniger zur Verfügung hatten, um nutzloses Wissen anzusammeln, das man ohnehin nur bei Fragespielen braucht.

Die meisten Kinder kennen aber eine wundersame Anzahl an Berühmtheiten und Popstars, wodurch sich *Wer ist im Hut?* bestens als Familienquiz eignet. Sie brauchen dazu einen Ein-Minuten-Timer, den Sie notfalls von einem anderen Spiel stibitzen können.

Teilen Sie die Spieler gleichmäßig nach Wissen – oder Nichtwissen – in zwei Teams auf. Jeder Spieler schreibt die Namen fünf bekannter Personen (können auch fiktionale sein) auf und wirft die Zettel in einen Hut. Ein Spieler von jedem Team muss dann versuchen, seinen Mitspielern zu erklären, wessen Name er gezogen hat, ohne dass er den Namen nennt. Jeder Name, der innerhalb einer Minute geraten wurde, ist ein Punkt für das Team.

Gehen Sie der Reihe nach vor, bis alle Namen erraten wurden. Man kann das Spiel sogar noch verfeinern, so wie es ursprünglich gespielt wurde: Legen Sie die Namen wieder zurück in den Hut und fangen Sie noch einmal an. Doch diesmal darf derjenige, der mit Beschreiben dran ist, nur drei Wörter benutzen. Da diese drei Wörter vermutlich aus der vorangegangenen, langen Erklärung genommen werden, ist dies auch ein gutes Training für Gedächtnis und Aufmerksamkeit, um zu sehen, wer sich daran erinnern kann, zu welcher Person die drei Wörter gehören. Und wenn diese Runde vorbei ist, kann man es noch mal spielen, aber diesmal nur mit einem Wort für jeden Namen.

Ibble Dibble

Ibble Dibble ist ein typisch britisches Kneipenspiel (sprich: Ibbeldibbel). Voraussetzung dafür: ein Weinkorken, eine Kerze – und große Mengen Alkohol. Letzteres eignet sich für Kinder nicht so richtig, aber das Spiel macht auch riesigen Spaß, wenn man es nüchtern spielt. Heben Sie sich also ein paar Korken von Ihren Weinflaschen auf (echte Korken, kein Plastik!). Für das Spiel halten Sie den Korken an einer Seite in die Flamme, um ihn zu schwärzen.

*Wenn die Kinder im Bett sind,
kann das Spiel so gespielt werden, wie es sich gehört!*

Die Spieler sitzen in einem Kreis. Jedem wird eine Nummer der Reihe nach zugeteilt. Der erste Spieler muss ganz perfekt sagen: »Ibble Dibble Nummer Eins ohne Dibble Ibbles ruft Ibble Dibble Nummer ...« Und dann sucht er einen anderen Spieler aus und nennt dessen Nummer mit dem Zusatz »ohne Dibble Ibbles.« Dieser Spieler, sagen wir mal Nummer Drei, muss fortfahren: »Ibble Dibble Nummer Drei ohne

Dibble Ibbles ruft Ibble Dibble Nummer fünf ohne Dibble Ibbles.« Und so weiter.

Beim kleinsten Fehler bekommt der Spieler, der ihn gemacht hat, einen schwarzen Punkt mit dem Korken ins Gesicht. Das ist ein Dibble Ibble. Jeder Spieler muss die Anzahl der Punkte im eigenen Gesicht und auch die des Spielers, der aufgerufen wird, in den Spruch einfügen. Jeder Fehler bedeutet einen weiteren Punkt. Also: Spieler Zwei mit drei Punkten muss zu Spieler Fünf mit einem Punkt sagen: »Ibble Dibble Nummer Zwei mit drei Dibble Ibbles ruft Ibble Dibble Nummer Fünf mit einem Dibble Ibble.« Und so weiter. Je länger Sie es spielen, desto schwieriger wird es, sich auch nur zu merken, wie viele Punkte Sie schon im Gesicht haben. Man fängt erst mit Punkten auf den Wangen an, doch nachher werden sie zu Schnurrbärten, blauen Augen und schwarzen Nasen.

Und sobald die Kinder im Bett sind, können die Erwachsenen eine Flasche Wein aufmachen – Sie brauchen sicher noch einen Korken! – und das Spiel so weiterspielen, wie es eigentlich angedacht ist: Mit einem Gläschen, um die Fehlerquote zu erhöhen!

Inselhüpfen

Nehmen Sie die Kissen vom Sofa. Platzieren Sie sie strategisch in einem Raum oder auf verschiedene Zimmer verteilt, wenn Sie genug Kissen haben, und sagen Sie Ihren Kindern, sie sollen von einem Kissen zum nächsten hüpfen, ohne dabei den Boden zu berühren. Es ist ein tolles Spiel für drinnen, solange Sie daran denken, die teuren Vasen und sonstige zerbrechliche Erbstücke vorher zu entfernen.

Draußen kann man das Spiel auch spielen, indem man Handtücher oder Kleidungsstücke benutzt. Falls Ihre Frau Einspruch erhebt, nehmen Sie Zeitungspapier, wenn es

Spiel und Spaß 227

nicht windig ist. Wenn Sie Bäume im Garten haben, können diese dazu verwendet werden, an den Ästen hin- und herzuschwingen, um größere Entfernungen zu überwinden.

Man kann das Spiel auch noch für eine größere Altersgruppe zur Herausforderung machen. Fangen Sie mit vielen Kissen an und nehmen Sie nach und nach immer eins weg, nachdem alle Mitspieler erfolgreich eine Runde gehüpft sind. Sogar die kleineren Kinder sehen den größeren gerne zu, wie sie sich abmühen, wo die Kleinen nicht weitergekommen sind.

Das Puddingspiel

Alle sitzen in einem Kreis und würfeln der Reihe nach. Wer eine Sechs würfelt, muss Hut, Schal und Handschuhe anziehen und versuchen, sich mit Messer und Gabel durch eine Schüssel Pudding zu essen. Wenn Sie wirklich gemein sind, nehmen Sie Fäustlinge oder Ofenhandschuhe.

Man hat dazu nur eine Minute Zeit, bis wieder gewürfelt wird. Das Spiel ist zu Ende, wenn der Pudding aufgegessen ist. Oft wird es mit Schokolade gespielt. Es ist ein einfaches Partyspiel, das Kinder zum Schreien komisch finden.

11. KINDERGARTEN-KINDER

Wenn Ihre Kinder noch in den Windeln stecken und maßlos fasziniert von einem sich drehenden Etwas über ihrem Bettchen sind, das *Guten Abend, gute Nacht* tingelt, stehen die Chancen ziemlich schlecht, dass Sie selbst mit Ihren besten Zaubertricks auch nur annähernd Beachtung finden. Aber irgendwann werden aus Babys Kleinkinder, und Sie können mit dem ganzen Super-Papi-Kram auffahren, worauf Sie so lange schon gewartet haben.

Jüngere Kinder sind ein viel dankbareres Publikum als ihre älteren Geschwister. Sie müssen kein Geschicklichkeitsexperte sein, um so zu tun, als hätten Sie sich ihre Nase geschnappt, wenn Sie in Wirklichkeit nur den Daumen zwischen Zeige- und Mittelfinger stecken. Der Nachteil ist, dass sie sich ihre Lieblingstricks immer wieder ansehen wollen ... und dann wieder ... und wieder ... und wieder ...

Je kleiner die Kinder sind, desto physischer muss das Spiel sein. Aber das ist in Ordnung. Sie sind selbst noch jung und stehen in Ihrer Blüte. Die Kleinen werden Ihnen nicht gleich den letzten Saft aus den Adern quetschen. Das dauert noch ein paar Jahre.

Hoppe hoppe Reiter

Es gibt unendlich viele Kinderreime, die mit kleinen Aktionen einhergehen. Die Kinder haben daran einen riesigen Spaß, und Kniereiterverse sind besonders beliebt.

Setzen Sie dazu das Kind auf Ihr Knie, stellen Sie die Füße auf die Zehenspitzen, damit Sie besser im Takt zu den Wörtern wippen können. Das Kind halten Sie mit den Händen gut fest, damit es bei dem ganzen Geschaukel nicht vom Knie fällt. Das Beste an den Versen ist, dass Sie nicht einmal gut singen können müssen. Rhythmisches Sprechen reicht voll und ganz.

Hier finden Sie eine Auswahl:

Das Kind wird sanft auf den Knien geschaukelt, beim letzten Wort ziehen Sie die Beine auseinander, sodass das Kind ein wenig herunterplumpst. Natürlich haben Sie es aber die ganze Zeit fest im Griff.

Hoppe hoppe Reiter, wenn er fällt, dann schreit er.
Fällt er in den Graben, fressen ihn die Raben.
Fällt er in den Sumpf, macht der Reiter plumps!

Hier reicht durchgehend ruckelndes Wippen, das Galoppreiten imitiert.

Hopp, hopp, hopp, Pferdchen, lauf Galopp.
Über Stock und über Steine, aber brich dir nicht die Beine!
Hopp, hopp, hopp, Pferdchen, lauf Galopp.

Etwas mehr Aktion in Richtung »krachen« und »lachen« gehört zu diesem kurzen, aber immer wieder gern genommenen Reim:

Eine kleine Dickmadam fuhr mal mit der Eisenbahn.
Eisenbahn, die krachte, Dickmadam, die lachte!

Oder auch sehr effektiv:

Hopp, hopp, ho,
Ei, was bin ich froh!
Reiten kann ich ganz geschwind,
Noch viel schneller als der Wind.
Hopp, hopp, ho,
auf einmal geht es ... so!

Auch hier eignet sich das Ende wieder ganz hervorragend dazu, die Knie auseinanderzunehmen und das Kind ein Stück fallenzulassen, natürlich ohne dass es wirklich fällt. Machen Sie das ein paar Mal hintereinander, und Sie werden staunen, wie anstrengend es ist. Für Sie, nicht für das Kind! Ihr Nachwuchs wird im Gegenteil nach 20 Minuten immer noch nach mehr schreien.

Statt aufzugeben, bevor das Kind zufrieden ist, sollten Sie es einfach als gute Fitnessübung sehen, ganz ohne den Aufwand und die Kosten eines Fitnessstudios.

Der Kitzelroboter

Malen Sie die Zahlen 1 bis 4 und den Buchstaben R auf Ihre Handinnenfläche. Stellen Sie sich ganz still hin, mit einem leeren Ausdruck in ihrem Gesicht, die Augen in die Ferne gerichtet. (Väter von kleinen Babys werden feststellen, dass sich diese Position ganz von selbst einstellt.) Sie sind jetzt ein Roboter im Stand-by-Modus.

Ihr Kind soll auf die Nummern auf Ihrer Hand drücken, um zu sehen, was passiert. Wenn eine Nummer gedrückt wird, erwachen Sie zum Leben. Machen Sie roboterartige

Bewegungen, aber lassen Sie Ihre Hand mit den Zahlen weiter nach vorne ausgestreckt. Wird die nächste Zahl gedrückt, bewegen Sie sich auf das Kind zu, nehmen es hoch und kitzeln es. Verändern Sie Ihre Aktionen, wenn eine andere Nummer gedrückt wird, bewegen Sie sich stets wie ein Roboter, und behalten Sie immer den unbeteiligten Gesichtsausdruck bei, um die Roboternachahmung perfekt zu machen. Wird R (für Reset) gedrückt, gehen Sie wieder in den Stand-by-Modus über.

Kleine Kinder scheinen den spielerischen Schrecken des Kitzelroboters besonders zu lieben. Sie werden eine kleine Verschnaufpause brauchen, nachdem sie laut gekräht haben, dass sie überhaupt gar nicht mehr und nie wieder gekitzelt werden wollen. Aber dann werden sie wieder auf einen Knopf drücken. Jetzt wissen Sie, dass Sie alles richtig gemacht haben. Wenn es sich eingespielt hat, brauchen Sie sich nicht mehr die Handflächen zu bemalen. Dann reicht es, wenn Sie einfach nur die Hand ausstrecken, und schon werden die Kinder anfangen, darauf herumzudrücken. Sie können das Spiel auf endlose Weise variieren und sich sogar selbst mit einem unsichtbaren Drehschlüssel wieder aufziehen.

Bring mir eine gelbe Blume ...

... ein rotes Blatt, einen Stein so groß wie ein Daumennagel und einen Ast so lang wie dein kleiner Finger. Und ... los! Schon purzeln sie auf Ihr Kommando zur Tür heraus, und Sie können sich Ihren wohlverdienten Kaffee nach dem Essen gönnen, Zeitung lesen, sich mit Freunden unterhalten ... Es ist ein Spiel, das Ihnen keinerlei Arbeit macht und die lieben Kleinen eine ganze Weile beschäftigen wird.

Der ganze Garten auf einem Teller

Eine schöne Beschäftigung an einem sonnigen Tag. Ziel ist es, den Garten etwas zu plündern, um einen eigenen kleinen Garten auf einem Plastikteller zu bauen. Lassen Sie die Kinder nach allem suchen, was dazugehört: Erde, Gras, schöne Blüten, interessante Blätter, kleine Zweige. Dieses Spiel fördert die Kreativität, und die Kleinen werden sehr stolz auf ihre Kreationen sein.

Simon sagt ...

Dieses Spiel kennt in Großbritannien jedes Kind! Bestimmt werden auch Ihre Kinder damit großen Spaß haben. Es geht ganz einfach. Die Kinder müssen alles tun, was Sie ihnen sagen: die Hände auf die Schultern legen, die Zunge rausstrecken, auf einem Bein stehen – wenn das Kommando mit »Simon sagt« beginnt. Wenn nicht, dann dürfen sie genau das, was Sie sagen, *nicht* tun. Das ist besonders lustig bei Kommandos wie »Geht und holt die Schokolade aus dem Schrank!«

Bei Simon zu Hause machen seine Kinder natürlich immer das, was er sagt. Sagt jedenfalls Simon.

Zum Kaputtmachen

Sie haben eineinhalb Stunden an dem Raumschiff aus Legosteinen gesessen. Jetzt ist es fertig, und es ist ein sehr beeindruckendes Stück geworden. Das Problem ist: Was machen Sie damit? Behalten können Sie es kaum, zum einen ist dafür nirgendwo Platz, zum anderen brauchen Sie die Steine wieder für etwas anderes. Und außerdem: *So* toll ist es nun auch wieder nicht. Sie wissen: Beim nächsten Mal werden Sie ein viel besseres Raumschiff bauen.

Machen Sie damit, was man auch mit echten Raumschiffen macht. Werfen Sie es durch die Luft. Natürlich wird es herunterfallen und kaputtgehen. Und genau darum geht es. Mit Kindern wird ständig geschimpft, wenn ihnen etwas runterfällt und kaputtgeht. Deshalb werden sie es ganz toll finden, wenn man ihnen endlich mal erlaubt, etwas kaputt zu machen, besonders, wenn es etwas so Extravagantes ist wie ein 1000-Teile-Raumschiff aus Legosteinen.

Der Legoturm

Jetzt haben Sie den ganzen Boden voller Legosteine. Was bietet sich da mehr an, als einen Turm zu bauen, der so groß ist wie Ihr Kind? Vielleicht haben Sie auch noch Duplo-Steine, die Sie als Basis für den Legoturm nehmen können. Man

Kindergartenkinder

kann nämlich nicht nur Duplo auf Lego bauen, sondern auch umgekehrt. Diese Spielzeugmacher haben wirklich an alles gedacht.

Kinder sind immer ganz fasziniert, wenn sie etwas bauen können, das größer ist als sie selbst. Für Kinder ist das, was innerhalb ihrer Reichweite ist, immer ein Orientierungspunkt. Das Turmbauen ist eine ziemlich sinnfreie Beschäftigung und kann daher auch leicht morgens um vier ausgeführt werden (oder wann auch immer Ihr schlafloser Spross Sie aus dem Bett holt).

Wenn der Turm fertig ist, werfen Sie ihn natürlich wieder um und machen ihn kaputt. Dann kann das Kind noch mal selbst den Turm bauen, es weiß ja jetzt, wie es geht. Und Sie können mal eben die Augen für ein paar Minuten auf der Couch zumachen.

Der Taschentuchhase

Breiten Sie ein Taschentuch aus Stoff oder ein Halstuch aus. Ziehen Sie es dann durch Ihre geschlossene Hand, damit es lang und schmal wird. Machen Sie einen Knoten in das obere Drittel und zupfen Sie das kürzere Ende etwas zurecht – das sind die Hasenohren (auch wenn es nur eines ist).

Legen Sie den Hasen auf Ihre ausgestreckte Hand, sodass die Ohren in Richtung Ihres Ellbogens zeigen, und streicheln Sie ihn mit der anderen Hand, auch, um zu verbergen, was Sie gleich tun werden. Mit dem Mittelfinger der Hand, die den Hasen hält, bewegen Sie den Knoten, sodass der Hase an Ihrem Arm hochhüpft.

Wenn der Hase springt, zeigen Sie sich überrascht, und nach dem Bruchteil einer Sekunde ziehen Sie ihn am Schwanz wieder in seine alte Position zurück. Streicheln Sie ihn wieder eine Weile, wie um ihn zu beruhigen, doch dann hüpft er wieder hoch, wenn Sie es am wenigsten erwarten. Die kleinen Kinder lieben das, aber Sie werden staunen, wie fasziniert sogar vermeintlich coole Teenager von dem Hasen sein können.

Wenn Sie kein Taschentuch zur Hand haben, können Sie es auch mit einem knuffigen Spielzeugtier machen, das groß genug ist, Ihre Finger zu verdecken, aber klein genug, um Ihren Unterarm hinaufzuhüpfen.

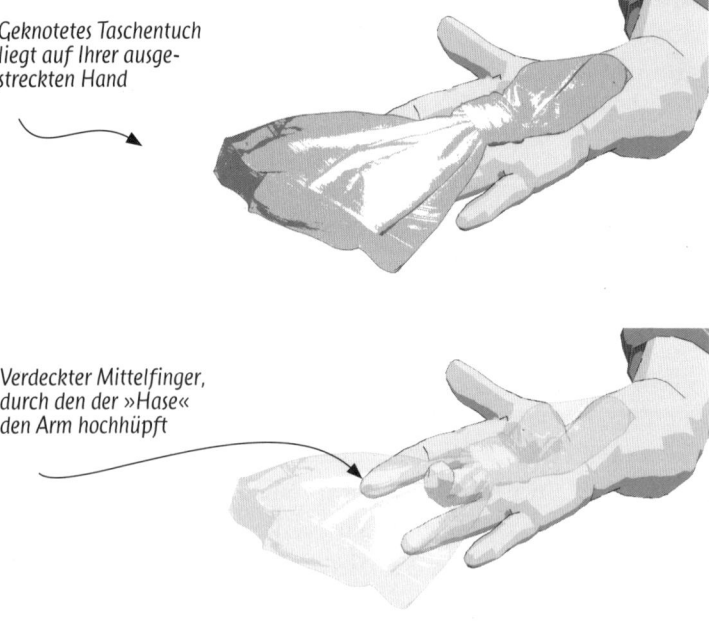

Geknotetes Taschentuch liegt auf Ihrer ausgestreckten Hand

Verdeckter Mittelfinger, durch den der »Hase« den Arm hochhüpft

Kindergartenkinder

Teensy Rider

Nehmen Sie Ihr Kind auf Ihre Knie, sodass es mit dem Rücken zu Ihnen sitzt. Halten Sie Ihre Arme mit geballten Fäusten hoch, sodass es sich daran festhalten kann.

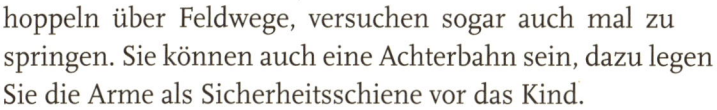

Das Kind hält jetzt die Lenkgriffe eines schnellen Motorrads fest. Den Lärm dazu machen Sie. Sie fahren schneller und schneller, kommen in immer engere Kurven, fahren Hügel hoch, nur um auf der anderen Seite wieder herunterzubrettern, hoppeln über Feldwege, versuchen sogar auch mal zu springen. Sie können auch eine Achterbahn sein, dazu legen Sie die Arme als Sicherheitsschiene vor das Kind.

Es ist bei Anfängern nicht überraschend, dass so ziemlich jeder Ausflug in einem Crash endet. Aber geben Sie nicht uns die Schuld, wenn Ihre Kinder als Teenager nur noch Motorradlederkluft tragen.

Heiß oder kalt

Wenn es für die Kinder Zeit ist, zu Bett zu gehen, tragen Sie Ihnen auf, etwas in ihrem Zimmer zu verstecken, nach dem Sie suchen werden. Funktioniert prima, um aufmüpfige Kinder schnell ins Bett zu kriegen.

Sobald sie schön unter der Decke liegen, fangen Sie an, danach zu suchen. Während Sie im Zimmer herumkriechen und in alle Ecken schauen, rufen die Kinder »kalt«, »kälter«, »lauwarm«, »warm«, »wärmer«, »heiß« und Ähnliches bis hin zu »Feuer« oder »Nordpol«. Sie können das Ganze auch noch ausreizen, indem Sie absichtlich in die falsche Richtung gehen.

Die andere Möglichkeit, das Spiel zu spielen, ist, dass Sie etwas verstecken und die Kinder danach suchen lassen. Steve versteckt jedes Jahr die Geburtstagsgeschenke von Freddy und Joe, um die Vorfreude zu verlängern. Es ist so beliebt geworden, dass sie ihn sogar mittlerweile darum bitten, die Geschenke auf die Art zu verstecken – und es ist außerdem eine Möglichkeit, die jährliche rasende Attacke auf das Geschenkpapier abzubremsen.

Schattenspiele

Sie machen Spaß und sind mit ein bisschen Übung ganz leicht. Wenn Ihr Kind noch ganz klein ist, setzen Sie sich im Schneidersitz unter die Deckenleuchte auf den Boden (Halogenstrahler machen das beste Licht), das Kind auf dem Schoß. Werfen Sie die Schatten auf den Boden vor Ihnen. Das ist unmittelbarer, als sie an die Wand zu projizieren.

Für manche brauchen Sie beide Hände. Diese sind schwieriger (und funktionieren nicht, wenn Ihr Kind auf Ihrem Schoß sitzt). Aber die einhändigen Schatten können Sie jeweils mit einer Hand machen. Die Schatten könnten sich gegenseitig bekämpfen. Versuchen Sie auch einfache Schattenspiele. Machen Sie einen Schatten mit Ihrer ausgestreckten Hand, lassen Sie die Finger der Reihe nach aufgehen. Dann kommt eines der Schattentiere und frisst einen Finger nach dem anderen. Kleine Kinder finden das zum Schreien komisch.

Kindergartenkinder 239

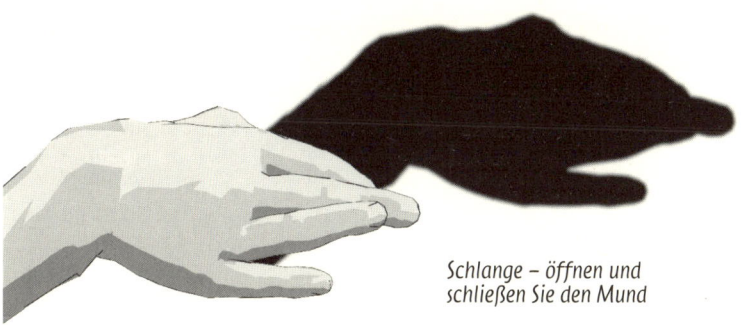

Schlange – öffnen und schließen Sie den Mund

Wolf – bewegen Sie die Ohren

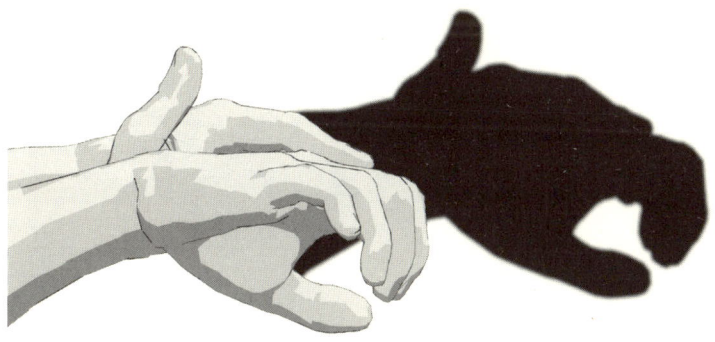

Panther – der kann zubeißen!

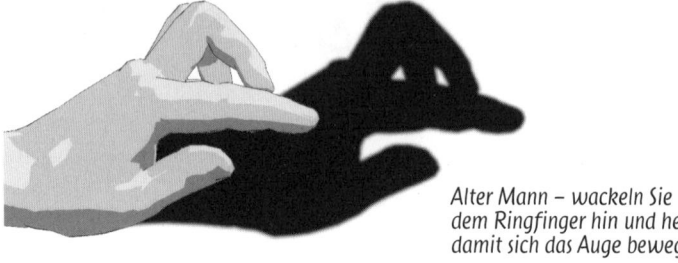

Alter Mann – wackeln Sie mit dem Ringfinger hin und her, damit sich das Auge bewegt

Windhund – nehmen Sie Ihren kleinen Finger, um das Maul auf und zu zu machen

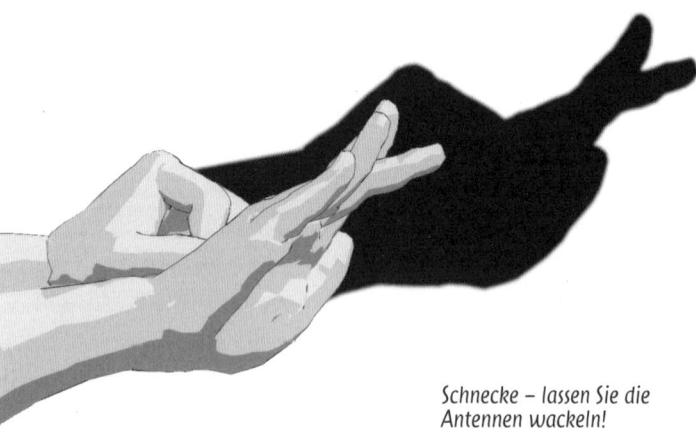

Schnecke – lassen Sie die Antennen wackeln!

Das Lächeln wegwischen

Bewegen Sie Ihre flache offene Hand ganz schnell von der Stirn zum Kinn, so als würden Sie etwas wegwischen. Verändern Sie Ihren Gesichtsausdruck von einem Lächeln zu einem Stirnrunzeln. Wenn Sie mit der Hand wieder nach oben gehen, lächeln Sie wieder. Es ist eine besonders gute List, um kleine Kinder aufzumuntern, wenn sie bockig oder mies drauf sind. Und es funktioniert auch recht gut bei etwas älteren Kindern. Kinder zum Lächeln zu bringen ist schon mal der erste Schritt, um ihnen aus ihrer schlechten Laune zu helfen.

Denken Sie aber immer daran, wo Sie sind. Es mag bei den Kleinen Wunder wirken, aber es könnte auf Verwunderung stoßen, wenn Sie es bei Ihren Kumpels in der Kneipe versuchen.

Papa, das Actionspielzeug

Drücken Sie sich auf die Nase und strecken Sie die Zunge raus. Ziehen Sie an Ihrem rechten Ohr und nehmen Sie gleichzeitig Ihre Zunge nach rechts. Ziehen Sie am linken Ohr und strecken Sie die Zunge nach links. Drücken Sie wieder auf Ihre Nase, und die Zunge verschwindet.

Eine nette Variante zum Nasedrücken ist es, beide Ohren zu verbiegen oder sonst irgendeinen Kontrollpunkt zu betätigen, während ein völlig anderer Körperteil, der in keinem Zusammenhang damit steht, auf diesen Vorgang reagiert. Versuchen Sie, ganz überrascht dabei auszusehen, als könnten Sie gar nichts dafür.

Nach einer Weile wird Ihr Kind versuchen wollen, selbst diese »Kontrollknöpfe« auszuprobieren. Lassen Sie es. Es sei denn, es ist mittlerweile ein Teenager und sauer auf Sie, weil Sie ihm kein Piercing erlauben.

12. PAPAS WELT

Wir geben es ohne Umschweife zu: Es gibt Dinge, für die sind Papas biologisch einfach nicht gemacht. Wenn man uns freien Lauf ließe, trügen unsere Kinder immer noch die Klamotten von vor drei Jahren, aus denen sie längst rausgewachsen wären, und sie würden uns anbetteln, auch mal was anderes als immer das gleiche Wurstbrot aufzutischen.

Aber es gibt Gebiete, auf denen Papas unschlagbar sind. Mit unseren zuverlässigen Schweizer Taschenmessern sind wir immer bereit. Man kann sich darauf verlassen: Wenn etwas kaputt ist, Papa wird's schon wieder richten! Oder er wird sagen, es sei so was von kaputt, dass *sofort* was Neues gekauft werden muss, besonders, wenn es irgendwo eine neue, aufgemotzte Version davon gibt, die gerade im Angebot ist.

Von Papas wird auch erwartet, dass sie ihren Kindern Sachen beibringen. Das Problem ist nur, dass wir diese »Sachen« auch erst mal lernen müssen. Deshalb müssen wir heimlich üben, wenn alle schon im Bett liegen. Nur dann werden Ihre Kinder wirklich beeindruckt sein, wenn Sie auf die Frage »Papa, kannst du jonglieren?« den Inhalt der Obstschale in die Luft schleudern und der Reihe nach wieder einfangen.

Fahrradfahren

»Nein, ich lass nicht los, versprochen«, schwindelt sogar der aufrichtigste Papa, während er wie blöde schnaufend hinter dem Fahrrad seines Kindes her rennt. Einen Moment später lässt er los und hofft, dass sein Kind oben bleibt. Manche bleiben. Andere nicht. Der Vertrauensverlust zwischen denen, die runterfallen, und ihren Vätern ist der spätere Gewinn der Psychologen.

Stellen Sie den Sitz niedriger, drehen Sie dazu an dem Gewinde unter dem Sattel

Schrauben Sie die Pedale am vorderen Zahnrad ab

Es gibt eine bessere Möglichkeit. Kinder wollen instinktiv lossausen, also lassen Sie sie erst mal. Sie sollen sich an das Fahrrad gewöhnen und mit Hilfe von Stützrädern herumbrettern. Wenn sie alt genug sind, um ohne Stützräder zu fahren, machen Sie die Pedale vom Fahrrad ab, entweder mit einem Schraubenschlüssel oder mit einem Inbusschlüssel, je nach Fahrrad. Dann machen Sie den Sitz tiefer, bis Ihr Kind mit beiden Beinen bequem den Boden erreicht.

Jetzt kann es herumsausen, indem es die Füße benutzt. Zwischen den einzelnen Stößen wird es die Füße vom Boden nehmen und so lernen, wie es sich ausbalancieren muss und wie es die zwei Räder lenken kann, ohne gleichzeitig mit dem destabilisierenden Drehen der Pedale kämpfen zu müssen. Sobald es fröhlich herumdüsen und lenken kann, schrauben Sie die Pedale wieder an. Sie wissen jetzt, dass Ihr Kind mit allem anderen am Fahrrad schon umgehen kann.

Wie Sie sich die Geburtstage Ihrer Kinder merken

Eine Sache, die Sie nie, nie, *nie* vergessen dürfen, ist der Geburtstag Ihres Kindes. Es ist ziemlich wahrscheinlich, dass sie Ihnen helfen werden, sich zu erinnern, indem sie Sie an das herannahende Datum erinnern und hilfreiche Hinweise abgeben, was man ihnen Tolles schenken könnte. Aber darauf kann man sich nicht verlassen. Deshalb müssen Papas auf so unzuverlässige Dinge wie Gedächtnis, Terminkalender, Outlook und ähnliches zurückgreifen.

Jetzt, da Sie die PIN-Nummer Ihrer EC- und Kreditkarten selbst ändern können, nehmen Sie doch den Geburtstag Ihres Kindes als PIN. So vergessen Sie den Tag ganz sicher nicht.

Mehr als ein Kind? Ganz einfach. Holen Sie sich für jedes weitere Kind eine neue Kreditkarte. Sie werden Sie brauchen.

Bellen wie ein Hund

Es ist erstaunlich einfach zu bellen. Mit ein bisschen Übung werden Sie nicht nur Ihre Kinder an der Nase herumführen, sondern auch einige Vierbeiner.

Lassen Sie ein tiefes »rrr« hinten in Ihrem Hals vibrieren. Während Sie das machen, sagen Sie ganz laut »wuff«. Betonen Sie dabei den »uff«-Teil. Es sollte ganz schnell kommen, wie eine Mini-Explosion. Achten Sie darauf, den Mund dabei weit zu öffnen.

Experimentieren Sie dabei mit der Tonhöhe, bis Sie die richtige gefunden haben. Wir hören uns beide eher nach kläffenden Promenadenmischungen statt nach preisverdächtigen Zuchthunden an, aber Sie werden dem Hund in sich sicher eine kräftigere Stimme verleihen können.

Am besten üben Sie irgendwo, wo es ruhig ist – in einem schalldichten Raum zum Beispiel. Selbst als Kläffexperte können die ersten paar Versuche in die Hose gehen. Deshalb ziehen wir es vor, hinter den Kulissen zu bellen, womit wir neugierige Kinder anlocken. Bis sie angerannt kommen, suchen wir schon längst nach dem Hund, der seltsamerweise nirgendwo zu finden ist.

Was ist anders?

Wie man Marionetten entheddert

In einer perfekten Welt würden Kinder ihre Puppen sorgfältig weglegen und die Fäden der Marionette schön elegant über die Lenkstäbe legen. Leider ist die Welt der Kinder selten so gut aufgeräumt. Deshalb muss Papa die wirren Fäden entheddern ... mal wieder. Noch frustrierender ist das Wissen, dass es eine Möglichkeit geben *muss*, die Fäden wieder genau so zurückzudrehen, wie sie hingedreht wurden, aber es dauert nicht lange und Sie haben einen solchen Knoten im Gehirn, wie Sie ihn zuletzt beim Zauberwürfel hatten.

Das Gewirr kommt meist eigentlich nur daher, dass die Lenkstäbe einmal umgedreht wurden, als die Puppe weggelegt wurde, und dann noch einmal, als die Puppe wieder hervorgeholt wurde. Sehen Sie also erst einmal nach, ob es hilft, die Lenkstäbe umzudrehen.

Wenn nicht, dann lösen Sie die Fäden von der Puppe, sodass Sie es nur mit einem Knoten in ein paar Fäden zu tun haben. Statt wild daran herumzuziehen, nehmen Sie einen der Fäden – sagen wir, den hinteren – und versuchen Sie, diesen frei zu bekommen. Wenn Sie das geschafft haben, nehmen Sie diesen als Drehachse, und drehen Sie die Stäbe entsprechend in die eine oder andere Richtung, um die anderen Fäden zu entwirren.

Wenn das auch nicht funktioniert, erinnern Sie sich an die Maxime aller Papas: Wenn es nicht auf Anhieb klappt – mogeln!

Lösen Sie einen oder mehrere Fäden von den Stäben, entheddern Sie sie der Reihe nach und binden Sie sie wieder fest. Wenn Sie neue Fäden brauchen: Angelschnur ist perfekt dafür. Und für die Zukunft: Kaufen Sie nur moderne Marionetten mit leicht abnehmbaren, farblich gekennzeichneten Fäden.

Wie man feste Knoten wieder aufbekommt

Schnürsenkel, Kordeln an Sportkleidung, all das hat die bösartige Tendenz, schlimm verknotet zu werden. Besonders wenn es von kleinen Fingern in Eile geknotet wurde. Für Kinder besteht das Aufmachen eines Knotens darin, dass sie an irgendeinem Ende der Schnüre ziehen. Und das macht es nur noch schlimmer.

Die Lösung ist, den Knoten fest zwischen Daumen und Zeigefinger zu reiben und dabei leicht kreisende Bewegungen mit dem Daumen zu machen. So können Sie selbst den hinterhältigsten Knoten dazu bringen, sich Ihnen zu beugen.

Wie man Schnürsenkel so bindet, dass sie nicht aufgehen

Gehen Sie mit ein paar Kindern die Straße entlang, und Sie können sicher sein, dass sich irgendwann wenigstens eins der Kinder hinkniet, um sich die Schuhe wieder zuzubinden. Es verlangsamt Familienausflüge mehr als alles andere. Dabei kann man es leicht vermeiden.

Das nächste Mal binden Sie die Schuhe wieder ganz normal. Sie fangen mit einem Knoten an, ziehen ihn fest, und machen eine Schleife. Wenn Sie diese Schleife gemacht haben, nehmen Sie die beiden Schlaufen und machen damit noch einen einfachen Knoten. Zeigen Sie es Ihren Kindern, und die Schuhe werden nie wieder von selbst aufgehen, sondern nur noch, wenn sie aufgehen sollen.

Wie man einen Pappkarton geschlossen hält

Sie wollen einen Karton zumachen, haben aber kein Klebeband zur Hand oder bilden sich tatsächlich ein, Sie würden ihn nur für kurze Zeit zur Seite räumen. Es ist ganz leicht, ihn zuzumachen, wenn Sie wissen, wie.

Entscheiden Sie sich für eine Richtung: im Uhrzeigersinn oder gegen diesen. Nehmen Sie eine Klappe und überlappen Sie damit leicht die nächste. Halten Sie diese Ecke in der Position und achten Sie darauf, dass die zweite Klappe die dritte außen überlappt. Machen Sie dasselbe mit den restlichen Ecken.

Wenn nun alle Klappen die nachfolgende Ecke überlappen, drücken Sie die inneren Klappen nach unten.

Die Pappe wird sich etwas biegen, aber Sie werden sehen, dass plötzlich alle Klappen runtergehen, und schon ist der Karton zu!

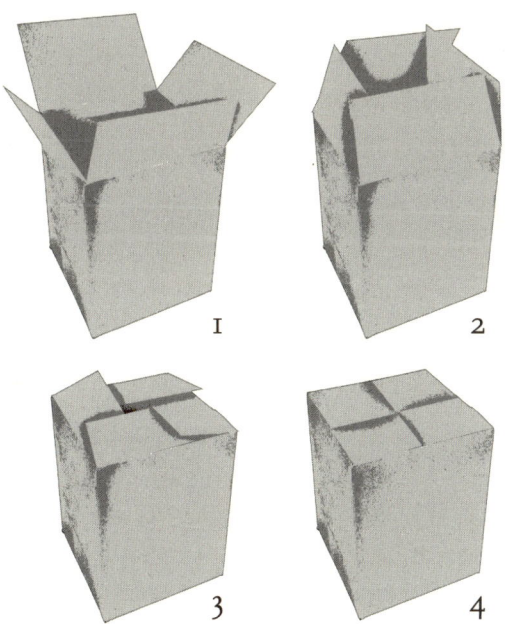

Wie man jongliert

Wenn Sie schon immer mal jonglieren wollten, haben Sie jetzt die perfekte Ausrede, es zu lernen: Sie können damit Ihre Kinder unterhalten!

Richtige Jonglierbälle sind praktisch. Sie sind wie kugelförmige Bohnensäckchen und haben die sehr zu begrüßende Tendenz, dort liegen zu bleiben, wo sie hinfallen. Also werden Sie nicht die Hälfte der Zeit damit zubringen, unter dem Sofa nach ihnen zu suchen. Üben Sie bequem mit Bohnensäckchen oder anderen weichen Bällen, die einen Durchmesser von fünf bis acht Zentimetern haben. Nehmen Sie noch keine Früchte, es sei denn, es macht Ihnen Spaß zu erklären, warum alles in der Obstschale solche Druckstellen hat.

Gewöhnen Sie sich gleich von Anfang an daran, drei Bälle zu halten. Nehmen Sie einen in die rechte Hand. Machen Sie ein gekrümmtes V-Zeichen mit der linken Hand und legen Sie einen Ball auf Zeige- und Mittelfinger. Den anderen legen Sie auf die Handinnenfläche und halten ihn mit Ihrem Daumen, Ring- und kleinem Finger.

Als Erstes üben Sie, den Ball in Ihrem linken V so auf Augenhöhe hochzuwerfen, dass er einen Bogen nach rechts macht und in das V der rechten Hand fällt. Dann werfen Sie ihn genauso wieder zurück. Ziel ist es, dies immer und immer wieder zu machen, während Sie nach vorne schauen und nicht auf Ihre Hände.

Gewöhnen Sie sich auch an, die Hände zu bewegen. Ihre Linke sollte sich gegen den Uhrzeigersinn bewegen, die Rechte im Uhrzeigersinn. Sie beschreiben mit Ihren Händen keinen Kreis, es ist mehr so eine nachlässige Wellenbewegung. So vermeiden Sie, dass sich die Bälle in der Luft treffen.

In Phase zwei werfen Sie den Ball aus Ihrer rechten Handfläche, genau dann, wenn der erste seinen höchsten Punkt erreicht hat. Am Anfang ist es noch nicht so wichtig, ob Sie diesen mit der Linken fangen, es ist wichtiger, sich darauf zu konzentrieren, ihn zu werfen und den 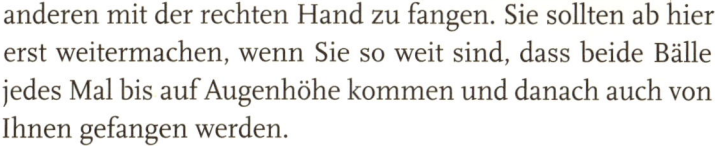 anderen mit der rechten Hand zu fangen. Sie sollten ab hier erst weitermachen, wenn Sie so weit sind, dass beide Bälle jedes Mal bis auf Augenhöhe kommen und danach auch von Ihnen gefangen werden.

Phase drei ist, den dritten Ball dazuzunehmen. Werfen Sie ihn, wenn der zweite seinen Scheitelpunkt erreicht hat. Wenn Sie es schaffen, beide zu fangen, haben Sie zwei Bälle in der rechten und einen in der linken Hand. Sobald Sie das alles perfektioniert haben, versuchen Sie weiterzumachen. Werfen Sie jeden Ball, wenn ein anderer, der gerade zur Wurfhand fliegt, seinen Höhepunkt erreicht hat.

Seien Sie nicht zu zurückhaltend beim Werfen. Obwohl es verführerisch scheint, die Bälle flach zu werfen, wird es viel leichter, wenn man sie höher wirft (natürlich in einem vernünftigen Rahmen).

Sie werden ein paar Schritte nach vorne machen wollen, um die Bälle wieder einzufangen, die Sie hochgeworfen haben. Versuchen Sie, auf eine Wand zu schauen, während Sie jonglieren, das hält Sie davon ab.

Jonglieren lernen braucht Zeit und Übung – eine Menge von beidem. Aber wenn Sie es einmal können, ist es wie Fahrradfahren: Sie werden es nie mehr verlernen. Aber werden Sie erst einmal mit Ihren drei Bällen sicher, bevor Sie mit dem Jonglieren von Schwertern, brennenden Fackeln oder Kettensägen weitermachen.

Schmerzfrei Skifahren lernen

Leuten das Skifahren beibringen zu wollen, indem man Sie mit unsicheren Beinen auf zwei langen Holzplanken eine glatte Schneefläche hinunterbalancieren lässt, ist ungefähr so, als würden Sie Ihrem Kind das Fahrradfahren beibringen wollen ohne Stützräderphase. Es ist nicht nur unheimlich schwer, es kann einem auch für den Rest des Lebens die ganze Sache vermiesen.

Bitten Sie also Ihren Skilehrer – oder den Ihrer Kinder – mit Snowblades anzufangen. Sie sind viel kürzer als normale Skier, was alles einfacher macht: Balance halten, Steuern, Aufstehen, wenn man hingefallen ist. Mit den Blades kommen Selbstvertrauen und Können viel schneller. Dann ist es ganz einfach, auf normale Skier umzusteigen. Kinder, die schon Rollerblades fahren können, haben es mit Snowblades ganz leicht.

Auf diese Weise wurde Simon – nicht gerade der Sportlichste – vom blutigen Anfänger zum Schwarze-Pisten-Profi in nur viereinhalb Tagen. Angeberei? Klar, aber alle anderen sind schon total gelangweilt von der Geschichte. Deshalb sind Sie jetzt dran.

Lügenmärchen

Sie müssen Ihren Kindern nicht immer die Wahrheit sagen. Manchmal ist eine Notlüge besser, als sie gleich der harten Wirklichkeit auszusetzen. Manchmal aber macht es einfach nur Spaß, ihnen einen gewaltigen Bären aufzubinden, indem man ihnen unfassbare Lügenmärchen erzählt.

Hier sind ein paar unserer Lieblingslügenmärchen, die hinterhältige Eltern verbreiten. Manchmal haben wir das Gefühl, dass einige Leute selbst im Erwachsenenalter noch daran glauben:

- Es gibt Kuharten, die haben zwei kürzere Beine, sodass sie besser am Hang grasen können. Auf flachem Land gehen sie dann immer nur im Kreis.
- Schafe sind in Wirklichkeit nur wollige Schweine.
- So wie Hühner Eier legen, legen Schweine Würstchen.
- Schweine können fliegen. Aber sie sind faul, deshalb machen sie es nicht so oft.
- Wenn es regnet, läuft die Wolle der Schafe ein und fällt runter, sodass der Bauer sie einfach nur noch einsammeln muss.
- Zebras sind Pferde, die jemand mit Streifen bemalt hat, damit der Bauer weiß, wem sie gehören.
- Hochspannungsmasten sind Raumschiffe, die zurückgeblieben sind, nachdem eine Invasion vom Mars bekämpft wurde.
- Vögel bekommen keinen Stromschlag, wenn sie auf Hochspannungsmasten landen, weil sie Füße aus Gummi haben (oder weil sie ganz schnell von einem Bein auf das andere hopsen, um den Stromkreislauf zu unterbrechen).
- Bienen machen Honig, Wespen Marmelade.
- Hasen können fliegen, indem sie ganz schnell mit ihren Ohren schlagen.
- Es gibt Paralleluniversen auf der anderen Seite der Spie-

gel, in denen Leute, die genau wie wir aussehen, genau dieselben Dinge wie wir machen.
- Es wird bald leichter, nach Australien zu reisen, wenn erst mal der Tunnel durch die Erde fertiggebaut wurde.
- Spielzeug wird lebendig, wenn man schläft.
- Wenn man in der Wanne bleibt, während das Wasser rausläuft, besteht die Gefahr, dass man zusammen mit allen anderen bösen Kindern in den Abfluss gezogen wird.
- Ein kleiner Mann wohnt ganz hinten im Kühlschrank, der immer das Licht anmacht, wenn wir die Tür öffnen.

Kaputt oder Batterie leer?

Wenn etwas nicht mehr funktioniert, wie findet man dann heraus, ob die Batterie leer ist oder ob es einfach kaputt ist? Es nervt sehr, neue Batterien für ein stromverschlingendes Ding zu kaufen, nur um festzustellen, dass es den Geist aufgegeben hat (normalerweise eine Woche, nachdem die Garantie abgelaufen ist).

Batterietester sind hilfreich, aber nicht so praktisch für Uhren, bei denen man einen Fachmann zum Wechseln der Batterien braucht. Legen Sie das zu testende Objekt stattdessen an einen Ort mit gleichmäßiger Wärme, zum Beispiel auf die Heizung. Wenn die Uhr über Nacht gewärmt wird, fängt sie am nächsten Tag wieder an zu laufen, und Sie wissen, dass sie nur eine neue Batterie braucht.

Öfen, normal oder mit Mikrowelle, eignen sich nicht, um dort Batterien hinzulegen. Das kann sogar gefährlich werden. Also machen Sie's nicht.

Wie man einem Kind Seilhüpfen beibringt

Wenn Sie Ihrem Kind Seilhüpfen beibringen wollen, sagen Sie ihm, es soll das Seil mit beiden Händen nehmen und dann über den Kopf werfen, sodass es vor ihm auf dem Boden landet. Dann soll es einen Schritt über das Seil machen und das Ganze wiederholen. Und noch mal ... und noch mal ...

Bis es darin ganz sicher ist. Dann soll es jedes Mal über das Seil hüpfen. Beschleunigen Sie den Vorgang nach und nach, bis es richtig seilspringt.

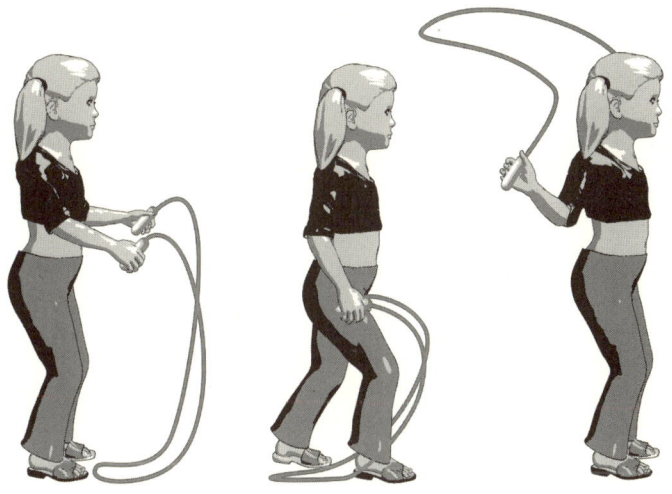

Wie man auf Familienfotos erscheint

Ganz egal, wie technisch begabt die Mitglieder einer Familie sind, es gibt immer einen, der die Verantwortung für die Kamera hat. Ob es nun Papa oder Mama ist: Der- oder diejenige nimmt sie überall hin mit, in den Urlaub, zum Strand, bei Geburtstagen – und erscheint deshalb garantiert auf keinem einzigen Familienfoto.

Alle modernen Kameras haben einen Selbstauslöser, der Ihnen gerade genug Zeit gibt, zurückzurennen und sich zu Ihrer Familie zu stellen. Aber wenn Sie nicht gerade ein

Stativ mit sich herumschleppen, wird es ein Albtraum sein, eine geeignete Stelle zu finden, wo Sie die Kamera hinstellen können.

Ein Kissen oder sogar eine zusammengerollte Socke kann ein gutes »Stativ« abgeben und ermöglicht Ihnen, die Kamera in den Winkel zu stellen, den Sie brauchen. Manche geschäftstüchtigen Fotoläden verkaufen Ihnen sogar teure Bohnensäckchen zu genau diesem Zweck.

Versammeln Sie Ihre Familie vor der Linse, achten Sie darauf, dass noch Platz genug für Sie da ist. Dann – und das ist das Wichtigste – machen Sie den Winkel der Kamera ein paar Grad höher. Vermutlich sind Sie der Größte auf dem Foto, und wenn das Familiefoto ohne Sie perfekt arrangiert ist, werden Sie feststellen, dass Ihr Kopf auf allen Bildern abgeschnitten ist. Drücken Sie den Selbstauslöser, und rennen Sie dann, was das Zeug hält. Denken Sie daran zu lächeln. Die meisten Familienfotos von Steve zeigen eine perfekt arrangierte Gruppe mit einem abgehetzten, panischen Papa, der ängstlich in die Kamera schaut und auf den Blitz wartet.

Wie man grillt, ohne seine Familie zu vergiften

Wenn es eine Sache gibt, die Papas von Mamas deutlich abhebt, dann ist es das Grillen. Sobald das Wetter schön wird, vergleichen Papas, die während des Winters Schwierigkeiten hatten, die Küche auch nur zu finden, plötzlich Marinadenrezepte und füllen ihren Vorrat an Holzspießchen auf.

Jeder Papa hat sein eigenes, besonderes Grillritual. Wir wollen Ihren Stil nicht versauen. Aber es gibt ein paar Punkte, die die Sache weniger stressig machen.

Als Erstes werfen Sie schon mal den Grill an, lange bevor irgendjemand Hunger hat. Sogar das am besten vorbereitete Grillfeuer braucht 45 Minuten, um sich ganz zu entfalten, und wenn Sie damit warten, bis Sie Ihr zweites Bier aufgemacht haben, werden Sie Ihre Kinder bei McDonald's suchen müssen. (Lassen Sie die Finger von diesen Alles-in-einem-Kohle-Säcken. Die sind lange durch, bevor es das Essen ist.)

Grillwürstchen sind immer eine gute Sache, aber wenn sie außen verkohlt und innen noch bakteriell rosa sind, stehen die Chancen gut, dass sie nachts wieder rauskommen. Am besten kochen Sie die Würstchen vorher zehn Minuten. So stellen Sie sicher, dass sie einmal komplett durchgekocht sind. Dann können Sie sie einfach vom Grill nehmen, wenn sie die richtige Farbe haben. Hühnchen kochen klappt nicht so gut, aber stellen Sie sie vorher zehn Minuten in die Mikrowelle, und die schlimmsten Bakterien sind damit erst mal aus dem Weg.

Es ist traurig, aber Grillabende haben immer dann ihren Höhepunkt, wenn Sie gerade mit dem Zubereiten des Essens fertig sind. Sie können Widerstand leisten: die gegrillte Banane. Nehmen Sie eine Banane. Schälen Sie sie noch nicht, sie ist schon fertig eingepackt. Werfen Sie sie auf den Grill. Nehmen Sie sie runter, wenn sie schwarz ist. Schälen Sie sie jetzt. Und das war's. Auch wenn es sich komisch anhört, aber es schmeckt wirklich toll.

Die Wunder des Kerzenwachses

Sie werden denken, Kerzen seien nur etwas für erwachsene Dinnerpartys. Aber der umsichtige Papa weiß mit den zentimeterkurzen Stummeln noch etwas anzufangen, wenn der letzte Gast längst verschwunden ist.

Kerzenwachs kann man auf Sägeblätter reiben, damit diese glatt durch die härtesten Hölzer gehen. Reiben Sie das Wachs auf eine Schraube, bevor Sie sie in Holz oder einen Dübel drehen. Sie werden sehen, es geht jetzt viel einfacher. Das Beste ist aber, Kerzenwachs auf die Metallschienen des Schlittens Ihrer Kinder zu reiben – so können sie viel schneller über den Schnee gleiten.

Knoten: Rettungsschlinge

Die Rettungsschlinge heißt nicht umsonst so, sie ist nämlich sehr stabil und dabei einfach zu machen. Sie ist die Königin unter den Knoten und eignet sich sogar zum Abschleppen von Leichtflugzeugen.

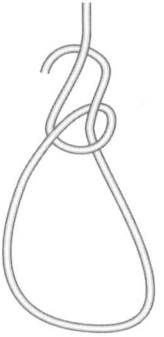
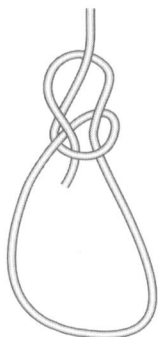

Machen Sie eine kleine Schlaufe in den Strick | Fädeln Sie das Ende durch die Schlaufe | Ziehen Sie es unter dem oberen Ende des Stricks durch ... | ... dann wieder durch die Schlaufe und festziehen

Knoten: Mastwurf (1)

Ein sehr guter Knoten, um Seile an Baumästen zu befestigen. Er eignet sich auch dafür, ein Seil um einen Mast zu machen, wenn Sie das Ende des Masts nicht erreichen können. Benutzen Sie diesen Knoten nicht, wo der Mast sich verbiegen kann, sonst rutscht der Knoten ab.

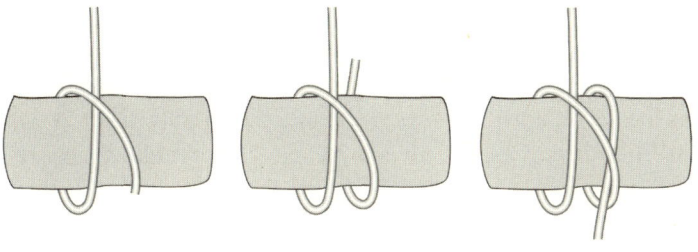

Legen Sie das Seil über den Ast, dann um die Rückseite und vorne wieder über sich selbst

Wickeln Sie das Seil hinter den Ast und nehmen Sie es auf der anderen Seite hoch

Nehmen Sie das freie Ende unter die obere Schlinge und ziehen Sie es fest

Knoten: Weberknoten

Die einfachste Möglichkeit, zwei Seile aneinander festzumachen.

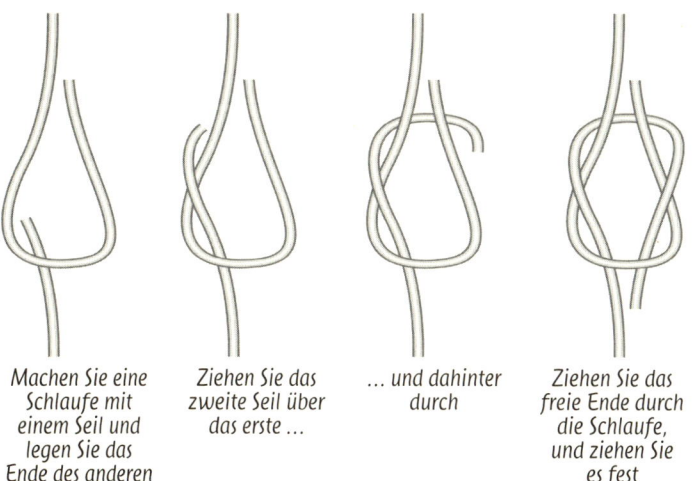

Machen Sie eine Schlaufe mit einem Seil und legen Sie das Ende des anderen darunter

Ziehen Sie das zweite Seil über das erste ...

... und dahinter durch

Ziehen Sie das freie Ende durch die Schlaufe, und ziehen Sie es fest

Knoten: Mastwurf (2)

Anders als der erste Mastwurf ist dieser einfacher zu binden, und man kann ihn um das freie Ende eines Masts – falls Sie leicht dorthin gelangen – oder einen Baumstumpf legen. Eignet sich am besten, um Boote festzumachen, weil er sich wieder leicht lösen lässt.

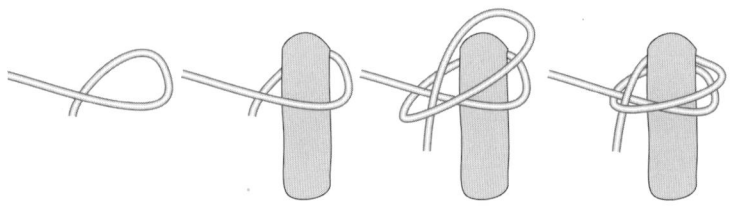

Machen Sie eine einfache Schlaufe, legen Sie das freie Ende hinter den Strick	Legen Sie die Schlaufe über den Mast oder Stumpf	Machen Sie noch einmal exakt dieselbe Schlaufe mit dem freien unteren Ende	Legen Sie es über den Mast und ziehen Sie das ganze Ding fest

Wie man Kinder ins Bett bringt

Die Kunst des Gute-Nacht-Geschichtenerzählens ist vom Aussterben bedroht, da der Erzähler immer mehr von Kassetten, CDs und Hörspielen für Kinder, die sie sich aus dem Internet auf ihre iPods laden, verdrängt wird.

Aber Geschichtenerzählen ist eine tolle Möglichkeit, besonders jüngere Kinder dazu zu bringen, sich zu entspannen und schläfrig zu werden, sodass sie bereit sind fürs Bett. Es muss gar nicht um verwunschene Wälder, Feenprinzessinnen und magische Ungeheuer gehen. Die Geschichten, die Kinder am liebsten hören, sind die, die ihr eigenes Leben beschreiben.

Fangen Sie immer mit »Es war einmal« an. Diese Tradition hat sich über Jahrhunderte bewährt und wird die Kinder sofort auf das vorbereiten, was nun kommt, sodass ihre Augenlider auf der Stelle ganz schwer werden.

Am besten funktioniert es, wenn Sie die Ereignisse des Tages noch einmal abspulen. Fangen Sie mit dem Frühstück an (oder mit dem Zähneputzen, Waschen, Sockensuchen, wenn Sie das Gefühl haben, es wird eine lange Sitzung), und dann gehen Sie einfach weiter, durch jede Mahlzeit, jede Aktivität, einfach alles. Es hört sich langweilig an, aber darum geht es: Widerstehen Sie dem Drang, irgendetwas aufzupeppen.

Und jetzt kommt der Trick: Wenn Sie in die Gegenwart kommen, *machen Sie einfach weiter*. Erzählen Sie vom Schlafanzug anziehen, ins Bett legen, davon, wie sich das Kind auf die andere Seite legt, die Augen zumacht und in einen tiefen, tiefen Schlaf fällt. Wenn Sie Glück haben, folgt Ihr Kind einfach den Anweisungen.

Auch, wenn es das nicht tut, hat ihm diese Übung wenigstens geholfen, die Ereignisse des Tages zu sortieren, wodurch es viel entspannter und müder wird. Und Ihr Gefühl von Zufriedenheit, wenn Sie auf Zehenspitzen aus dem Zimmer schleichen, ist grenzenlos.

Schmerzfrei Splitter entfernen

Bei den meisten Splittern braucht man weder Nadeln noch Pinzetten. Wenn auch nur ein winziger Teil des Splitters herausschaut, vermindern Sie Tränen und Ängste, indem Sie einfach ein Stück Tesafilm auf den Splitter kleben. Lösen Sie es wieder vorsichtig, und der Splitter sollte rauskommen.

Wenn das nicht hilft, versuchen Sie es mit einer ganz kleinen Pinzette. Erkundigen Sie sich aber zunächst danach, wie der Splitterunfall überhaupt zustande gekommen ist. Je mehr Sie über den Eingangswinkel wissen, desto besser für Ihre Bemühungen, das Ding richtig herauszuziehen, anstatt es noch tiefer hineinzuschieben.

Erste Hilfe: Psychologische Herangehensweise

Wenn sich Kinder wehgetan haben, wollen sie einfach nur die Mama. Jede Mama ist dann recht, solange man sich von ihr umarmen lassen kann und sie einen dieser Erste-Hilfe-Kästen dabei hat, den alle Mamas in ihren Handtaschen zu haben scheinen (mit Aspirin, Pflastern, Verbandszeug, Salben, Schokoriegeln und so weiter). Aber was kann ein Papa machen, wenn keine Mama in der Nähe ist?

Wenn das Kind nicht gerade dabei ist zu verbluten oder ohnmächtig zu werden, stehen die Chancen ganz gut, dass die Schmerzen mehr mit verletztem Stolz als mit gebrochenen Knochen zu tun haben. Humor kann dann, wie wir herausgefunden haben, wirklich die beste Medizin sein.

Das heißt nicht, dass Sie über das Missgeschick Ihres Kindes lachen sollen. Im Gegenteil. Nehmen Sie das alles sehr ernst. Schauen Sie sich den gestoßenen Ellbogen an, kratzen Sie sich am Kinn und sagen Sie: »Hmmm ... Kannst du das machen?« Beugen Sie Ihren Ellbogen, oder legen Sie einen Finger auf die Stelle. Ihr Kind wird kurz schniefen und es Ihnen nachmachen.

Phase 1　　　　Phase 2　　　　Phase 3

»Super«, sagen Sie dann. »Und geht das auch?« Machen Sie irgendetwas halbwegs Blödsinniges, wie die Arme hinter dem Rücken verschränken und versuchen, sich so am Ohr zu kratzen. Das sollte noch im Rahmen der medizinischen Möglichkeiten liegen. Machen Sie nun weiter mit immer alberneren Verrenkungen, während Sie ein komplett ernsthaftes Gesicht aufsetzen. Es dauert nicht lange, und Ihr Kind wird lachen und ganz vergessen haben, dass es sich wehgetan hat.

Es schadet aber nicht zu wissen, wo das nächste Krankenhaus ist, also nur für den Fall.

Wenn etwas kaputt geht – reparieren Sie es!

Wenige Fähigkeiten charakterisieren den kompetenten Papa besser als die, alles wieder richten zu können, wenn etwas schiefgegangen ist. Was Sie brauchen, ist eine gesunde Mischung aus Erfahrung, Selbstvertrauen und dem Willen, Dinge bis auf die letzte Schraube zu zerlegen, vor dem Hintergrund, dass sie sowieso schon kaputt sind und Sie nichts mehr schlimmer machen können.

Ein wenig Grundwissen kann dabei sehr hilfreich sein. Hier sind ein paar Hinweise, wie Sie verschiedene Haushaltsobjekte wieder flicken können.

Videorekorder

Nehmen Sie ihn als Erstes vom Netz. Dann sehen Sie sich den hinteren Teil oder die Seiten an. Dort sind ein oder zwei Schrauben, die das Seitenteil festhalten. Schrauben Sie sie ab, nehmen Sie das Teil runter. Es kann sein, dass der Rekorder einfach kaputt ist und nicht mehr repariert werden kann.

Aber wenn sein Innerstes voll mit Playmobil, altem Brot und der letzten Mahnung vom Finanzamt ist, dann wissen Sie: Jemand hat wieder Post gespielt. Drehen Sie den Rekorder um und schütteln Sie ihn, aber fassen Sie innen nichts an.

Rollende Köpfe

Die Plastikköpfe von Action Man, Barbie und sonstigen Matell-Puppen scheinen schon bei der geringsten Gelegenheit einfach abzufallen. Egal, wie sehr sie auch drücken und fluchen, Sie bekommen sie nicht mehr drauf. Der Trick ist, die Halsöffnung weicher zu machen, indem Sie sie einige Zeit in warmes Wasser halten. Danach ist sie biegsam genug, und Sie können den Kopf wieder auf den Körper stecken.

Stehen gebliebene Uhren

Teure Uhren kann man nur mit einem bestimmten Werkzeug öffnen. Aber erfahrene Väter kaufen Ihren Kindern keine teuren Uhren, weil sie wissen, dass sie sofort verloren gehen. Billige Uhren sehen aus, als müsste man sie aufschrauben, aber die Hinterseite kann oft mit einem Messer heruntergenommen werden: Suchen Sie nach einer kleinen Eindellung auf der Rückseite. Wenn Sie den Rücken abgenommen haben, werden Sie meistens feststellen, dass das Problem einfach bei der Batterie liegt. Sie hat sich gelockert und muss nur wieder an ihrem Platz festgedrückt werden.

Diese Drehkerben sind nutzlos

Suchen Sie nach einer kleinen Eindellung

Spielzeugsoldaten

Es kommt immer darauf an, woraus sie gemacht sind. Wenn die Oberfläche hart und wächsern ist, kann man sie am besten mit Styroporkleber zusammenkleben. Wenn sie weich und glänzend sind, sind sie vermutlich aus Plastik, das nicht so gut klebt. Eine erhitzte Nadel, die durch den kaputten Teil des Körpers gestochen wird, kann Arm, Kopf oder Bein wieder an seinen Platz bringen.

Kassettenbänder

Es ist eine Katastrophe, wenn das Lieblingstape Ihres Kindes reißt. So reparieren Sie es wieder: Ziehen Sie beide Enden ein Stück aus der Kassette heraus, drehen Sie sie um, sodass die Unterseite oben ist. Kleben Sie ein Stück Tesafilm über das Band und schneiden Sie die überstehenden Enden mit einer scharfen Schere ab. Das sollte für ein paar weitere Autofahrten halten.

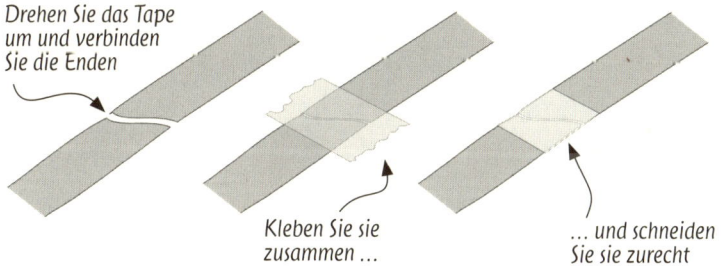

Drehen Sie das Tape um und verbinden Sie die Enden

Kleben Sie sie zusammen ...

... und schneiden Sie sie zurecht

DVDs

Wenn Ihre DVD springt, ist sie vermutlich dreckig. Waschen Sie sie unter warmem Wasser und trocken Sie sie mit einem weichen Handtuch von der Mitte nach außen – nicht im Kreis, sonst machen Sie mögliche Kratzer nur noch tiefer.

Stühle und Tische

Sie haben unendlich viele Mahlzeiten damit verbracht, Ihren Kindern zu sagen, sie sollen nicht auf dem Stuhl kippeln. Und dann bricht plötzlich das blöde Ding zusammen. Nur, dass es *Ihr* Stuhl ist, der kaputt geht, nicht der der Kinder. Nehmen Sie einen schnell trocknenden Holzleim, aber versuchen Sie nicht, ihn in winzige Lücken zu quetschen. Bauen Sie den ganzen Stuhl auseinander, und fangen Sie von vorne an. Wenn Sie keine Schraubzwingen haben, binden Sie den Stuhl mit einem Strick fest und stecken Sie einen Stock durch, um den Strick festzuziehen, bis der Leim (am besten über Nacht) getrocknet ist und sich ganz gesetzt hat. Dann tauschen Sie Ihren Stuhl gegen einen der Kinder aus.

HILFSMITTEL FÜR DEN PAPIERLOSEN PAPA

Mütter scheinen immer auf alles vorbereitet zu sein. Aber mal ehrlich – die mogeln doch! Ihre Handtaschen müssen innen größer sein als außen, sonst könnten sie nicht das Sortiment eines Kaufhauses mit sich herumschleppen.

Wenn Sie einmal ohne ein Blatt Papier dastehen, verzweifeln Sie nicht. Hier ist eine praktische Blattsammlung, die Sie entweder sofort benutzen oder heimlich fotokopieren können, wenn im Büro niemand in der Nähe ist.

Die Vorlage für das Pünktchenspiel könnte Ihnen die eine oder andere Bleistiftspitze retten, die Alphabetsuche erspart Ihnen den Vorwurf des Mogelns, und die Galgenmännchenvorlagen stellen sicher, dass jeder den gleichen Galgen malt. Wir haben auch Vorlagen für den Helikopter und den Fliegenden Fisch. Falls Sie keine Schere dabei haben – gibt es ein besseres Argument dafür, sich nun endlich dieses Schweizer Taschenmesser zuzulegen, auf das Sie schon so lange scharf sind?

Sie können auf der letzten Seite auch die Geburtstage Ihrer Kinder eintragen, auch finden Sie Platz für Notizen und zum Zeichnen. Kein Stift? Versuchen Sie es mit einer Feder, die Sie einer Gans ausrupfen, an der Sie gerade vorbeikommen. Und es ist ein Kinderspiel, sich eigene Tinte zu machen. Sie brauchen dazu nur zerstampfte, gekochte Wallnussschalen, die Sie in Essig einlegen.

Das Pünktchenspiel (siehe S. 113)

Alphabetsuche (siehe S. 102)

Name				
A				
B				
C				
D				
E				
F				
G				
H				
I				
J				
K				
L				
M				
N				
O				
P				
Q				
R				
S				
T				
U				
V				
W				
X				
Y				
Z				

Der Helikopter (siehe S. 70)

Nach vorne falten   Nach hinten falten

Galgenmännchen (siehe S. 116)

A B C D E F G H I J K L M N O P Q R S T U V W X Y Z

A B C D E F G H I J K L M N O P Q R S T U V W X Y Z

A B C D E F G H I J K L M N O P Q R S T U V W X Y Z

A B C D E F G H I J K L M N O P Q R S T U V W X Y Z

Fliegender Fisch (siehe S. 223)

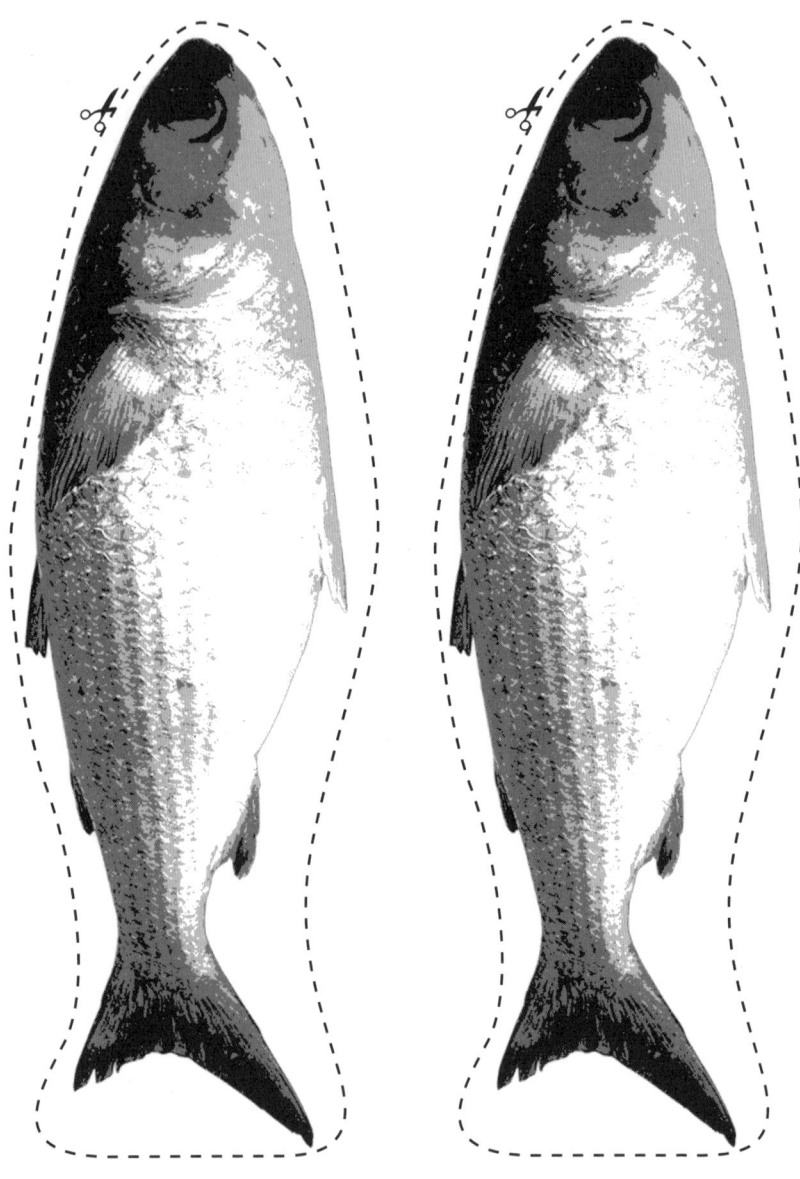

Nur sieben Mal knicken (siehe S. 12)

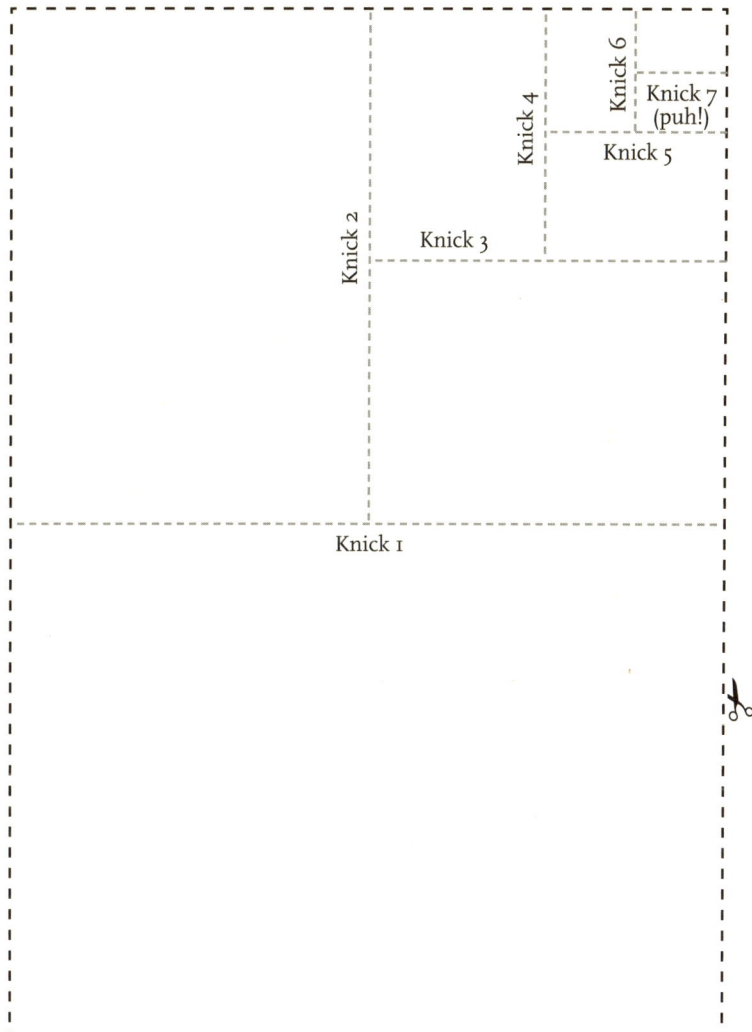

Liniertes Papier

Wirklich leeres Papier

Geburtstage Ihrer Kinder

Name	Datum	Geschenk

... und nicht vergessen ...

Geburtstag Ihrer Partnerin		
Jahrestag/Hochzeitstag		

Andere wichtige Notizen

___

___

___

___

___

___

Register

3753 Cruithne 143–144
3D-Fotografie 62–64
5-4-3-2-1 107–108

A
Alaska 172
Alligator 148
Alphabet
  Alphabet rülpsen 39–40
  Alphabetsätze 112
  Alphabetsuche 102–103
Alter
  Dinosaurier 150
  Erde 149–151, 158
  Menschheit 149–151
  Ozeane 149
  Pflanzen 149–150
  Primitive Lebensarten 149
  Tiere 149–150
  Universum 159
  Ziffernblatt,
    ältestes erhaltenes 171
Amazonas 172
Angel Falls 172
Animierte Filme 65–67
Antarktis 173
Anti-Schwerkraft-Rolltreppe 53
Äquator
  Radius der Erde
    am Äquator 159
  Warum ist es kälter,
    je weiter nördlich man
    vom Äquator ist? 140–141
Arm, Der geschrumpfte 30–31
Armstrong, Neil 146
Asteroid 143–144
Atacama, Wüste von 172
Auto-Baseball 103–104
Autofarben-Bingo 105
Autofahrtenspiele 102–110,
  s. a. Reisespiele

B
Babys, Wo kommen
  sie her? 130–131
Ball, den man nicht
  aufheben kann 12
Ballon
  Auf Ballons stellen,
    ohne dass sie platzen 22
  Ballon durchstechen 21
  Ballonkraft 20–21
Band, Das unsichtbare 32
Barometer 82
Bäume an den Blättern
  erkennen 83–84
Bellen 246
Bergahorn 84
Bernoulli-Effekt 131–133
Besiedlung 173
Bett, Kinder ins Bett
  bringen 260–260
Bevölkerung der Erde 159–160
Biene 148
Bierdeckelschnippen 95–97
Billiarde 169
Billion 167, 169
Birke 84
Bits und Bytes 171
Blasenreif 27
Blinzelspiele 32
Blitz, s. Gewitter
Blitzrätsel 188–192,
  s. a. Rätsel
Blöde-Namen-Spiel 192
Blumenkette 85
Blut 178
Bohnendosentelefon 73
Bring mir eine gelbe Blume 233
Buche 83
Büroklammern, springende 24

C
Cernan, Gene 146
Challenger-Tiefe 173
Chile 172
Computer
  Bits und Bytes 170
  Speicherplatz 170
  Zahlen 170

D
Daumendrücken 40
»Denk mal an ...« 105
Diorama für Spielzeugsoldaten 60–62
Donner, s.a. Gewitter
  Donner selber machen 25, 76–78
Doppelt blinde Kuh 222
Dosentelefon 73
Drachen
  Drachen bauen 71–73
  Drachen steigen lassen 88–92
Dromedar 147
Dünndarm 178
DVDs reparieren 265

E
Ei
  Das kaputte Ei auf dem Kopf 19
  Der große Eiertrick 17–19
  Stärke eines Eis 14–16
Eiche 84
El Aziza 173
Elefant, afrikanischer 148, 163
Elefant, indischer 148, 157
Elektrostatische Aufladung 20–21, 137–138, 152
Ellbogen lecken 42–43
Empire State Building 140, 158
Entenfüttern 87
Entfesslungskunst 205–205
Erde
  Alter 159
  Aufbau der Erde 160
  Drehung um die eigene Achse 159
  Erdkrümmung 125
  Geschichte der Erde 149–151
  Kann man einmal durch die Erde graben? 143, 160
  Radius 159
  Temperatur des Erdkerns 160
  Umfang 159
  Wie lange braucht die Erde, um die Sonne zu umkreisen? 142
  Wie viele Monde hat die Erde? 143–144
  Wie viel wiegt die Erde? 142

Erdkern 160
Erdkruste 160
Erdmantel 160
Erle 83
Erste Hilfe
  Psychologische Herangehensweise 262–263
  Splitter entfernen 261
Esche 83
Evans, Tony 57
Experimente
  Auf Ballons stellen, ohne dass sie platzen 22
  Das Loch in der Hand 25
  Einen Ballon durchstechen 21
  Elektrostatische Auflading 20–21
  Geschichte der Erde 149–151
  Kann man die Lichtgeschwindigkeit bestimmen? 174–175
  Kopfweh-Rakete 68–69
  Sonneneinstrahlung auf die Erde 140–141
  Stärke eines Eis 14–16

F
Fahrradfahren lernen 244–245
Familienfotos, Wie man auf ihnen erscheint 255–256
Fangen 212–213
Farbe
  der Wolken 121
  des Himmels 150
  des Meeres 123
  des Regenbogens 125–126
  des Sonnenuntergangs 121
  des Wassers 123
Feldahorn 84
Fernsehinterview 44
Feuer machen 93–94
Feuerwerk, Wie funktioniert ein 152–153
Film, animiert 65–67
Filmdose 68–69
Finde das Wort 116
Finger und Hände
  Der abgetrennte Finger 207–208
  Die magische Hand 85–86
  Die tanzenden Hände 49–50
  Geisterhand 48

Wie man mit den Fingern
  bis 1023 zählt 164–166
Fliegen
  Flugzeug 131–134
  Vogel 134–135
Fliegende Fische 223
Flugreise, Vorbereitung
  einer 114–115
Flugwinkel 115
Flugzeug, Wie fliegen ein 131–134
Flugzeugspiele 114–116,
  s. a. *Reisespiele*
Fotografieren mit Selbstauslöser 255
Französisches Cricket 213–214
Frosch 147
Fußballpusten 214

G
Galgenmännchen 116
Gänseblümchenkette 85
Garten auf einem Teller 233
Gartenschaukel bauen 74–76
Gasthausspiele 94
  Bierdeckelschnippen 95–97
  Ibble Dibble 225
  Knoten machen mit
   Stoffservietten 98–99
Gaststätten-Baseball 108–109
Gazillion 167
Geburtstage Ihrer Kinder
  merken 245
Gedankenlesen 196–198
Geldschein 14, 24
Geschicklichkeitsspiele
  Der ungestützte Kreis 48
  Ellbogen lecken 42–43
  Jonglieren 250
  Quofit 43
  Steineflitschen 80
  Wetten, das kannst du
   nicht 42–43
Geschwindigkeiten
  Concorde 156
  Dampflok, erste 156
  Dampflok, schnellste 156
  Erde 159
  Fächerfisch 157
  Flugzeug, schnellstes 156
  Gepard 157
  Jumbo Jet 156
  Libelle 156

Licht 174
Motorboot, schnellstes 156
Niesen 177
Objekt, schnellstes von
  Menschen hergestelltes 156
Papa 156
Radfahrer 156
Radfahrer, schnellster aller
  Zeiten 156
Rakete 176–177
Raumschiff 156
Schnecke 156
Serienwagen, schnellster 156
Sonne 160
Sprinter, schnellster 156
Thrust SSC 156
Wanderfalke 157
Windhund 157
Zug, schnellster 156
Zug, schnellster in Deutsch-
  land 156
Zug, schnellster in Groß-
  britannien 156
Geisterhand 48
Gewicht
  Elefant, afrikanischer 163
  Erde 142
  Frachtschiff Jahre Viking 163
  Papa, Durchschnitts- 163
  Wagen, Durchschnitts- 163
Gewitter
  Was soll ich bei Gewitter
   machen? 138–140
  Wie entstehen Blitz
   und Donner? 137–138
  Wie weit ist ein Gewitter weg? 138
Gezeiten, Wer macht die 124–125
Gib mal das Wasser! 221–222
Googol 167
Googolplex 167
Gould, Dean 95
Gravitation 142
Gregorianischer Kalender 142
Grillen 257
Größe
  Berg, höchster 172, 173
  Bevölkerung der Erde 159–160
  Big Ben 158
  Blutgefäße 178
  Doppeldeckerbus 158
  Dünndarm 178

Eiffelturm 158
Empire State Building 158
Erde 159–160
Fluss, größter 172
Freiheitsstatue 158
Giraffe 158
Große Cheopspyramide 158
Nelson's Colums 158
Mond 161
Ozean, tiefster 173
Papa, Durchschnitts- 158
Riesenmammutbaum 158
Sonne 160
Stadt, größte 173
Taipei 158
Universum 158–159
Vulkan, größter 173
Wasserfall, höchster 172
Welle 123, 172
Zahl 166–168
Gummiband 51
   Anti-Schwerkraft-Rolltreppe 53
   Das unglaublich springende Gummiband 54–55
   Gummibandball 56–57
   Gummibandfalle 55–56
   Gummibandpanzer 57–58
   Schießen mit Gummiband 52
Gutenachtgeschichten
   Gutenachtgeschichten erzählen 260–261
   Gutenachtgeschichten für ältere Kinder, s. Moderne Mythen

H
Haare 177
Hagedorn 83
Hand, s. *Finger und Hände*
Handspiele, s. *Finger und Hände*
Handtanz 49–50
Harry Worth 97–98
Haselnuss 84
Hawaii 172
Heiß oder kalt 237–238
Helikopter 70–71
Herz 178
Heywood, John 144
Hilfsmittel 268–276
Himmel, Warum ist er blau? 120
Hoch hinaus 30
Holunder 83
Homo sapiens 150–151
Hoppe hoppe Reiter 230–231
Horizont, Wie weit ist er weg 125
Hut 13–14

I
Ich sehe was, was du nicht siehst ... 112–113
Ibble Dibble 225
Inselhüpfen 226–227
Ist das ein Vogel? 208

J
Jahreszeiten, Entstehung der 141
Ja-Nein-Spiel 104
Jonglieren 250–252
Jumbo Jet 156, 163

K
Kalender 142
Kamel 147
Kaputt 254, 263–266
Kaputtmachen 234
Käse, Ist der Mond aus 144–145
Kasner, Edward 167
Kassettenbänder reparieren 265
Kastanie 83
Kastanienkampf 214
Kennzeichenspiele 102
Kerzenwachs 258
Kiefernzapfen 81
Kinder ins Bett bringen 260–261
Kinderreime 230–231
Kitzelroboter 231–232
Knie, Die entmaterialisierten 44–45
Knochen 177
Knoten
   Feste Knoten wieder aufbekommen 248
   Knoten machen mit Stoffservietten 98–99
   Mastwurf [1] 259
   Mastwurf [2] 260
   Rettungsschlinge 258
   Weberknoten 259
Kola-SG 3 143
Koordinationstest 43
Kopf gegen die Wand schlagen 38
Kopfweh-Rakete 68–69
Kreis, Der ungestützte 48
Krokodil 148

Register

Kröte 147
Kubb 217–220
Kuh 81–82

L
Labyrinth, Herausfinden
   aus einem 86–87
Lächeln wegwischen 241
Lagerfeuer machen 93–94
Lebenserwartung
   Bandwurm 157
   Bär 157
   Eichhörnchen 157
   Eisbär 157
   Elefant, indischer 157
   Giraffe 157
   Gorilla 157
   Hase 157
   Hummer 157
   Hund 157
   Kamel 157
   Känguru 157
   Katze 157
   Löwe 157
   Maus 157
   Pferd 157
   Rhinozeros 157
   Rotfuchs 157
   Schwein 157
   Schwertwal 157
   Stör 157
   Schildkröte 157
Legoturm 234–235
Leitblitz 138
LeMone, Peggy 122
Lenkdrachen 91–92
Lichtgeschwindigkeit 174–175
Listing, Johann Benedict 65
Loch
   Das schwarze Loch 194–196
   Loch in der Hand 25
   Loch im Kopf 13–14
Löwenzahnkette 85
Lügenmärchen 253–254
Lunare Meere 146

M
Marionetten entheddern 247
Maschinengeschwindigkeiten,
   s. *Geschwindigkeiten*
Mastwurf 259, 260

Meer, s. *Wasser*
Mikrowelle 174–175
Milliardäre 172
Milliarde 167, 169
Million 166, 169
Möbius, August Ferdinand 65
Möbiusband 64–65
Moderne Mythen
   Der erstickende Dobermann 180
   Der tote Hase 182
   Der tote Taucher im
     Wald 181–182
   Die Autopanne 181
Monaco 173
Mond
   Anziehungskraft 162
   Entfernung Mond – Erde 161
   Gibt es einen Mann im
     Mond? 145–146
   Größe 161
   Ist der Mond aus Käse
     gemacht? 144–145
   Neumond 145, 162
   Temperatur 162
   Vollmond 145, 161–162
   Was sind Mondphasen? 145
   Wer macht die Gezei-
     ten? 124–125
   Wetter auf dem Mond 162
   Wie viele Monde hat die
     Erde? 143
Mondphasen 145
Mongolei 173
Morecambe, Eric 37
Mount Everest 173
Mount Maialeale 172
Mount Mauna Loa 175

N
Nachrichtensprecher 44
Neumond 145, 162
Neugierde 119
Neuseeland 172
Newton, Sir Isaac 127
Newtonsches Gesetz,
   drittes 133–134
Niesen 177

P
Pantomime
   Das Sofa 35–36

Der Kuss 36–37
Der Lift 36
Der Würger 37
Fluss entlangpaddeln 36
Papa, das Actionspielzeug 241–242
Papier
　Donnerschlag 75–78
　Helikopter 70–71
　Papier knicken 12–13
Pappkarton geschlossen halten 249
Papst Gregor XIII. 142
Penaud, Alphonse 58
Pendel, Das geheimnisvolle 208–209
Peng! 33–35
Perry, Stephen 51
Persischer Golf 136
Peterson, Dr. Thomas 136–137
Pfeil und Bogen 67–68
Plastikköpfe reparieren 264
Popcorn, Das unheimliche 204
Prisma 126
Puddingspiel 227
Pulli, das Schaf 81
Pünktchenspiel 113

Q
Quadrillion 169
Quak! 23
Quofit 43

R
Rakete, Geschwindigkeit einer 176–177
Rätsel
　Blitzrätsel 188–192
　Der Zahnarzt 193
　Die drei Kinder 183
　Die falsche Antwort 193
　Die Logikforscher 186–187
　Im Eisenwarenladen 185
　Kamelrennen 184–185
　Mit dem Hund gehen 188
　Welcher Schalter? 183–184
　Wie kommt die Olive ins Glas? 186
Rätselhafte Dickhäuter 94
Reed, Roy 72
Regen, Lohnt es sich, bei Regen zu rennen? 136–137

Regenbogen
　Gold am Ende des Regenbogens 128
　Wie entsteht ein Regenbogen? 126–128
　Wie viele Farben hat ein Regenbogen? 125–126
Reisespiele 101
　5-4-3-2-1 107–108
　Alphabetsätze 112
　Alphabetsuche 102–103
　Auto-Baseball 103–104
　Autofarben-Bingo 105
　Blöde-Namen-Spiel 192
　»Denk mal an ...« 105
　Finde das Wort 116
　Flugwinkel 115
　Galgenmännchen 116
　Gaststätten-Baseball 108–109
　Ja-Nein-Spiel 104
　Kennzeichenspiele 102
　Pünktchenspiel 113
　Speisewagen-Bingo 111
　Tierisch, pflanzlich, anorganisch 106–107
　Verstecken 117
　Was male ich? 112
　Wir sind da, bevor du sagen kannst ... 114
Reiseübelkeit, Verhindern von 109–110
Reparaturen 254, 260
　DVDs 265
　Kassettenbänder 265
　Rollende Köpfe 164
　Spielzeugsoldaten 265
　Stehen gebliebene Uhren 264
　Stühle und Tische 266
　Videorekorder 263–264
Rettungsschlinge 258
Römische Zahlen 171
Rotes Meer 136

S
Salzwasser 136
Seifenblasen selber machen 26
Seil, Das unsichtbare 33
Seilhüpfen beibringen 255
Schaf 81
Schaltjahre, Warum gibt es 142
Schattenspiele 238–240

Register

Schaukel bauen 74–76
Schere, Stein, Papier ... Pistole 33
Scherzfragen 200–202
Schießen 52–53, 67–69
Schiffspiele 117, s. a. Reisespiele
Schmiermittel, s. Kerzenwachs
Schnürsenkel so binden, dass sie
   nicht wieder aufgehen 248
Schwämme 222
Schweben 30, 41
Schwerkraft 142
Science Fiction 176–177
Selbstauslöser 255–256
Shanghai 173
Simon sagt ... 233–234
Skifahren lernen 252
Sonne
   Aufbau der Sonne 160
   Energie 160
   Entfernung Erde – Sonne 160
   Größe der Sonne 160
   Sonnenkalender 142
   Sonnenstrahlen 140
   Temperatur 160
   Warum geht die Sonne
     rot unter? 121
   Wasserstoffverbauch 160–161
Sonnenuntergang 121
Speisewagen-Bingo 111
Spiegelspiel 97–98
Spiele, die man besser vermeiden
   sollte
   Ich sehe was, was du
     nicht siehst ... 112–113
Spiele für draußen,
   s.a. Spiele für drinnen
   Doppelt blinde Kuh 222
   Fangen 201–213
   Fliegende Fische 223
   Französisches Cricket 213–214
   Gib mal das Wasser! 221–222
   Inselhüpfen 226–227
   Kastanienkampf 214–216
   Kubb 217–220
   Seifenblasen 26–28
   Steineflitschen 80
   Tausendfüßler 220–221
   Wer hat Angst ... 216–217
   Wolf, wie spät ist es? 223
Spiele für drinnen,
   s.a. Spiele für draußen

Blöde-Namen-Spiel 192
Fernsehinterview 44
Fliegende Fische 223
Fußballpusten 214
Galgenmännchen 116
Ibble Dibble 225
Inselhüpfen 225–227
Nachrichtensprecher 44
Peng! 33–35
Puddingspiel 227
Schere, Stein, Papier ... Pistole 33
Tausendfüßler 220–221
Wer ist im Hut? 224
Spiele für Kindergartenkinder
   Bring mir eine gelbe
     Blume ... 233
   Garten auf einem Teller 233
   Heiß oder kalt 237–238
   Hoppe hoppe Reiter 230–231
   Kaputtmachen 234
   Kitzelroboter 231–232
   Lächeln wegwischen 241
   Papa, das Actionspiel-
     zeug 241–242
   Schattenspiele 238–240
   Simon sagt ... 233–234
   Taschentuchhase 235–236
   Teensy Rider 237
Spielzeug selber machen
   Bohnendosentelefon 73
   Diorama für Spielzeug-
     soldaten 60–62
   Drachen 71–73
   Gummibandball 56–57
   Gummibandpanzer 57–58
   Helikopter 70–71
   Pfeil und Bogen 67–68
   Schaukel 74–76
Spielzeugsoldaten reparieren 265
Splitter entfernen 261
Springflut 124–125
Squillion 167
Stäbchen, Essen mit 52
Stechpalme 84
Steineflitschen 80
Stoffservietten, Knoten
   machen mit 98–99
Stehen gebliebene Uhren
   reparieren 264
Strebebogen, Wie funktioniert
   ein 128–129

Strohhalm 23
Stühle reparieren 266
Stützräder 244
Styropor, Basteln mit 60–62
Süßwasser 136

T
Tanzen mit den Händen 49–50
Taschentuchhase 235–236
Taupo 173
Tausendfüßler 220–221
Teensy Rider 237
Telefonieren mit Dosen 73
Temperatur
  Erdkern 160
  Mond 162
  Sonne 160
Tiden 124–125
Tiere
  Durchschnittliche Lebens-
    erwartung bei Tieren 157
  Tiergeschwindigkeiten
    156–157
Tierisch, pflanzlich, anorga-
  nisch 106–107
Tierstimmen imitieren
  Elch 23
  Ente 23
  Hund 246
  Taube 46–48
Tische reparieren 266
Totes Meer 136, 173
  Tricks
  Das geheimnisvolle
    Pendel 208–209
  Das kaputte Ei auf dem Kopf 19
  Das Loch im Kopf 13–14
  Das unheimliche Popcorn 204
  Der abgetrennte Finger 207–208
  Der große Eiertrick 17–19
  Der Trick mit dem Glas
    Wasser 204–205
  Der Trick mit der gebrochenen
    Nase 45–46
  Die Geisterhand 48
  Die Kunst der Entfess-
    lung 205–206
  Die springenden Büroklam-
    mern 24
  Hoch hinaus 30
  Ist das ein Vogel? 208

Kopf gegen die Wand schlagen 38
Mathe und Magie 202–204
Rätselhafte Dickhäuter 94
Wie man einen Trottel stunden-
  lang beschäftigt 207
Trilliarde 169
Trillion 167, 169
Tüte 24–25

U
Universum
  Alter des Universums 159
  Wie groß ist das Universum? 158
Unterschied, Kennen Sie den
  Afrikanischer Elefant –
    Indischer Elefant 148
  Biene – Wespe 148
  Frosch – Kröte 147
  Kamel – Dromedar 147
  Krokodil – Alligator 148
USA 172

V
Venezuela 172
Verstecken 117
Videorekorder reparieren
  263–264
Vögel, Wie fliegen 134–135
Vollmond 145, 161–162

W
Wallis, Dr. Trevor 136–137
Wangenmusik 46
Was male ich? 112
Wasser 123
  Ist jede siebte Welle eine
    große? 123–124
  Warum ist das Meer blau? 123
  Warum ist Meerwasser
    salzig? 136
  Warum werden die Finger
    in der Badewanne immer
    so schrumpelig? 151–152
Weberknoten 259
Welle
  Größte Welle 172
  Ist jede siebte Welle eine
    große? 123–124
Wer hat Angst ... 216–217
Wer ist im Hut! 224
Wespe 148

Register

Wetter
  Heißester Ort der Welt 173
  Kältester Ort der Welt
  Nassester Ort der Welt 172
  Trockenster Ort der Welt 172
  Wettervorhersage 81–82
Wir sind da, bevor du sagen
  kannst ... 114
Witze 200–202
Witziges Händeschütteln 39
Wolf, wie spät ist es? 223
Wolke
  Warum sind Wolken weiß? 121
  Wie viel wiegt eine Wolke? 122
Worth, Harry 97
Wright, Milton 58
Wright, Orville 58, 132–133
Wright, Wilbur 58, 132–133
Würstchen, Das gespenstische 38
Wüste von Atacama 173

Z

Zahlen 155
  Bits und Bytes 170
  Computerzahlen 170
  Durchschnittliche Lebens-
    erwartung bei Tieren 157
  Erde 159–160
  Gewichtsverhältnisse 163
  Größenverhältnisse 158
  Lichtgeschwindigkeit 174–175
  Maschinengeschwindigkeiten 156
  Menschliche Fakten 177–178
  Mond 161–162
  Namen von Zahlen 169–170
  Römische Zahlen 171
  Sonne 160–161
  Tiergeschwindigkeiten 156–157
  Verrücktes Zahlenwissen 163–164
  Was ist die größte Zahl von allen? 166–168
  Wie groß ist das Universum? 158–159
  Wie lang ist ein Stück Schnur? 169
  Wie man mit den Fingern bis 1023 zählt 164–166
  Wie schnell ist eine Rakete? 176–177
  Zahlen und Fakten über die Welt 172
Zahlenspiele
  Die falsche Antwort 193
  Mathe und Magie 202–204
  Rätselhafte Dickhäuter 194
Zaubertricks
  Anti-Schwerkraft-Rolltreppe 53
  Ballon durchstechen 21
  Das gespenstische Würstchen 38
  Das schwarze Loch 194–196
  Das unglaublich springende Gummiband 54–55
  Das unsichtbare Band 32
  Das unsichtbare Seil 33
  Der Ball, den man nicht aufheben kann 12
  Der geschrumpfte Arm 30–31
  Die entmaterialisierten Knie 44
  Die fantastische Reise der Münze 199
  Die Geisterhand 48
  Die springenden Büroklammern 24
  Gedankenlesen für Anfänger 196–198
  Gedankenlesen für Fortgeschrittene 198
  Mathe und Magie 203–204
  Mit Stoffservietten Knoten machen 98–99
  Rätselhafte Dickhäuter 194
  Schweben für Anfänger 41–42
Ziffernblatt, ältestes erhaltenes 171
Zillion 167
Zugfahrtenspiele 110–114,
  s. a. Reisespiele

*Großer Spaß ohne großes Chaos:
Das Ideenbuch für alle Mütter, die nie
wie ihre Mütter werden wollten*

Morag Cuddeford-Jones
BEST OF MAMA
Geniale Ideen, die Müttern *und*
Kindern Spaß machen
Ratgeber
304 Seiten
Paperback
ISBN 978-3-404-66423-8

Mama weiß alles. Warum sonst würde Papa auf jede schwierige Frage antworten: »Frag deine Mutter«? Aber kann man mit ihr auch richtig Spaß haben? Klar! Denn sie weiß, wie man aus Müll abgefahrene Kostüme bastelt und eine zwei Meter hohe Fontäne aus Cola entstehen lässt. Ein Handbuch voller Ideen für die wahren Heldinnen der Kindheit. Hier lernen Sie, wie man

- großflächige Verletzungen simuliert
- mithilfe alter Strumpfhosen Pflanzen züchtet
- einen Vulkan ausbrechen lässt
- die beste Geburtstagsparty des Jahres ausrichtet und vieles mehr

Bastei Lübbe Taschenbuch

Sitzt, passt, wackelt und hat Luft – auch ohne Papa

Dina Fayer und Bob Fayer
PAPA KOMPAKT
Alltagswissen,
praktische Tipps &
väterlicher Rat
Sachbuch
176 Seiten
Klappenbroschur
zweifarbig illustriert
Mit drehbarem Rädchen
im Umschlag
ISBN 978-3-404-66416-0

Wenn man vorhat, ein Auto zu kaufen, eine Rentenversicherung abzuschließen oder um eine Gehaltserhöhung zu bitten, gibt es eigentlich nur einen, der wirklich weiß, wie's geht: Papa. Aber was tun, wenn Papa weit weg ist? *Papa kompakt* erklärt, wie man

- einen Platten flickt
- einen Gebrauchtwagen kauft
- eine Krawatte bindet
- den tropfenden Wasserhahn repariert
- nach einer Gehaltserhöhung fragt

… und vieles mehr.

Bastei Lübbe Taschenbuch

WWW.LESEJURY.DE

WERDEN SIE LESEJURYMITGLIED!

Lesen Sie unter www.lesejury.de die exklusiven Leseproben ausgewählter Taschenbücher

Bewerten Sie die Bücher anhand der Leseproben

Gewinnen Sie tolle Überraschungen